中等职业教育“十三五”规划教材

电子商务实务实训指导

主　编　刘文广

副主编　周　鹏　黄　志　张丽梅

编　委　李玉凤　胡艺琼　吴木兰　王　锐

吴艳君　刘小青　李　佳

刘勇（四川蜀客电子商务有限公司总经理）

江丽（四川蜀客电子商务有限公司人事部主任）

中国海洋大学出版社

·青岛·

图书在版编目（CIP）数据

电子商务实务实训指导 / 刘文广主编 . -- 青岛：中国海洋大学出版社，2018.12
ISBN 978-7-5670-1618-7

Ⅰ . ①电…　Ⅱ . ①刘…　Ⅲ . ①电子商务—中等专业学校—教学参考资料　Ⅳ . ① F713.36

中国版本图书馆 CIP 数据核字（2018）第 279439 号

出版发行　中国海洋大学出版社
社　　址　青岛市香港东路 23 号　　邮政编码　266071
出 版 人　杨立敏
网　　址　http://www.ouc-press.com
电子信箱　sjyybook@163.com
订购电话　010-69733826
责任编辑　王积庆　　电　　话　0532-85902349
印　　制　三河市华东印刷有限公司
版　　次　2019 年 3 月第 1 版
印　　次　2019 年 3 月第 1 次印刷
成品尺寸　185mm × 260mm
印　　张　12
字　　数　262 千
定　　价　42.00 元

前言

PREFACE

为了细化《电子商务实务项目实训大纲》内容，实施统一课程实训教学标准，电子商务专业部实训指导编写组依据电子商务专业培养目标，参照《电子商务实务》教材（高等教育出版社 陈德人主编），在学校专业教学指导委员会的指导下组织编写了本书。

《电子商务实务实训指导》以奥派电子商务实训室系统为平台，参照近年来教学过程中所使用的教案、课件、校本培训的研究成果及电子商务相关书籍、杂志的精华，为学生模拟了当今国内外电子商务活动中经常出现的实际项目的操作过程。

本书体例新颖，结构简单实用，充分体现了电子商务专业实际和学生学习实际，很贴近当今市场需要，突出了对学生电子商务核心能力的培养与就业岗位的对接，具有前瞻性和可操作性。项目实训共 4 个项目，12 个任务。每个任务下又细分了若干个小任务，包括实训目的，实训课时安排，实训准备，实训内容、步骤与指导，以及拓展练习。

本书由周鹏老师供稿，由中江县职业中专电子商务专业部实训指导编写组编写。在编写大纲和教材的过程中，得到了教科研室和专业教学指导委员会的大力支持；在修改大纲和教材的过程中，收集了大量教师和学生的反馈信息，并吸收了不少建设性意见，从中获得了极大帮助，在此一并表示感谢。

参与本书编写的人员有：四川省中江县职业中专学校电子商务专业一线教师周鹏、黄志（项目 1），吴艳君、张丽梅（项目 2），胡艺琼、王锐、李玉凤（项目 3），吴木兰、刘小青、李佳（项目 4）。四川蜀客电子商务有限公司总经理刘勇、人事部主任江丽担任全书技能操作要点技术顾问。本书由四川省中江县职业中专学校刘文广同志担任主编，副主编周鹏负责全书的编写框架设计和主要内容的撰写工作，黄志、张丽梅担任全书主审，在此一并表示感谢。

由于编者学识有限，加之统稿时间仓促，书中难免有一些不足之处，恳请广大读者给予批评指正。

中江县职业中专学校电子商务专业部实训指导编写组

2018 年 10 月

目录
CONTENTS

项目1 网上支付实践

任务1 网上银行实践

【实践情境】

网上银行是整个电子商务中至关重要的一部分。要完成其他部分的实践，必须先进行网上银行实践。我们申请了实践用账号，用于网上交易的支付。现在我们来详细了解一下网上银行的强大功能。

任务1.1 申请个人网上银行

实训目的：

掌握个人网上银行的申请与审批方法。

实训课时安排：

1课时。

实训准备：

奥派电子商务软件——网上支付实践——网上银行实践——账户申请。

实训内容、步骤与指导：

学生登录奥派后选择“网上支付实践”中的“网上银行”。例如李明要申请他在工商银行的个人账户，首先就要选择“中国工商银行”，点击“申请个人账户”选项，如图1-1-1所示。

图1-1-1 “申请个人账户”

在“个人账户申请”页面（见图1-1-2）填写注册信息，然后点击表格下方的【申请】按钮。

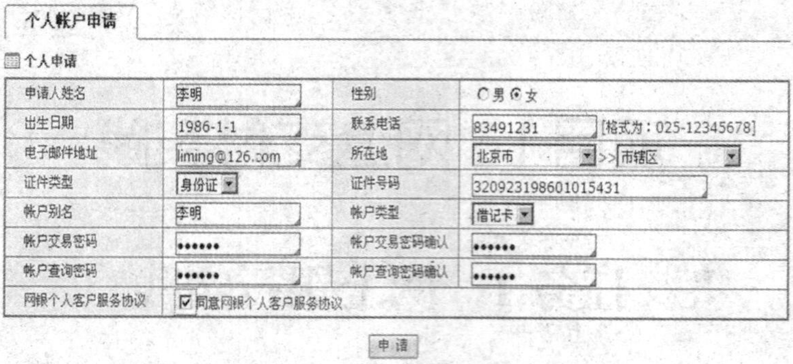

个人帐户申请

个人申请

申请人姓名	李明	性别	○男 ⊙女
出生日期	1986-1-1	联系电话	83491231 [格式为：025-12345678]
电子邮件地址	liming@126.com	所在地	北京市 >> 市辖区
证件类型	身份证	证件号码	320923198601015431
帐户别名	李明	帐户类型	借记卡
帐户交易密码	••••••	帐户交易密码确认	••••••
帐户查询密码	••••••	帐户查询密码确认	••••••
网银个人客户服务协议	☑ 同意网银个人客户服务协议		

申请

图 1–1–2 “个人账户申请”页面

点击右下角的“切换用户”，退出界面。进入银行柜台，点击“注册账户申请审批”。待查看客户信息无误后，点击操作下方的【审批】。审批通过，李明的这个网上银行支付账户申请成功。按照以上方法，在工商银行申请王军的个人网上银行支付账户，在招商银行申请张玲的个人网上银行支付账户。

拓展练习：

学生完成在中国邮政储蓄银行的个人网上银行支付账户的申请。

任务 1.2 个人网上银行基本业务

实训目的：

掌握个人网上银行定期存款与活期存款的互换，完成通知存款的操作。

实训课时安排：

1 课时。

实训准备：

奥派电子商务软件——网上支付实践——网上银行实践——基本业务。

实训内容、步骤与指导：

进入李明的个人网上银行，可以看到其基本业务下共有 5 个分业务，包括账务查询、定活互换、通知存款、储蓄存款利率查询和修改密码。

1. 账务查询

在“账户基本信息查询”中，可以查询到账户的余额信息，以及存款类型和开户日期。如果当天进行了交易，在“账户当日明细查询”中可以查询到详细列表信息。自开户以来的账户明细，在“账户历史明细查询”中也可以查到。

2. 定活互换

活期账户中的存款可以转为定期存款。总击【活期转定期】按钮（见图 1–1–3），在“活期转定期”页面（见图 1–1–4）填写转账金额和转存期。

图 1–1–3 “定活互换”按钮

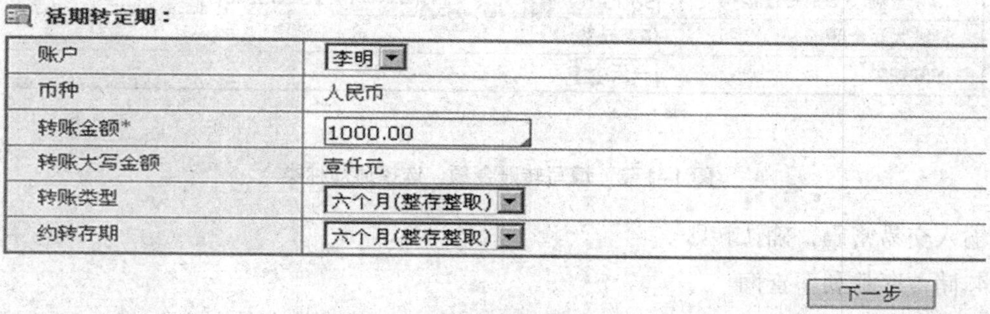

图 1–1–4 “活期转定期”页面

点击下一步，输入交易密码，确认转存。

定期也可以转为活期。点击“定期转活期”按钮，打开“定期账户明细列表”（见图 1–1–5），点击【转出】按钮即可。

定期账户明细列表：

账户代码	币种	钞汇	起息日	到期日	存期	约转存期	可用余额	转出
6555620461	人民币	钞	2010-11-29 16:22:50	2011-5-29 16:22:50	六个月(整存整取)	六个月(整存整取)	1000.00	转出

图 1–1–5 “定期账户”明细列表

输入需要转账的金额以及交易密码，确认转账。

3. 通知存款（活期转通知存款）

办理王军的通知存款，首先要添加下挂卡（用个人身份证在银行办的网上银行，只能有一个账户，但可以把其他账户挂在这个账户里，成为其子账户）。

在“我的账户”下选择“添加下挂卡及账户”选项（见图 1–1–6），选择对应的下挂卡账户。

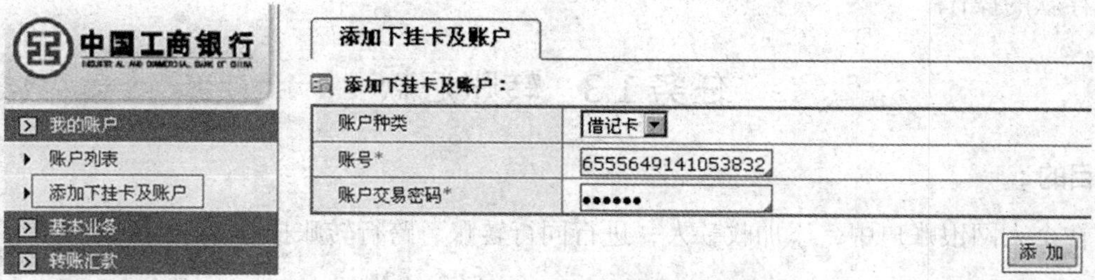

图 1–1–6 “添加下挂卡及账户”页面

填写转账金额（注意：王军银行卡中需要有 5 万以上的存款），选择通知种类（见图 1–1–7），点击下一步。

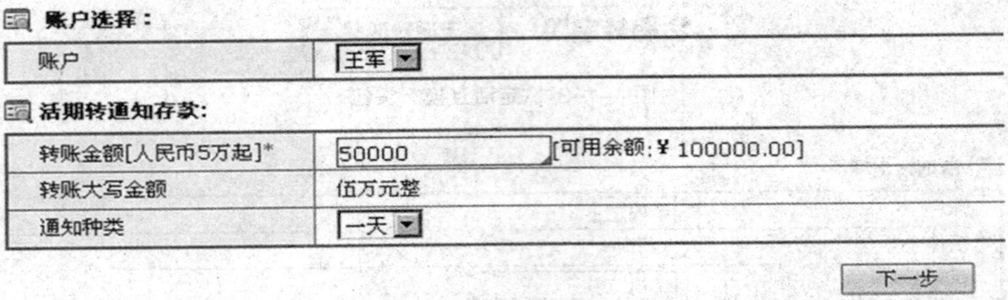

图 1–1–7　填写转账金额，选择通知种类

输入交易密码，确认转账。

4. 储蓄存款利率查询

选择此项业务，可以查询到各个币种在不同存款期限里的存款利率。

5. 修改密码

出于安全考虑，密码应定期修改，包括交易密码、查询密码，学生应养成设置复杂密码并定期修改的习惯。“修改密码”页面，如图 1–1–8 所示。

图 1–1–8　“修改密码”

拓展练习：

学生进入自己的邮政储蓄银行个人网银页面，完成活期存款与定期存款的转换，以及通知存款的操作。

任务 1.3　转账汇款

实训目的：

在个人网银账户中，添加收款人，进行同行转账、跨行转账操作。

实训课时安排：

1 课时。

实训准备：

奥派电子商务软件——网上支付实践——网上银行实践——转账汇款。

实训内容、步骤与指导：

在进入转账汇款界面后，会看到里面有同行转账、跨行转账、添加收款人 3 个项目。

1. 添加收款人

在这里，李明可以添加与自己联系密切的收款人的银行账号，以方便以后转账的时候可以直接选择收款人，不再输入账号，“添加收款人”页面，如图 1–1–9 所示。

添加收款人：

收款账号*	6555649141053832
姓名*	王军
电话号码*	025-83491234
手机号码*	15956986868

添 加

图 1–1–9 “添加收款人”页面

2. 同行转账

王军和李明是同一银行的，可以进行同行转账。

（1）单笔转账汇款。李明转账给王军时，选择单笔转账汇款，选择收款人王军，输入转账金额、交易密码，点击【确定】，转账成功。

（2)批量转账汇款。首先添加多个工商银行的账号，如果同时要给几个同行账号转账，可以选定账号，批量转账。王军和张玲都需要李明转给他们 1000 元。李明可以选择批量转账汇款。先将需要批量转账的收款人添加到收款人信息里（见图 1–1–10）；再点击批量转账汇款——点击“自动选择收款人”，如选中王军。

我的收款人列表：

选择	编号	收款账号	姓名	电话号码
⊙	5	6555649141053832	王军	025-83491234
○	6	6555655293804910	张玲	025-84568585

选 择

图 1–1–10 “我的收款人列表”

输入转账金额和交易附言，再点击【添加】，如图 1–1–11 所示。

批量转账汇款添加：

收款人姓名	王军	自动选择收款人
收款人账号	6555649141053832	
收款人电话号码	025-83491234	
金额(元)	1000	
金额(大写)	壹仟元整	
交易附言	批量转账	

添 加

图 1–1–11 “批量转账汇款添加”

依同样的方法，再添加张玲作为收款人，输入转账金额和交易附言，确定后点击【转账】，输入交易密码，转账完成。

3. 跨行转账

李明要转账给在招商银行开户的吴兵 1000 元，可以这样操作。

吴兵在招商银行注册一个账号；李明在自己的网上银行中添加吴兵的收款人信息，点击“跨行转账汇款”（见图 1–1–12），输入相关信息。

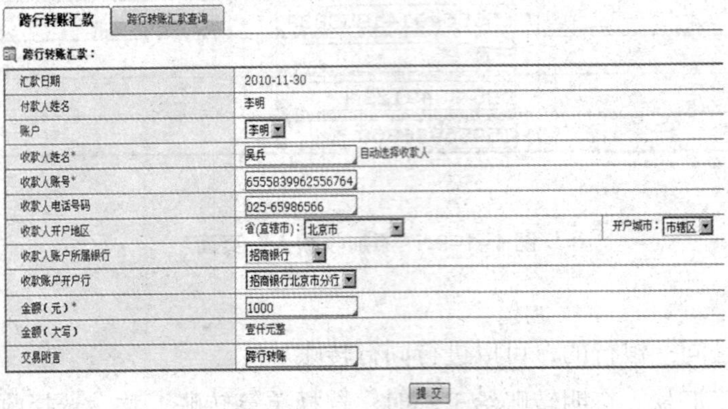

图 1–1–12 “跨行转账汇款”

提交后，输入交易密码，转账完成。

拓展练习：

学生在自己的邮储网银账户中，进行同学间的相互转账，以及和老师的跨行转账。

任务 1.4 网上基金

实训目的：

完成网上基金公司、基金产品的添加，用网银账号完成网上基金的购买。

实训课时安排：

1 课时。

实训准备：

奥派电子商务软件——网上支付实践——网上银行实践——网上基金。

实训内容、步骤与指导：

1. 添加基金公司、基金产品

点击“管理员”后面的【进入】，点击“基金公司管理”，“基金公司添加”选项（见图 1–1–13），填写基金公司的相关信息，点击【添加】。

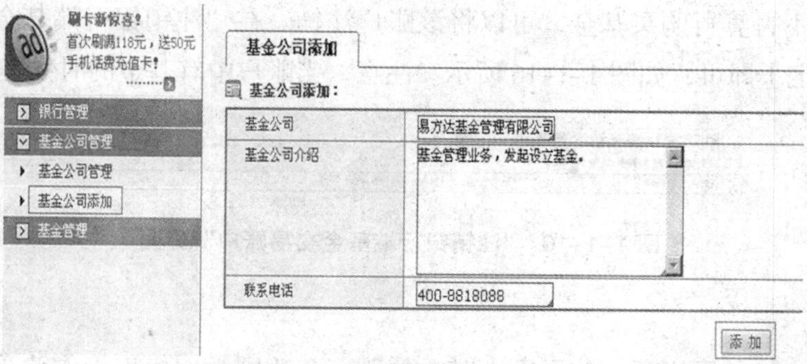

图 1–1–13 “基金公司添加”选项

再点击“基金管理”下的“基金添加”选项（见图 1–1–14），填写基金的相关信息，点击【添加】。

图 1–1–14 “基金添加”选项

2. 添加代理基金公司

进入银行柜台，点击“代理基金公司管理”的“基金公司添加”选项，添加代理基金公司，如图 1–1–15 所示。

图 1–1–15 “基金公司添加”

3. 李明在网上银行中购买基金、赎回基金、销户

李明进入他的个人网上银行，选择“网上基金”，点击基金交易账户开户（绑定李明的账户），进行基金申购。先选择基金公司或基金类型，查询基金；然后选择要申购的基金。如李明选中了一款基金，则点击基金名称后面的申购，输入购买金额，点击【购买】即可。

如果李明不想申购这款基金了，可以选择赎回（卖出基金）。首先进入自己的个人基金账户，查看所持基金的份额；然后点击份额后面的【赎回】，填写赎回的份额，点击【确认】即可。

如果李明不打算再购买基金，可以将该账户注销。在“注销银行端基金交易账户”界面，点击【确定】即可，如图 1–1–16 所示。注意，当账户中有基金的时候是不能注销的。

图 1–1–16 “注销银行端基金交易账户”界面

拓展练习：

教师登录自己的网银后，演示网上基金的购买，让同学们模拟操作购买流程。

任务 1.5　网上外汇

实训目的：

掌握网上外汇的购买方法。

实训课时安排：

1 课时。

实训准备：

奥派电子商务软件——网上支付实践——网上银行实践——网上外汇。

实训内容、步骤与指导：

1. 外汇业务绑定

在“选择外汇业务绑定账户”中选择李明的账户，并点击【确定】按钮。

2. 个人购汇申请

进入李明的个人银行柜台，点击“个人购汇申请”，输入交易密码，选择要购买的外汇币种及金额，点击【申请】按钮即可。

3. 账户管理

进入个人网上银行，可以查询外汇活期和定期账户，并进行外汇活期转外汇定期以及外汇定期转外汇活期的操作。

（1）外汇活期转外汇定期。打开“活期转定期”页面（见图 1–1–17）选择存期，输入转存金额和交易密码，确认进行活期转定期的操作。

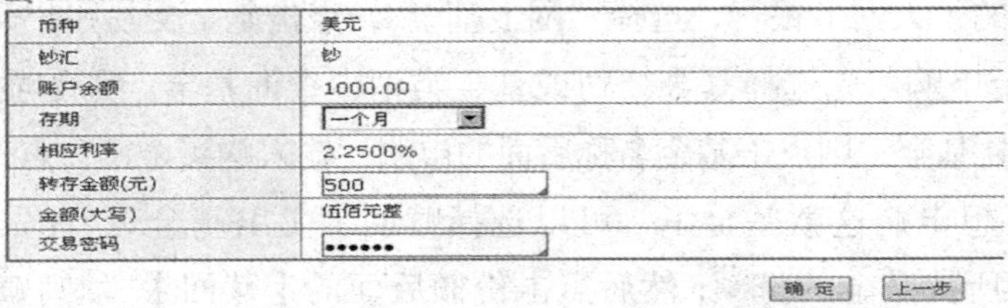

图 1–1–17 “活期转定期”页面

（2）外汇定期转外汇活期。同样选择存期，输入转存金额和交易密码，确认进行定期转活期的操作。

4. 即时交易

即时交易是指客户按银行交易系统的报价当即完成的交易方式。在“即时交易”页面中可以填写卖出和买入币种，输入卖出金额和交易密码，询价或者确定交易，如图1-1-18所示。

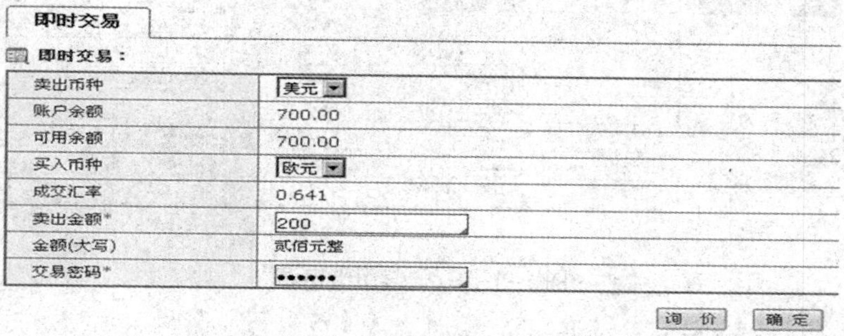

图 1-1-18 “即时交易”页面

5. 个人结汇申请

结汇是指外汇收入所有者将其外汇收入出售给外汇指定银行，外汇指定银行按一定汇率付给等值本币的行为。

李明进行个人结汇申请时，首先进入个人银行柜台，点击个人结汇申请，输入交易密码、结汇的币钟及金额，然后点击【申请】按钮，输入密码即可。

拓展练习：

教师登录自己的网银，演示网上外汇的购买，学生模拟操作购买流程。

任务 1.6 信用卡

实训目的：

掌握信用卡的参数设置，信用卡的申请、审批、激活及还款步骤。

实训课时安排：

1 课时。

实训准备：

奥派电子商务软件——网上支付实践——网上银行实践——信用卡。

实训内容、步骤与指导：

李明现在打算使用信用卡，我们来看看他是怎样申请信用卡账户的，以及有了信用卡之后可以做些什么。

1. 设置信用卡参数

进入“管理员”平台，点击“银行管理”下“信用卡参数管理”选项，设置信用卡参数（如信用额度、账单日、还款日、滞纳金），点击【修改】。

2. 申请信用卡账户

在个人账户下，点击“信用卡账户申请”，填写注册信息，如图 1–1–19 所示。

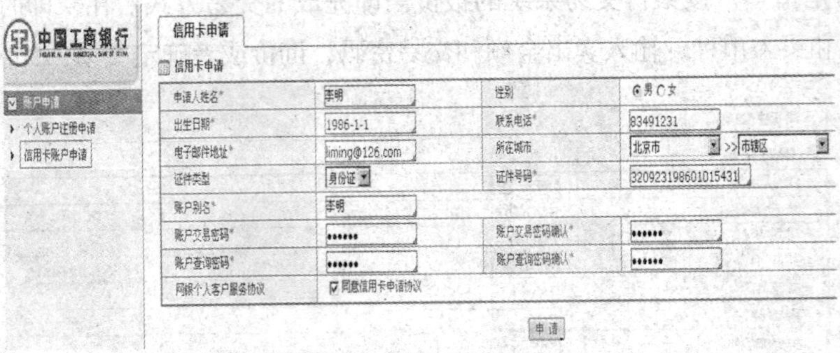

图 1–1–19 “信用卡申请”

填写完毕，进入银行柜台进行审批。

通过银行审批，会收到一封邮件，如图 1–1–20 所示。

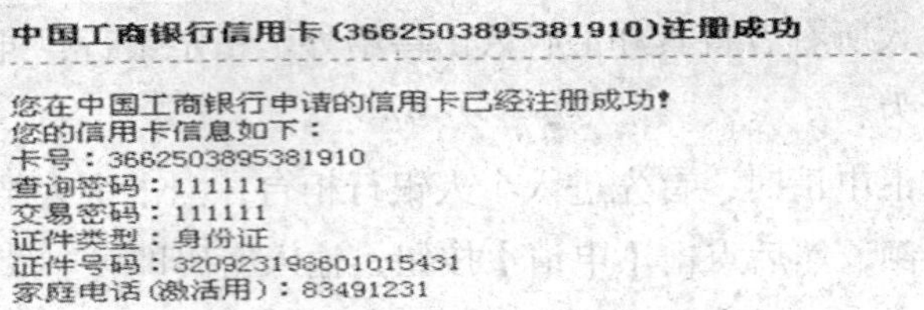

图 1–1–20 收到邮件

记住这张信用卡的卡号，并将此信用卡添加到下挂账户中，如图 1–1–21 所示。

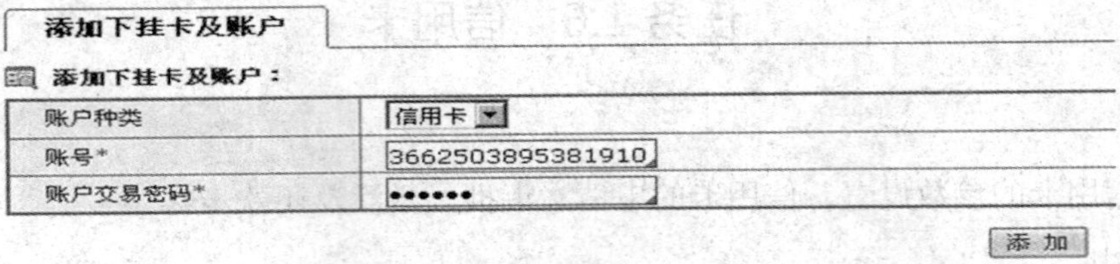

图 1–1–21 添加信用卡到下挂账户

选择“信用卡服务”业务，点击“信用卡激活”选项（见图 1–1–22），填写激活信息。这里的信息要和注册时所填的信息相同。

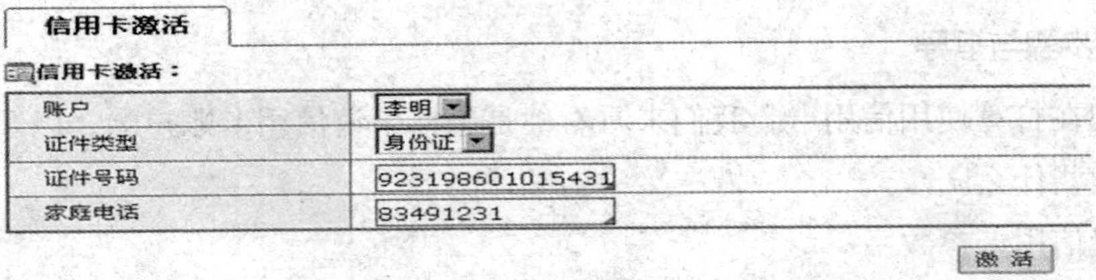

图 1–1–22 “信用卡激活”页面

3. 信用卡还款

（1）网上还款（见图 1–1–23）。如果李明使用这一信用卡透支了，就需要用到还款功能。

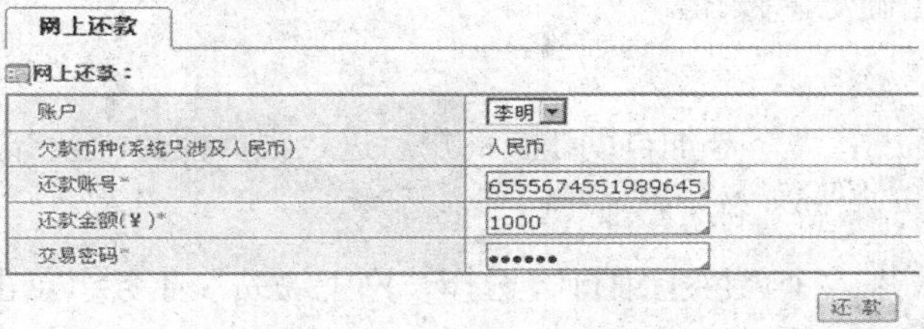

图 1–1–23　网上还款

（2）自动还款（见图 1–1–24）。绑定还款账户，网上银行可以自动为用户还款。

图 1–1–24　自动还款

拓展练习：

学生在自己的邮政储蓄银行中，试着进行信用卡的申请。

任务 1.7　网上贷款和缴费

实训目的：

掌握网上贷款和缴费的相关步骤。

实训课时安排：

1 课时。

实训准备：

奥派电子商务软件——网上支付实践——网上银行实践——网上贷款和缴费。

实训内容、步骤与指导：

李明想要购车，但是他的存款不够，所以最终选择网上贷款。

1. 网上贷款

（1）自助贷款办理申请。李明首先进入个人银行柜台，填写个人贷款申请信息，如申请人姓名、证件类型、结算账户号、贷款期限、贷款金额、贷款用途、质押物品等。填写完成后，进入银行柜台，在办理自助贷款申请审批中查看刚才所填写的贷款申请，确认后点击【审批】按钮，通过审批。

（2）贷款后的还款。李明进入个人网上银行，选择“网上贷款”业务，点击“贷款信息查询”，查看自己的贷款情况。若想还款了，可点击贷款信息后的“还款”选项，在弹出的页面中，点击【确定】按钮。

2. 网上缴费

（1）自助缴费商户管理。添加自助缴费商户。进入银行柜台，点击“自助缴费商户管理”选项，添加商户名称、缴费名称。

（2）缴费申请。进入个人网上银行，选择“网上缴费”业务，点击“缴费申请”选项。选择要申请的商户，点击【申请】，如图 1-1-25 所示。

商户号	缴费名称	商户名称	操作
1	中国移动缴费	中国移动	申请

图 1-1-25　选择要申请缴费的商户

在弹出的“缴费申请”页面（见图 1-1-26）中，输入缴费号码，点击【申请】按钮。

缴费申请

缴费申请：

账　　户	李明
缴费名称	中国移动缴费
商户名称	中国移动
缴费号码*	15958665856

申 请

图 1-1-26　“缴费申请”页面

（3）在线缴费。点击“在线缴费”选项，在“在线缴费申请列表”（见图 1-1-27）中点击【缴费】按钮。

在线缴费申请列表：

序号	缴费名称	缴费号码	缴费账户	操作
2	中国移动缴费	15958665856	6555674551989645	缴费

记录总数：1 总页数：1 当前页：1　　首页 上一页 [1] 下一页 尾页

图 1-1-27　“在线缴费申请列表”

在“在线缴费”页面（见图 1-1-28）输入缴费金额及交易密码，点击【缴费】按钮。

在线缴费：

缴费账号	6555674551989645
缴费名称	中国移动缴费
缴费号码	15958665856
待缴费金额(￥)	100
交易密码	••••••

缴 费

图 1-1-28　“在线缴费”页面

（4）缴纳撤销。对于缴费申请，也可以撤销，在“缴费申请撤销列表”（见图 1-1-29）

中点击【撤销】即可。

缴费申请撤销列表：

序号	缴费名称	缴费号码	缴费账户	操作
2	中国移动缴费	15958665856	6555674551989645	撤销

记录总数：1 总页数：1 当前页：1　　首页上一页[1]下一页尾页

图 1–1–29　“缴费申请列表”

拓展练习：

学生在自己的邮政储蓄银行中，试着进行网上贷款和缴费的操作。

任务 1.8　申请企业账户

实训目的：

完成南京奥派科技企业、南京舜天科技企业银行账户的申请。

实训课时安排：

1 课时。

实训准备：

奥派电子商务软件——网上支付实践——网上银行实践——企业银行账户。

实训内容、步骤与指导：

点击“企业账户申请”，填写申请企业名称（南京奥派科技、南京舜天科技）、所在城市、企业营业执照号、组织机构代码证号、税务登记证号、经办人姓名、经办人证件类型、经办人证件号码、经办人联系电话、经办人电子邮件地址、账户交易密码、账户查询密码。填写完成后，点击表格下方的申请，等待银行柜台审核。

在主页面点击进入银行柜台，在“注册账户申请审批”页面选择企业客户，点击页面下方的【审批】按钮，审批通过，账户申请成功。

按照以上方法，申请南京舜天科技的银行账户。

拓展练习：

学生进入中国邮政储蓄银行官网，了解其企业银行的申请方法。

任务 2　支付通实践

【实践情境】

李明以及他所代表的南京奥派科技要接触 B2B、B2C 以及 C2C，为了交易安全，就势必要用到支付通。现在我们就来看看李明需要利用支付通进行哪些操作。

任务 2.1　支付通账户的申请及充值

实训目的：

完成李明、王军、张玲 3 人支付通账户的申请、充值。

实训课时安排：

1 课时。

实训准备：

奥派电子商务软件——网上支付实践——支付通实践——支付通账户申请及充值。

实训内容、步骤与指导：

1. 注册支付通账户

点击“支付通平台”后面的【进入】，开始注册支付通账户。

注册支付通账户有两种方法，可以使用手机号码注册，也可以使用邮箱注册。选择用手机号码注册，在弹出的页面中输入手机号码（此时需要检查账户名是否可用）和校验码，点击【同意并确认注册】。这时，注册手机会收到一条包含校验码的短信。点击页面右下方的 <1> 。查看校验码。在弹出的页面中，输入校验码，点击【下一步】。出现以下信息的设置：设置登录密码，设置支付密码，设置安全保护问题，设置个人信息（公司 / 个人、真实名字、证件类型、证件号码、手机号码、联系电话）。点击【同意】，确认注册。这样，李明就成功注册了他的支付通账户。

如果选择邮箱注册，点击“邮箱注册”，输入邮箱账号（此时的邮箱账号是虚拟的邮箱）、进入邮箱，激活邮件中的链接，点击【下一步】。出现以下信息的设置：设置登录密码，设置支付密码，设置安全保护问题，设置个人信息（公司 / 个人、真实名字、证件类型、证件号码、手机号码、联系电话），点击【同意】，确认注册。这样也成功注册了支付通账户。

2. 支付通账户充值

李明要使用支付通，他的账户就需要充值，以方便以后付款。如图 1–2–1 所示，进入李明个人的支付通账户，在“我的 ZFT（支付通）”中选择“充值”。李明是要给自己的账户充值，而他的开户银行是工商银行，所以选择“工商银行”。输入充值金额，充值 10 000 元，点击【下一步】。

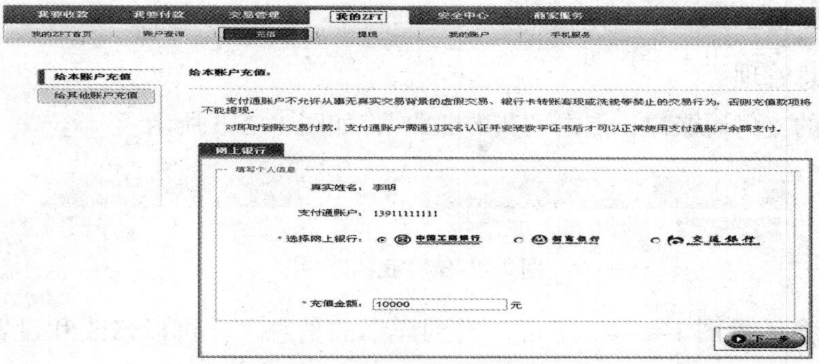

图 1-2-1 支付通账户充值

点击“去网上银行充值”选项，出现充值的订单（见图 1-2-2），按要求输入自己的银行账号和密码，以及附加码，点击【确定】按钮。

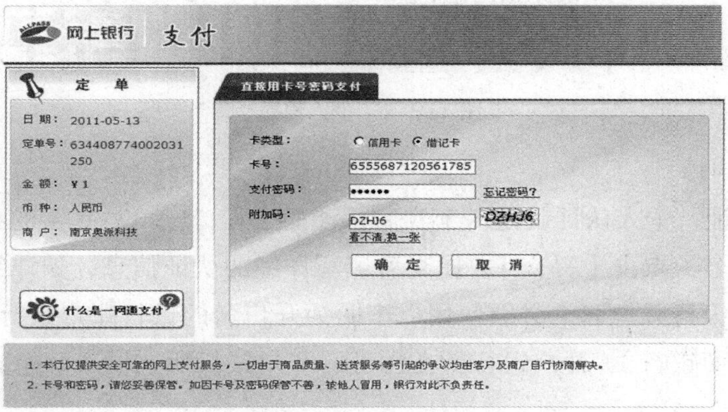

图 1-2-2 充值的订单

充值成功后，系统给出提示，表示李明成功地给自己的支付通账户充值了 10 000 元。

拓展练习：

学生试着用邮箱或手机号注册一个支付宝账户，并进行充值。

任务 2.2 支付通账户管理

实训目的：

掌握支付通中“我的账户信息”的设置，实名认证，手机号的绑定，证书管理，以及交易管理。

实训课时安排：

2 课时。

实训准备：

奥派电子商务软件——网上支付实践——支付通实践——账户管理。

实训内容、步骤与指导：

1. 个人信息管理

进入李明的支付通账户，点击“我的账户”，如图 1–2–3 所示。

图 1–2–3 “我的账户”

在个人信息（见图 1–2–4）中可以看到详细的信息，并可以修改和设置，如修改手机号码（注意电话号码的输入格式）、修改头像（注意头像图片的要求为：图片尺寸最大 120*120 像素，文件大小 100KB 以内，仅支持 .JPG、.GIF 图片格式）。

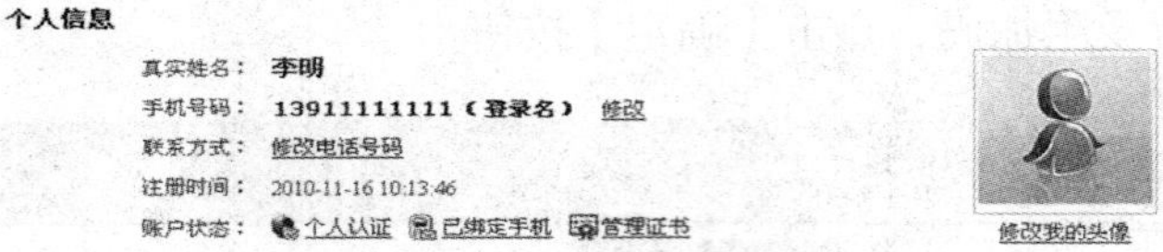

图 1–2–4 个人信息

2. 个人认证申请

（1）个人认证。个人认证就是一个实名认证的过程，应填写真实的身份证号码、身份证上的真实姓名，点击【提交】。提交后填写详细的认证信息，如详细地址、固定电话、手机号码、银行开户名（必须使用以李明为开户名的银行账户进行认证）、开户银行名称（中国工商银行）、开户银行所在省份、开户银行所在城市、个人银行账号，点击【提交】。

（2）汇款。进入服务商平台，选择“实名认证申请”，确认汇款，随机生成汇款金额，点击【确认】。这时，记录下金额。再进入“支付通”平台，点击“个人认证”，确认汇款金额（见图 1–2–5）。

注意：一定要记住此金额。如果忘记，请进入“服务商”平台，用“实名认证”中的查询功能进行查询，查询内容为“确认款已汇”。

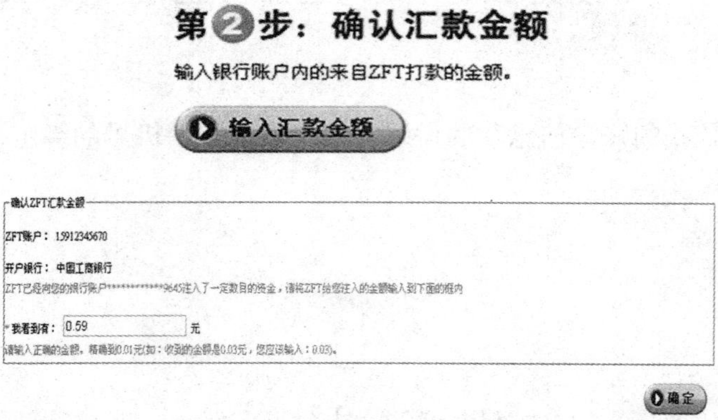

图 1–2–5 确认汇款金额

只有当输入的金额是正确时，实名认证才能成功。

3. 支付通绑定手机号码

申请手机绑定账户后，可以通过手机找回遗忘的密码，还可以管理数字证书。点击“我的支付通”中“手机服务”，输入要绑定的手机号，点击【下一步】，输入手机收到的校验码后，手机就成功被绑定了。然后再申请开通手机自助服务。在“手机自助服务（免费）”页面点击【申请开通】，如图 1-2-6 所示。

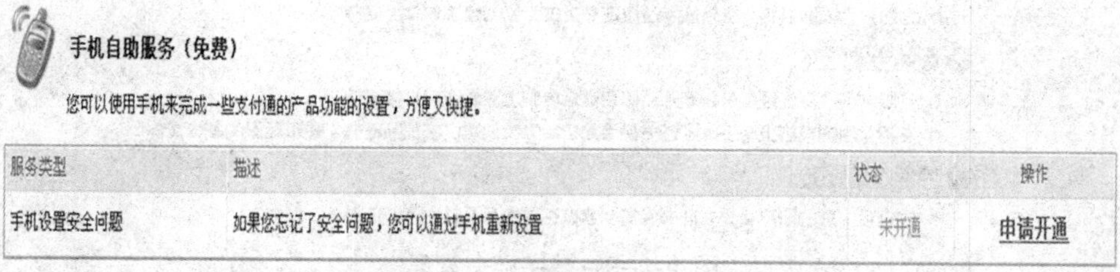

图 1-2-6 “手机自助服务（免费）”页面

输入校验码和手机支付密码，这样，就申请成功了。

4. 证书管理

申请数字证书，点击“安全中心”中的“数字证书”，输入证件号码。确定无误后，再填写证书使用地点，如在南京使用。点击【确定】按钮，申请成功。申请成功之后，要记得备份。

特别提醒：请将数字证书备份到移动存储器上（如U盘、移动硬盘），请不要备份到系统盘上（如C盘），避免电脑系统重装删除。

设置备份密码，如图 1-2-7 所示。

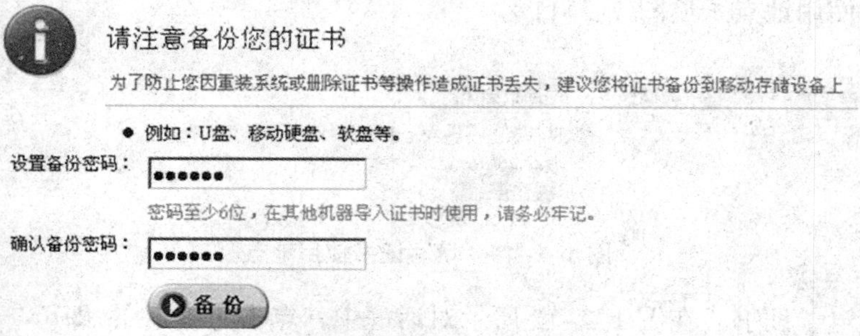

图 1-2-7 设置备份密码

备份之后，将证书下载到本地脑里，如图 1-2-8 所示。

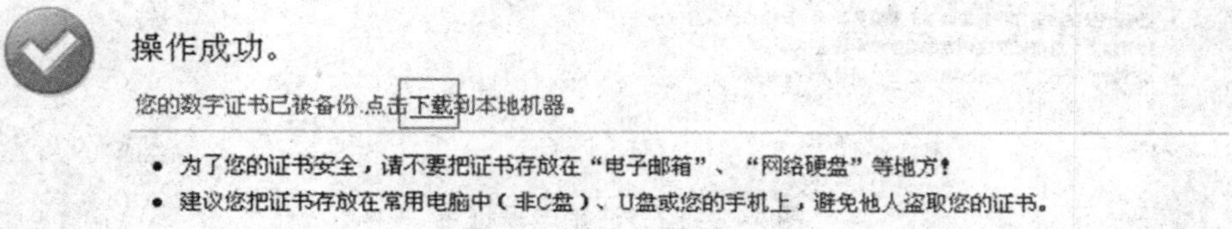

图 1-2-8 将证书下载到本地

对申请的数字证书进行管理（见图 1–2–9），可以查看、备份、删除，也可以申请注销。

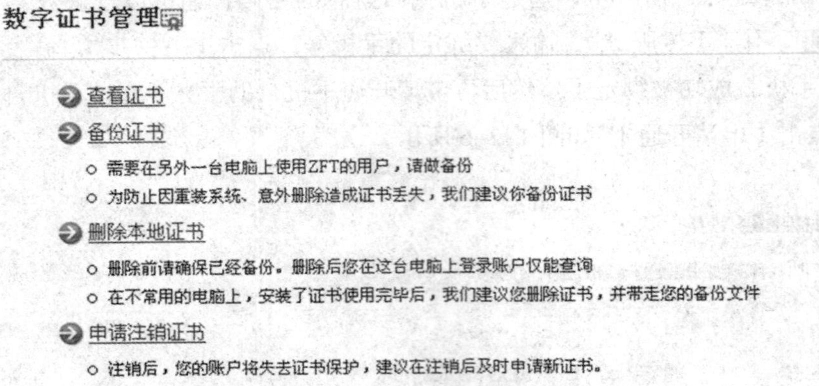

图 1–2–9　数字证书管理

将证书删除之后，可以再导入（见图 1–2–10）。

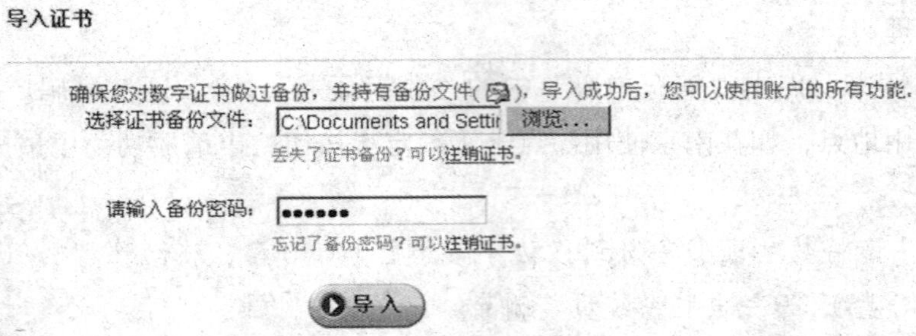

图 1–2–10　导入证书

填写证书使用地点（见图 1–2–11）。

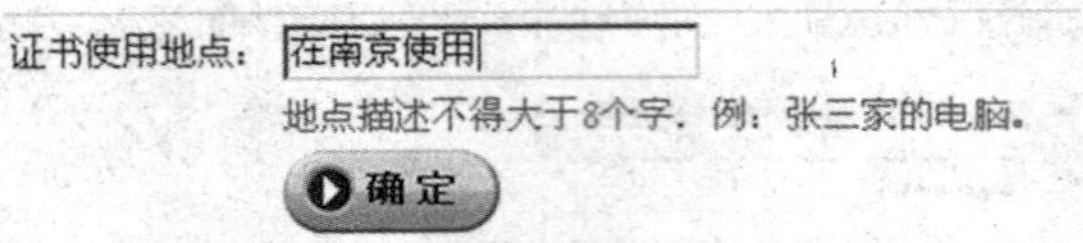

图 1–2–11　填写证书使用地点

申请注销电子证书。在图 1–2–12 所示对话框中，点击【确定】，即可。

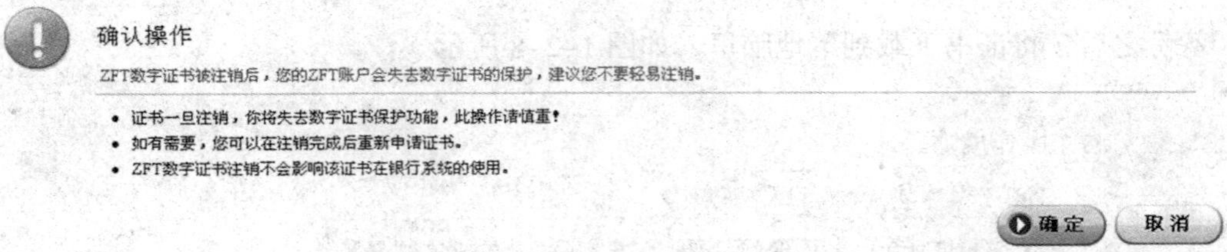

图 1–2–12　注销电子证书

5. 交易信息管理

联系人管理：添加联系人分组，添加成功的组别可以再修改或者删除。点击“我的支付通”中“我的账户”最下方交易信息里的“管理联系人”。在弹出的页面中进行操作，如图 1–2–13 所示。

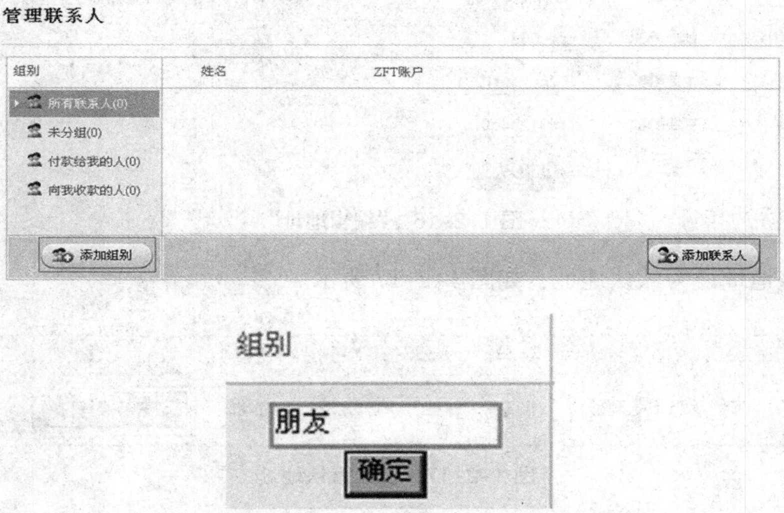

图 1–2–13 “管理联系人”页面

添加联系人，填写联系人姓名和支付通账户，选择分组，如图 1–2–14 所示。

图 1–2–14 添加联系人

对联系人可以执行复制、移动或者删除的操作，如图 1–2–15 所示。

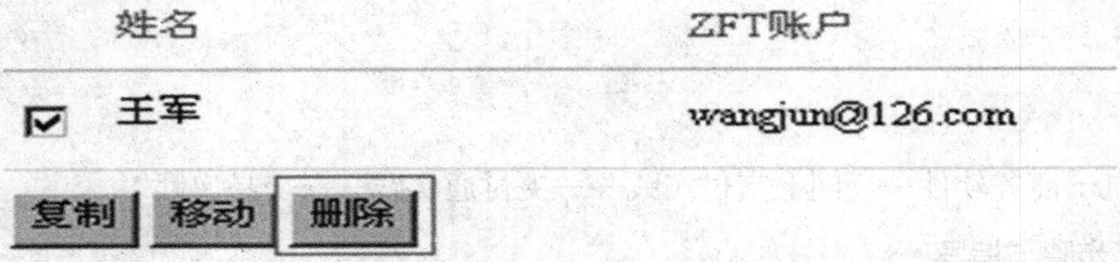

图 1–2–15 执行复制、移动或者删除的操作

添加收货地址：点击“我的支付通”中“我的账户”最下方交易信息里的“编辑地址”进行修改，如图 1–2–16 所示。

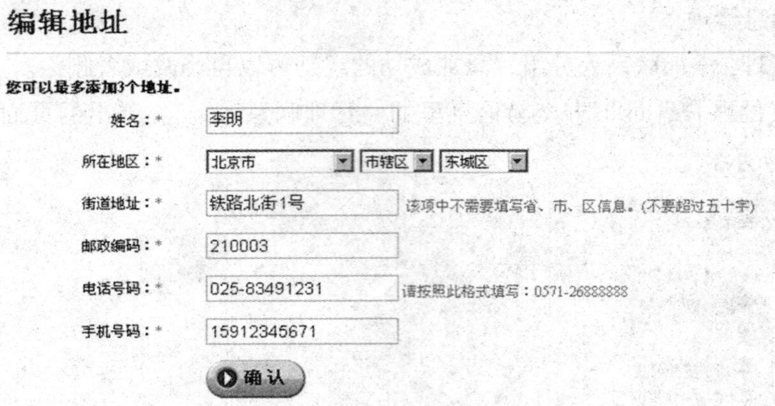

图 1-2-16 “编辑地址”

可以将该地址设为默认地址，如图 1-2-17 所示。

是否默认地址	姓名	所在地区	街道地址	邮政编码	电话号码	手机号码	操作
	李明	北京市 市辖区 东城区	铁路北街1号	210003	025-83491231	15912345671	设为默认 修改 删除

图 1-2-17 设为默认地址

拓展练习：

登录支付宝，完成个人信息的设置、实名认证及证书管理等操作。

任务 2.3 支付通交易实践

实训目的：

在支付通中完成担保交易流程、买家退货流程以及即时付款流程。

实训课时安排：

2 课时。

实训准备：

奥派电子商务软件——网上支付实践——支付通实践——交易实践。

实训内容、步骤与指导：

1. 担保交易流程

注意：以下操作的前提是需要开通“个人认证”。

王军从李明处购买了一台电脑，价值 3 000 元，他们使用支付通进行收款和付款。李明使用担保交易收款。

李明填写收款信息：进入李明的支付通账号，填写收款信息，如付款方的账户（王军的支付通账户）、商品或服务名称（电脑）、单价、数量、商品说明，选择物流方式（快递或平邮），选择邮费承担方（买家承担邮费），填写邮费金额，点击【确定】。

王军付款：进入王军的支付通账户，在“我要付款”下可以看到需要付款的项目，点击【付款】，选定自己的网上银行，点击【下一步】，单击“去网上银行付款”，即进入“支付”页面（选择卡的类型，输入卡号、支付密码、附加码），如图 1–2–18 所示。

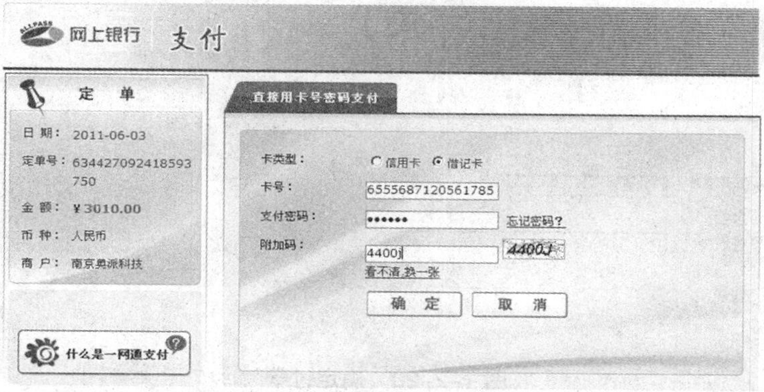

图 1–2–18 “支付”页面

点击【确定】，付款成功。

李明发货：进入李明支付通账号，在“交易管理”页面点击“发货”，并填写物流方式（快递或平邮）、承运公司名称、承运单号码，点击【确定】，发货成功。

王军收货：进入王军支付通，在“交易管理”页面，点击“收货”；输入支付通的支付密码，点击【确认】，收货成功。类似如及时到账收款、AA 制付款的流程与以上流程相同。

2. 买家退货流程

李明卖给王军一些书籍，采用担保交易收款。

李明填写收款信息：进入李明支付通账号，选择“担保交易收款”，填写交易信息，如图 1–2–19 所示。

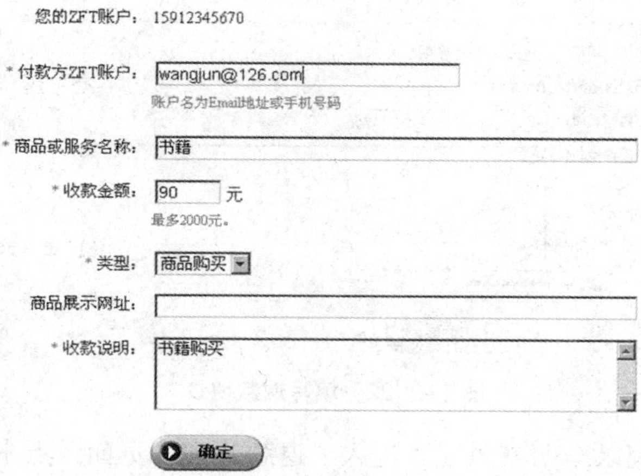

图 1–2–19 填写交易信息

王军付款：进入王军的支付通账户，在“我要付款”下可以看到需要付款的项目（见

图 1-2-20），点击【确定】。王军付款后李明正常发货了。

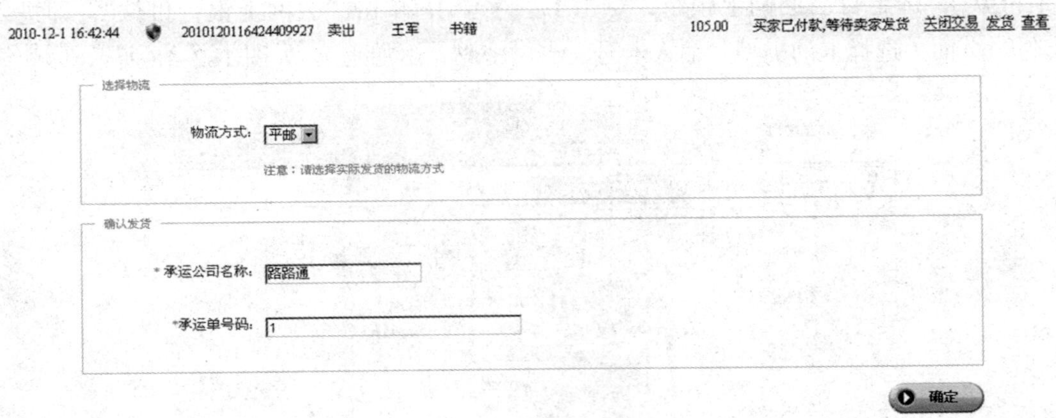

图 1-2-20 确定付款

（1）买家没有收到货物的退款操作。王军在付款之后，由于长时间没有收到货物就改变主意不再想交易了。点击“退款”，弹出“退款信息”对话框（见图 1-2-21），选择退款理由，填写退款协议，如图 1-2-22 所示。

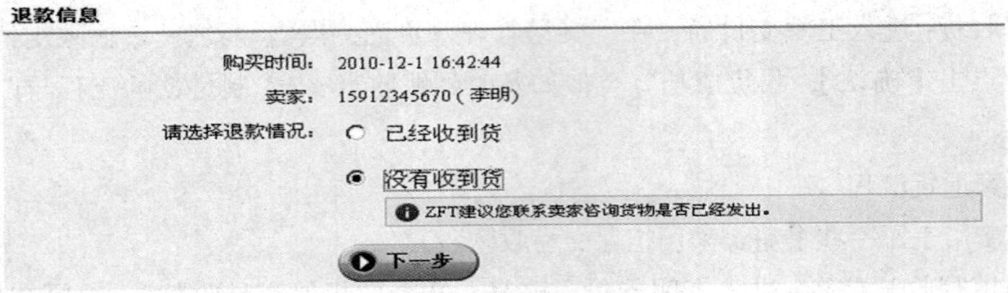

图 1-2-21 “退款信息”

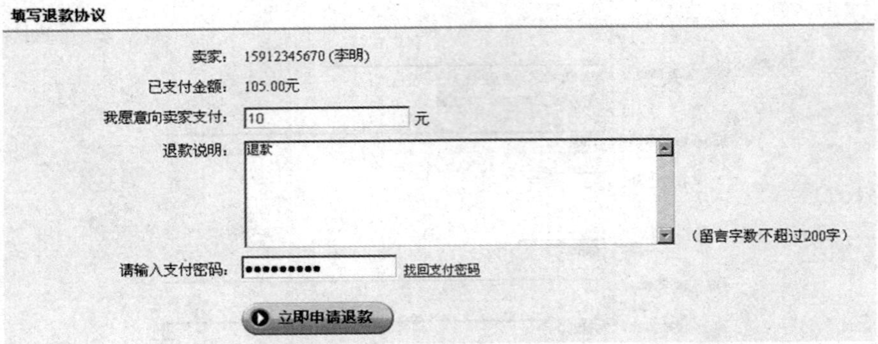

图 1-2-22 填写退款协议

李明同意退款：登录李明支付通，进入“退款管理”页面，点击“处理买家退款协议”，选项如图 1-2-23 所示。

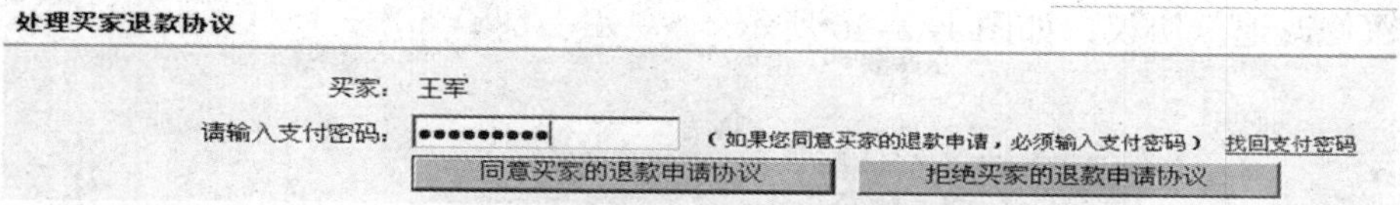

图 1-2-23 “处理买家退款协议”选项

（2）王军已经收货后要求退款的操作。在“退款信息”和“填写退款协议”对话框中选择相关内容，如图 1-2-24 所示。

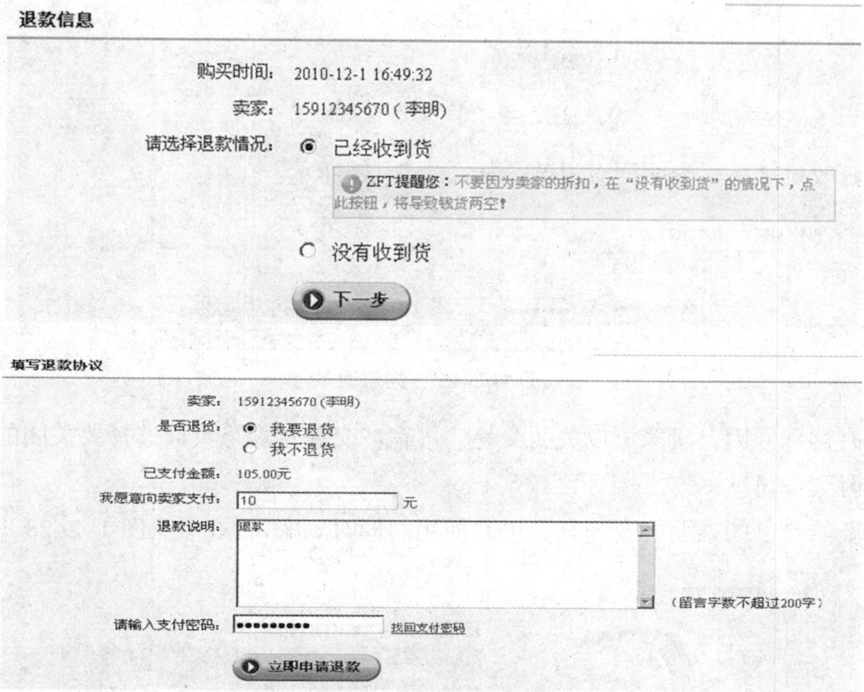

图 1-2-24 收货后要求退款的操作

李明可以同意退款协议，并输入支付密码，这样退款就结束了。在这里我们选择“拒绝退款”（见图 1-2-25），并通知买家修改退款协议（因为退款协议中对卖家的补偿不够，卖家选择拒绝）。

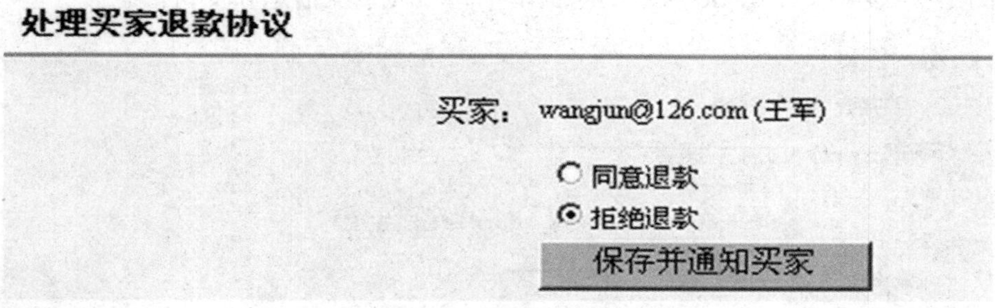

图 1-2-25 拒绝退款

王军修改退款协议，如图 1-2-26 所示。

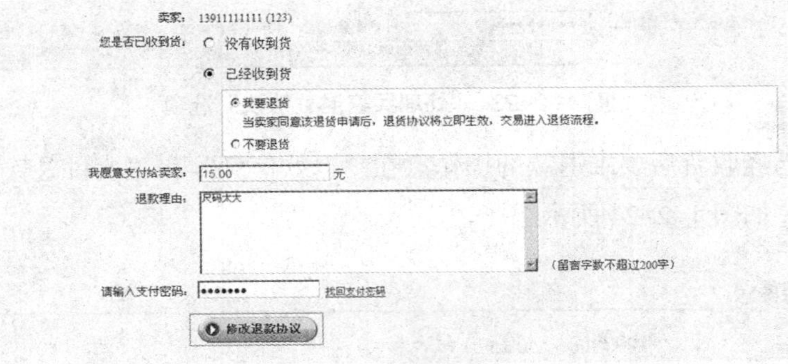

图 1-2-26　修改退款协议

买家修改过之后，李明同意退款，如图 1-2-27 所示。

图 1-2-27　同意退款

如果有特殊原因，卖家可以关闭交易。可在“交易管理”页面选择要关闭的交易。

3. 即时到账付款

如果要给自己的亲朋好友汇款，可以使用“即时到账付款”（见图 1-2-28）。

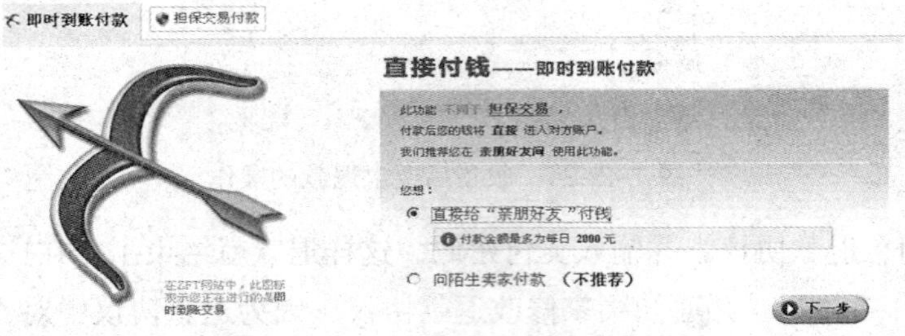

图 1-2-28　即时到账付款

在图 1-2-29 和图 1-2-30 所示的对话框中，填写亲友信息和支付信息。

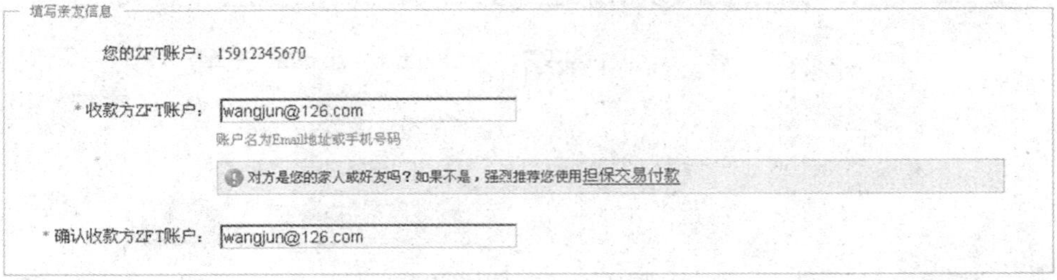

图 1-2-29　填写亲友信息

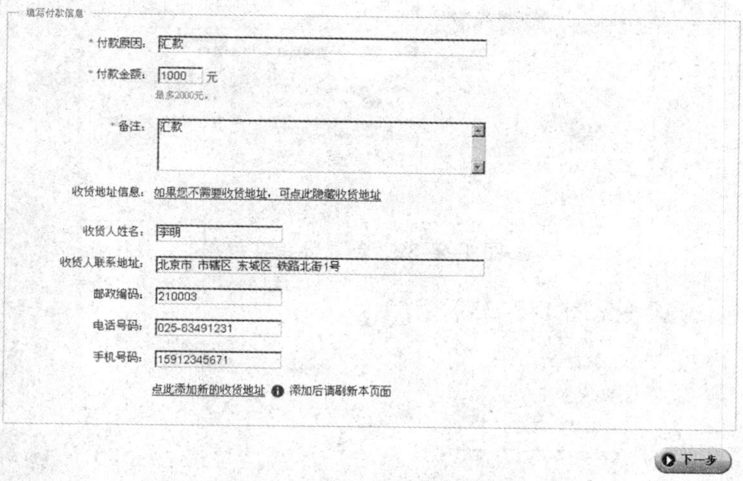

图 1-2-30　填写付款信息

输入密码，确认汇款（见图 1-2-31）。

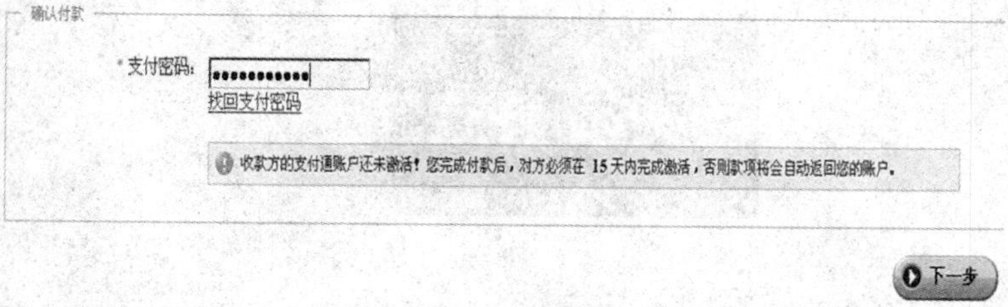

图 1-2-31　确认付款

拓展练习：

学生在支付宝中发起一项担保交易并完成收款。

任务 2.4　红包管理

实训目的：

掌握在支付通中创建并领用红包的方法。

实训课时安排：

1 课时。

实训准备：

奥派电子商务软件——网上支付实践——支付通实践——红包管理。

实训内容、步骤与指导：

进入支付通——交易管理——红包管理。

（1）创建红包。红包分为礼仪红包和促销红包，这里我们“创建促销红包”（见图 1-2-32）。

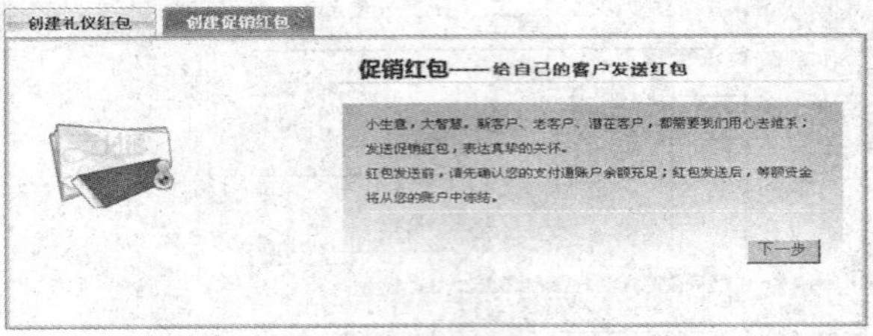

图 1–2–32　创建促销红包

填写“红包信息”（见图 1–2–33）。

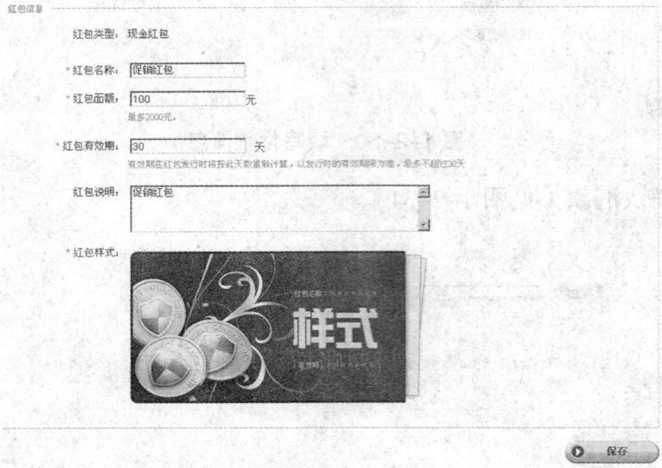

图 1–2–33　填写“红包信息”

（2）发行红包。红包的发行方式分为两种，这里我们选择“生成红包获取码”（见图 1–2–34）的方式。

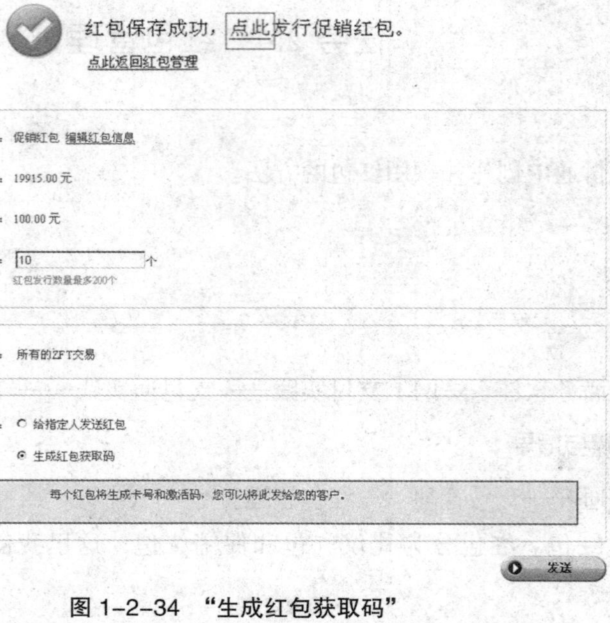

图 1–2–34　“生成红包获取码”

（3）领取红包。进入王军账户，查看红包。点击【领取】，领取红包（见图 1-2-35）。

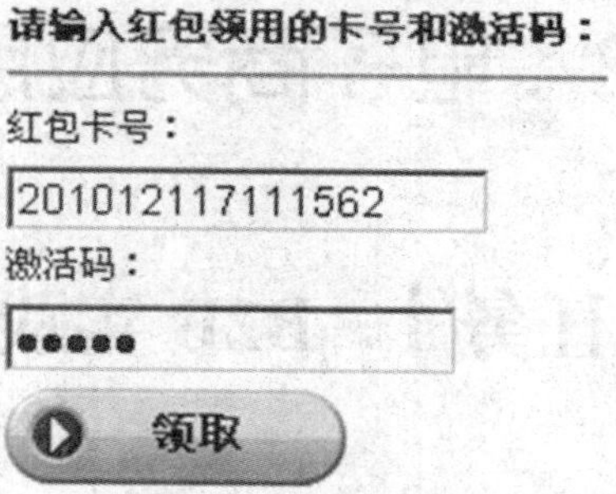

图 1-2-35　领取红包

注意：这里的“红包卡号”和“激活码”可从短信中获取。

拓展练习：

学生试着在支付宝中互发红包，并领用红包。

项目 2　电子商务应用模型

任务 1　B2B 实践

【实践情境】

南京奥派科技企业需要采购一批联想笔记本电脑，于是在网站上查找相应的供应信息。看到南京舜天科技企业有一批笔记本在出售。南京奥派科技企业通过询价了解了产品的许多信息，最后购买了该产品。

任务 1.1　B2B 交易中涉及的角色及业务关系

实训目的：

掌握支付通绑定的基本实践操作及后台添加商品类别和属性的管理。

实训课时安排：

2 课时。

实训准备：

奥派电子商务软件——电子商务应用模型——B2B 实践。

实训内容、步骤与指导：

注意：

（1）服务商绑定的支付通须开通“商家服务”（在开通“商家服务”时，支付通服务商一定要审核“商家服务”的申请）。

（2）买家和卖家也要绑定支付通，但是所绑定的支付通不一定要开通“商家服务”。

（3）服务商、买家以及卖家各自绑定的支付通不能相同。

1. 基本实践操作

（1）服务商账户绑定。在“电子商务应用模型”中选择“B2B 实践”，进入“服务商管理”平台（见图 2–1–1），绑定服务商账户，这里所要用到的数据就是之前申请“商家服务”时给出的数据。点击【确定】，即成功绑定。

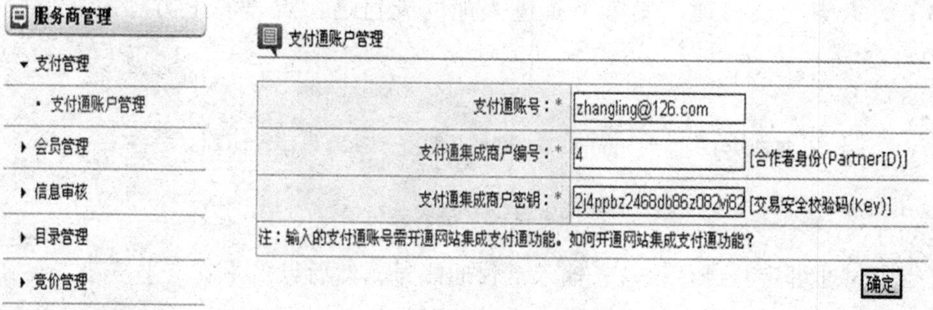

图 2–1–1 “服务商管理”平台

（2）采购商注册。李明要为南京奥派科技企业采购产品，所以作为采购商进行注册。进入 B2B 平台，免费注册账号。填写注册信息，确认信息填写无误后，勾选“接受服务协议”选项，点击【同意服务条款，提交注册信息】按钮，如图 2–1–2 所示。

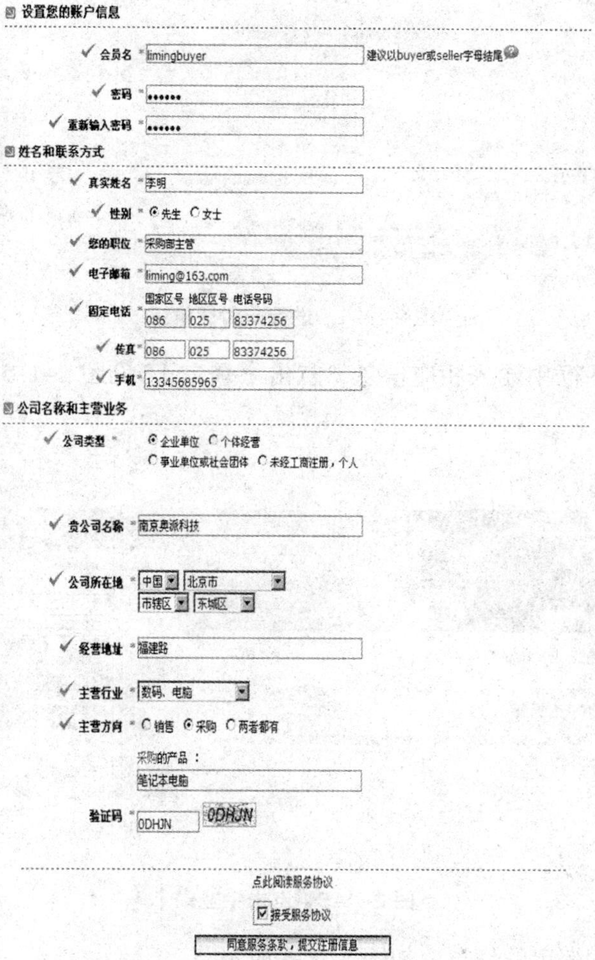

图 2–1–2 采购商注册

提交成功后，返回主页，点击“我的邮件”，激活账户。

（3）买家绑定支付通。卖家王军进入他的支付通，点击右上方“发布信息”按钮（见图 2–1–3）。

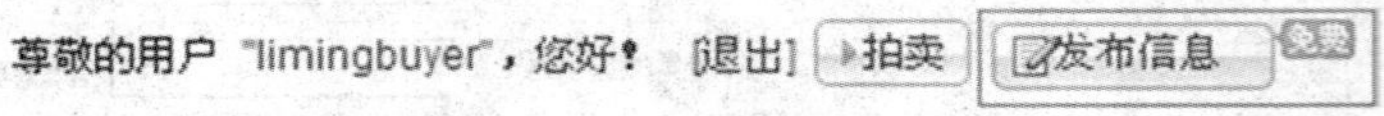

图 2–1–3 进入支付通

进行支付通绑定。进行设置，输入支付通账号，然后点击【确定】按钮，在新跳出来的窗口中输入支付通登录密码，如图 2–1–4 所示。

注意：一定要在新跳出的窗口中输入相应信息，跳出确认绑定成功的提示。

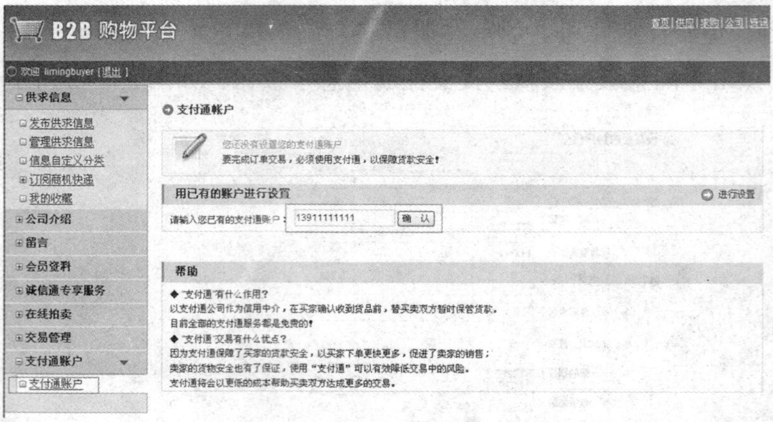

图 2–1–4 进行支付通绑定

在另跳出的对话框中输入相应信息，点击【登录】（见图 2–1–5），跳出“登录成功”对话框。

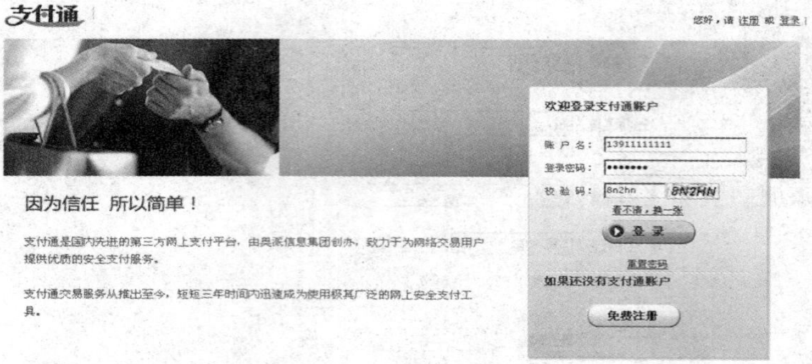

图 2–1–5 点击【登录】

刷新软件，显示绑定的信息，如图 2–1–6 所示。

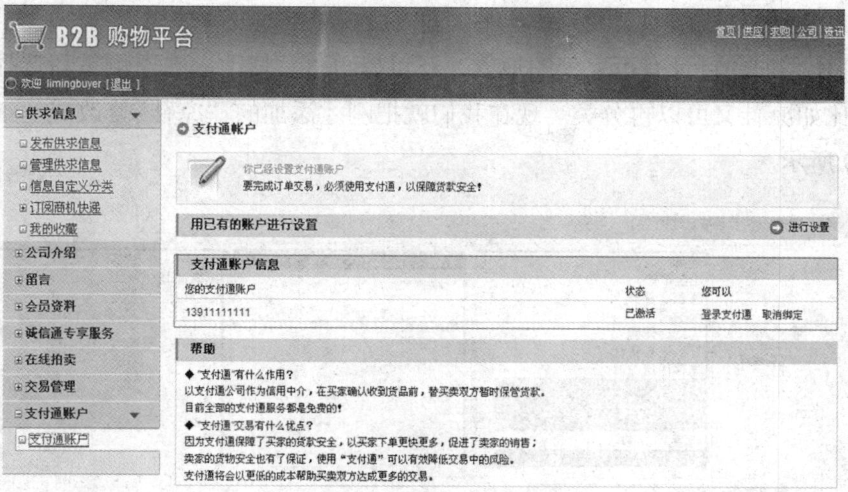

图 2–1–6　显示绑定信息

（4）供应商申请（卖家）绑定支付通。南京舜天科技企业也在同时绑定支付通。

2. 服务商后台添加商品类别和商品属性的管理

（1）商品类别管理。进入服务商平台，在“目录管理”下选择“目录信息添加”，对目录信息进行添加。例如，现有的目录没有鞋类，我们可以从“一级目录”开始添加。填写目录名称，点击【添加一级目录】按钮，（见图 2–1–7）。

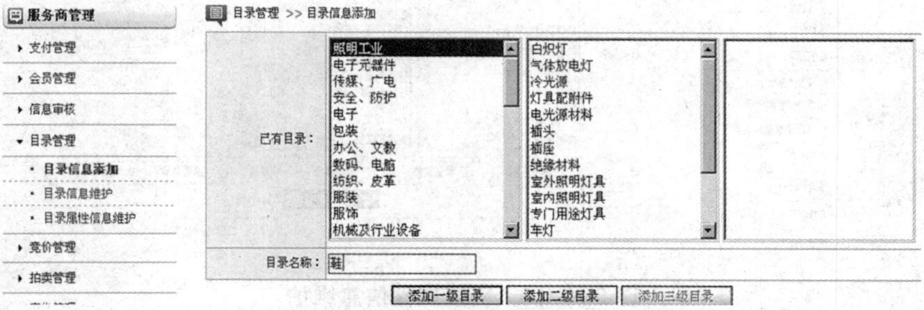

图 2–1–7　添加一级目录

接下来“添加二级目录”，鞋又可以单独分出“女鞋”一类（见图 2–1–8）。

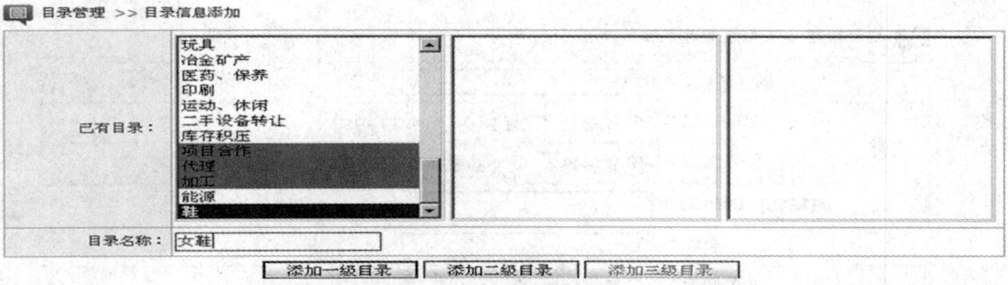

图 2–1–8　添加二级目录

最后，用同样方法添加三级目录。

如果刚才添加的目录有不完善的地方，还可以再进行修改。在左侧重新选择“目录信息维护”，比如凉鞋又可以再分类。现在我们就把刚才添加的“凉鞋”修改成“细跟凉鞋”，如图 2–1–9 所示。

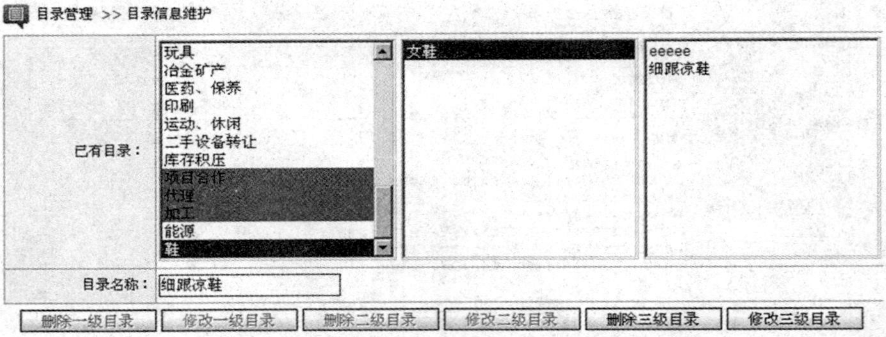

图 2–1–9　修改目录

（2）商品属性维护。给商品添加属性，供应商可以更好地描述商品。对于目录的属性也可以维护（见图 2–1–10），可用笔记本进行维护，点击【添加目录属性】。

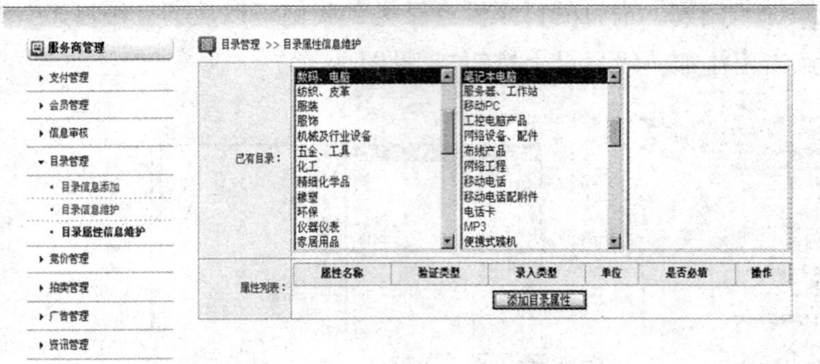

图 2–1–10　目录属性信息维护

填写好属性信息之后，再点击【添加目录属性】按钮。这样，对于商品属性的维护就完成了，如图 2–1–11 所示。

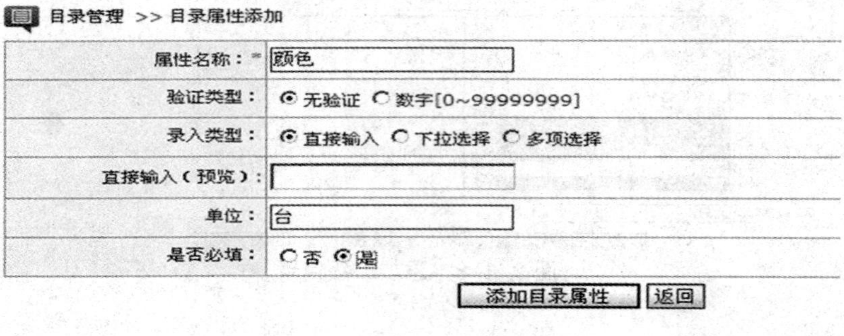

图 2–1–11　目录属性添加

对于已经添加的属性列表，可以预览或删除，如图 2–1–12 所示。

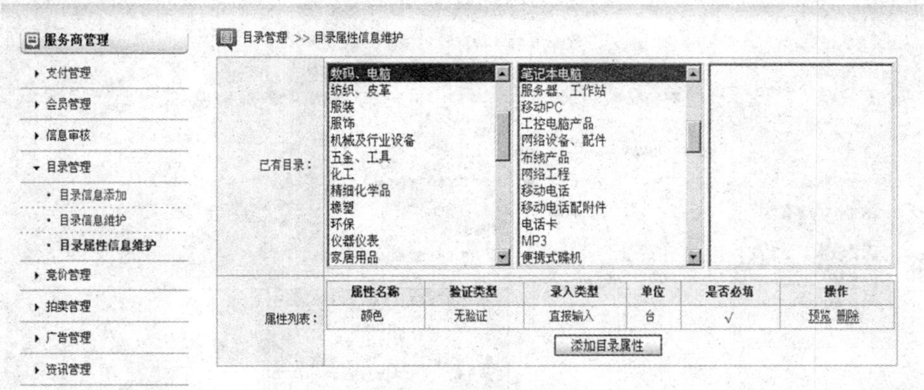

图 2–1–12 预览、删除

拓展练习：

学习在阿里巴巴上注册账号，进行实名认证并设置产品属性。

任务 1.2 B2B 平台中买卖双方的业务类型及交易过程（一）

实训目的：

掌握供应商发布商品、申请诚信通、管理网站及与采购商进行买卖交易的方法。

实训课时安排：

3 课时。

实训准备：

奥派电子商务软件——电子商务应用模型——B2B 实践。

实训内容、步骤与指导：

1. 供应商发布商品，申请诚信通，管理网站

（1）南京舜天科技供应商发布产品信息。在供求信息中可以看到所有“发布供求信息”（见图 2–1–13）。选择产品信息，点击【选好了，继续】。

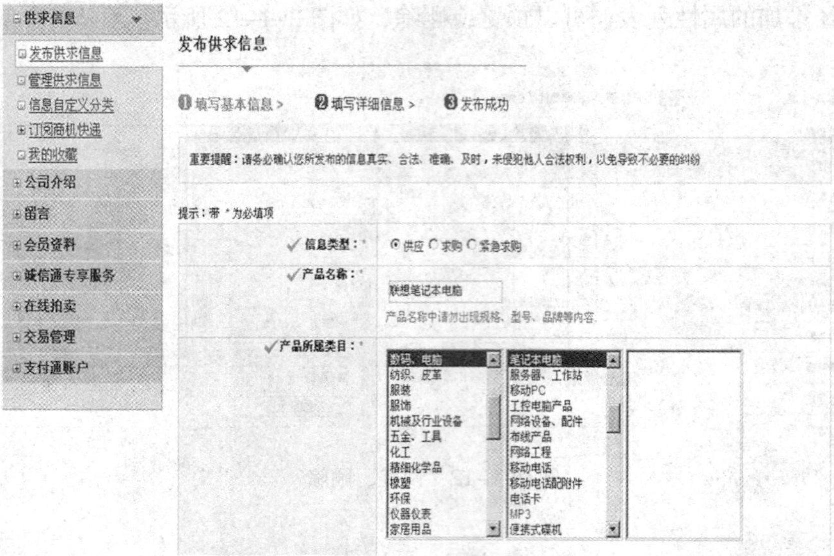

图 2-1-13 “发布供求信息”

填写基本信息，注意在信息类型中选择“供应”，填写供应“产品名称”，选择所属类目，点击【选好了，继续】。

填写产品的详细信息，并确认发布，如图 2-1-14 所示。

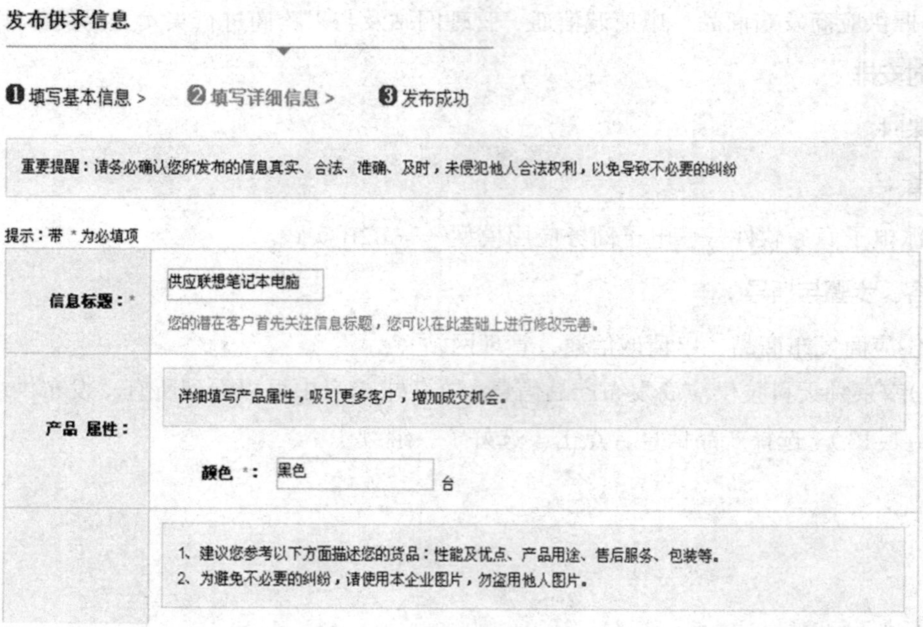

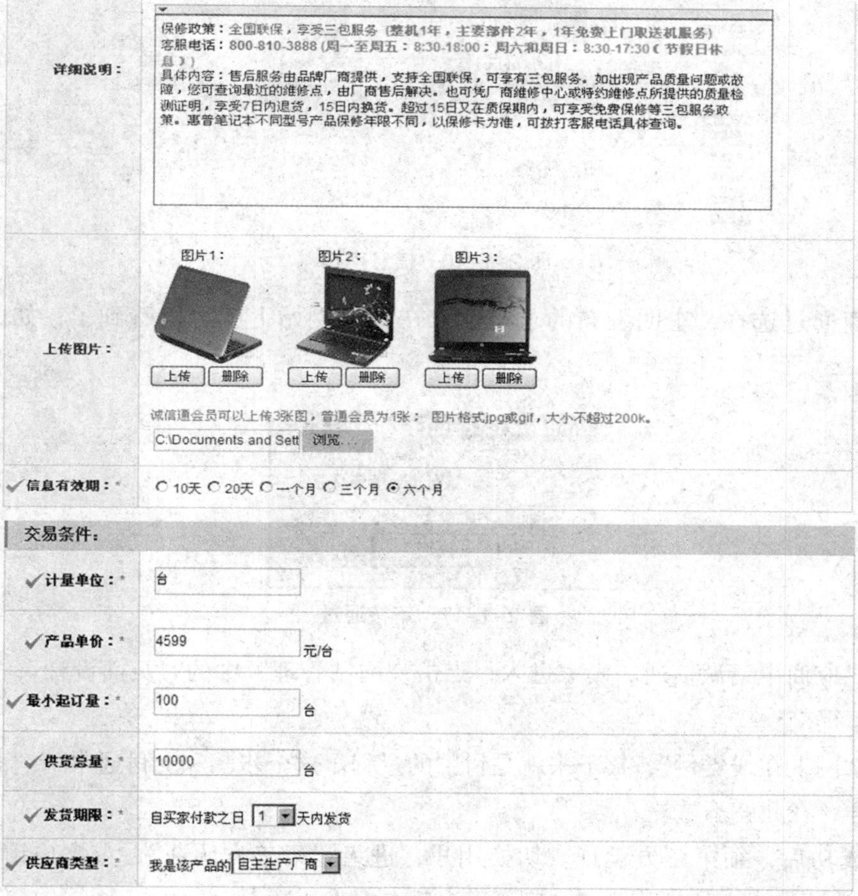

图 2–1–14　发布供求信息

管理求购信息，如图 2–1–15 所示。如果觉得刚刚发布的求购信息有问题，也可以再修改。

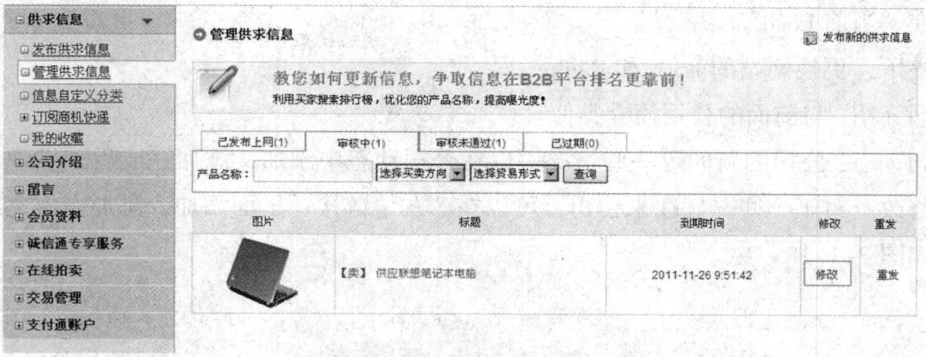

图 2–1–15　管理求购信息

王军在笔记本的详细信息说明处进行了修改，再次发布。

供应信息发布成功，接受服务商审核，如图 2–1–16 所示。切换用户，进入服务商平台。如果服务商认为可以发布，点击【通过】；如果服务商有异议，点击【不通过】。

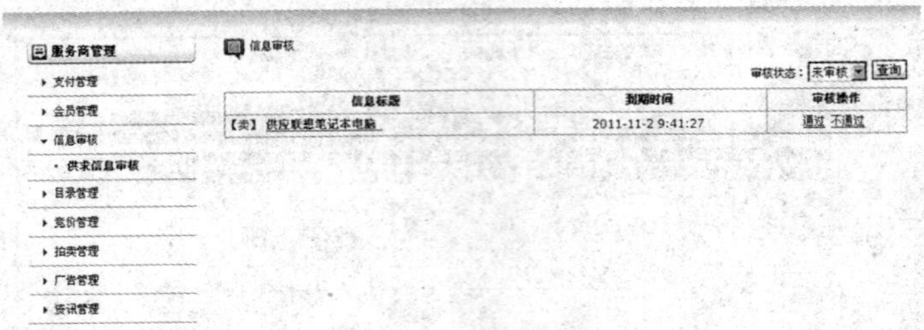

图 2-1-16　信息审核

服务商通过选择，李明发布的求购信息在 B2B 网站上就可以看到了，如图 2-1-17 所示。

图 2-1-17　审核通过

（2）供应商申请诚信通。卖家进入，点击“网站管理”中的“页面设计”，然后填写相应资料，提交。

点击“网上在线支付”，接下来就是付款的过程。这个步骤和支付通申请“商家服务”中付款一样，在此就不重复。

付款成功后，须第三方验证。切换用户，进入“第三方认证”。点击申请后的【认证】。出现认证申请人的相关信息，确认无误后点击【认证】。

（3）供应商管理网站。

页面设计：可以对页面进行风格的选择和的上传。

风格设计：系统提供了四种色调的风格模板供用户 Logo 选择，选择所要的模板即可。还可以在“当前 Logo”。

标签下，更换网站的 Logo 和 Banner。

公司介绍：与前面的公司简介类似。

公司动态：公司的新闻等一些情况可以在公司动态中添加，添加完成后如发现有错误还可以修改。对于一些友好往来公司，可以在“友情链接”里面添加，添加完成之后也可以修改如图 2-1-18。

图 2-1-18　公司动态

链接分为文字和图片两种，下面演示的是图片链接（见图 2–1–19）。

图 2–1–19　链接

公司相册：公司的一些图片资料可以上传到相册，并进行管理。

首先，要添加相册类别（见图 2–1–20）。

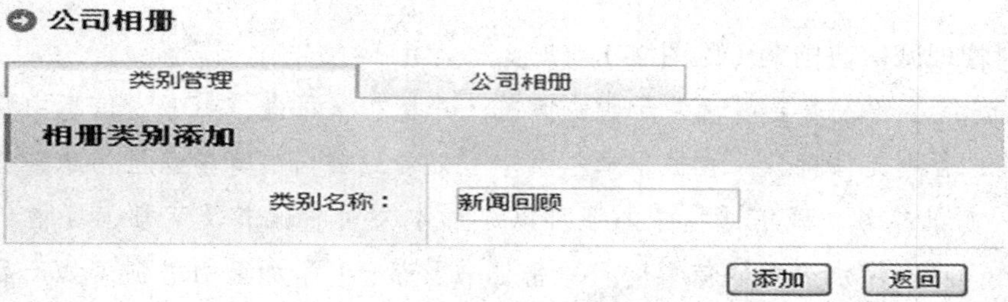

图 2–1–20　添加相册类别

接下来，选择相册类别，添加相册（见图 2–1–21）。

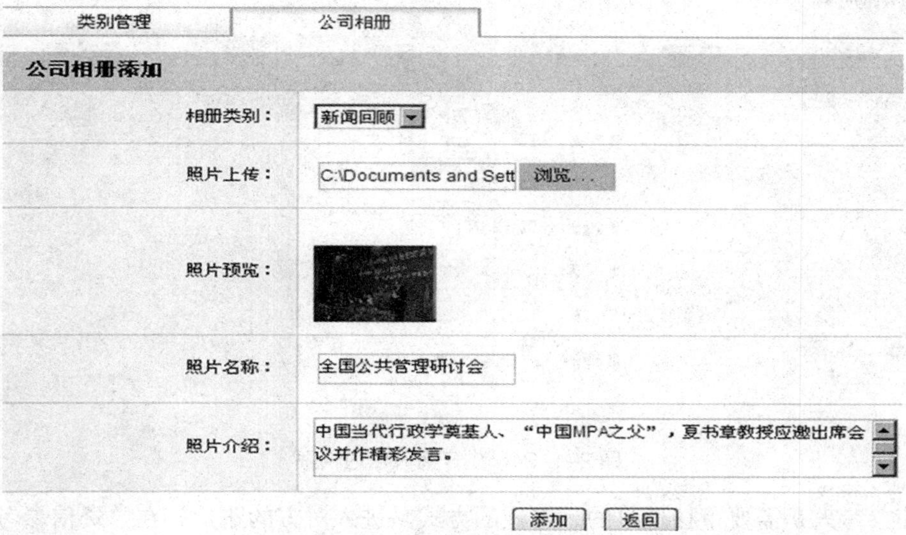

图 2–1–21　添加相册

橱窗布置，如图 2-1-22 所示。

图 2-1-22　橱窗布置

添加产品时会出现产品列表，可从列表中选择要展示的产品，如图 2-1-23 所示。

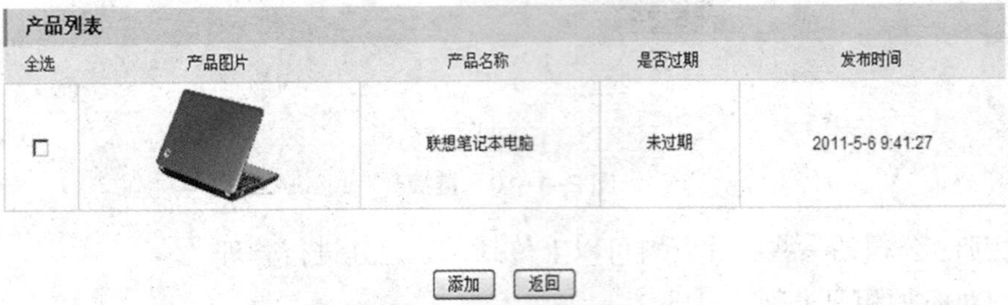

图 2-1-23　从列表中选择产品

供应商管理诚信通档案（见图 2-1-24）。

注意：资信参考人需要申请并开通诚信通，并且在填写资信参考人信息中姓名和公司一定要正确，否则无法确认。在诚信通档案中可以看到公司的身份认证信息、交易至今的客户评价、资讯参考、诚信通指数。还可以添加本公司的证书及荣誉、资信参考人。添加这些资料，可以增加公司的信誉度。单击证书及荣誉：添加证书类别（如产品类证书）、证书名称（如电子商务）、证书图片、发证机构、生效日期、截止日期。通过资信参考人可以添加一些与本公司进行过交易的联系人资料，当然，这是需要联系人审核确认的。

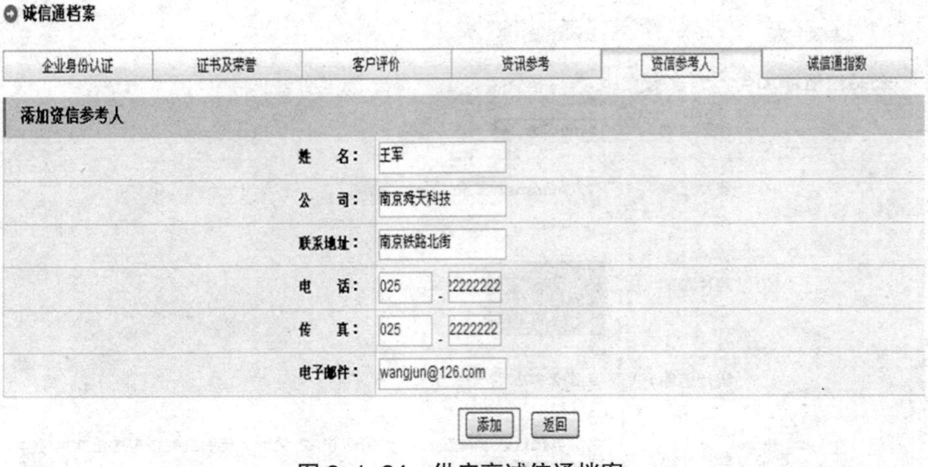

图 2-1-24　供应商诚信通档案

资信参考人是需要审核通过的，审核的方式是进入对方的账户，在“资信参考人”列表后的操作审核通过，再回到王军的账户，可以看到状态变成了“已确认”。

2. 供应商与采购商进行买卖交易

南京奥派科技企业在“最近供应信息”里看过商品之后，对这批笔记本电脑还比较满意，准备购买，点击【点此订购】，如图 2-1-25 所示。

图 2-1-25　点击【点此订购】

填写需要购买的数量，点击【确认订购】，如图 2-1-26 所示。

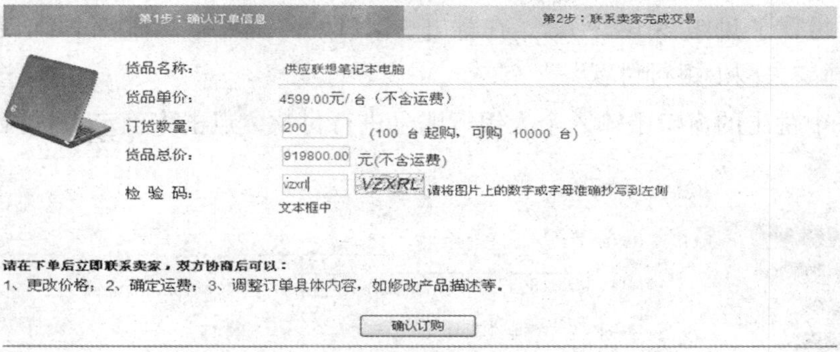

图 2-1-26　点击【确认订购】

提交订单之后，就要等待卖家，也就是南京舜天科技企业补充运费。切换用户，进入王军的账户，点击【补充运费】，如图 2-1-27 所示。

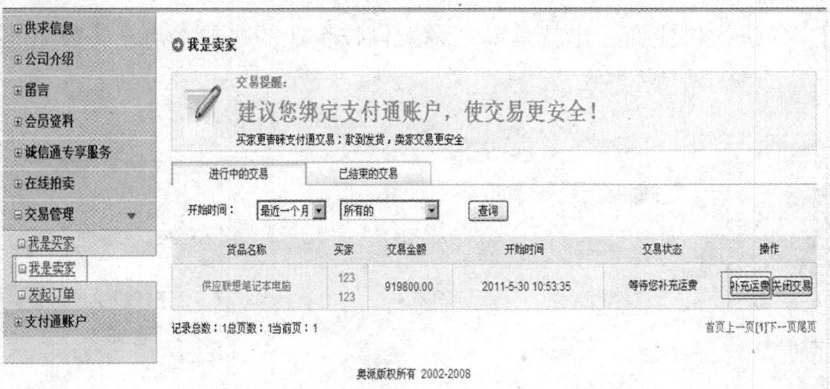

图 2-1-27　点击【补充运费】

卖家补充运费（见图 2–1–28），南京奥派科技企业这次订购的量比较大，舜天科技企业决定给予奥派科技企业 100 元的优惠。

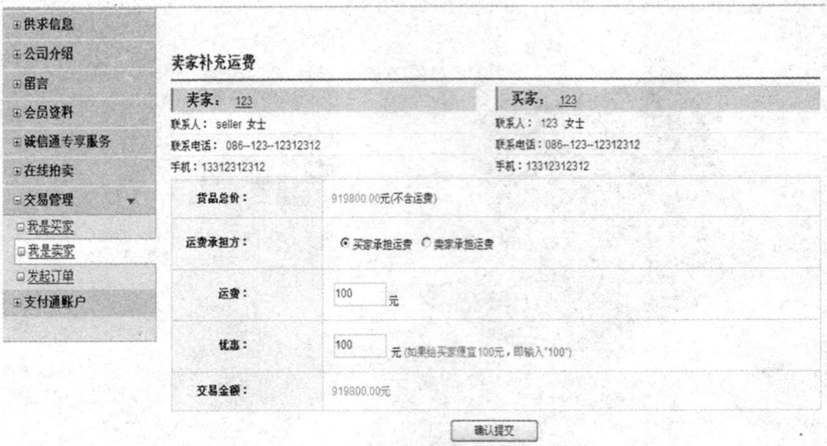

图 2–1–28　卖家补充运费

现在南京奥派科技企业就可以付款了。切换用户，进入李明的账户，进行付款。

点击【付款】（见图 2–1–29）后，在跳出的窗口中，输入买家的支付通信息，点击【下一步】，选择“去网上银行付款”。

在另一个跳出的窗口中输入个人银行账号进行付款，点击【确定】，付款成功，等待卖家发货。

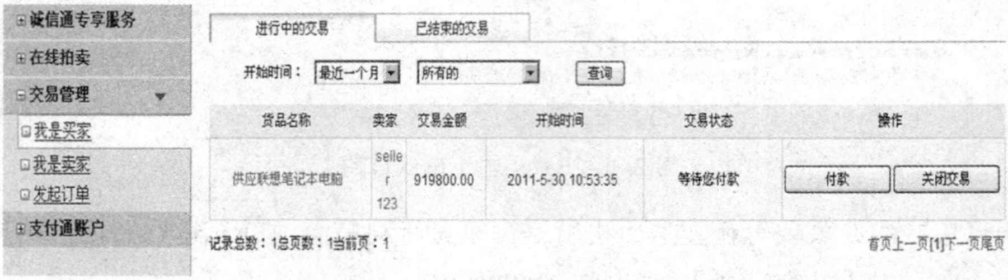

图 2–1–29　点击【付款】

切换用户，进入供应商，也就是南京舜天科技企业的账户，点击【发货】，如图 2–1–30 所示。

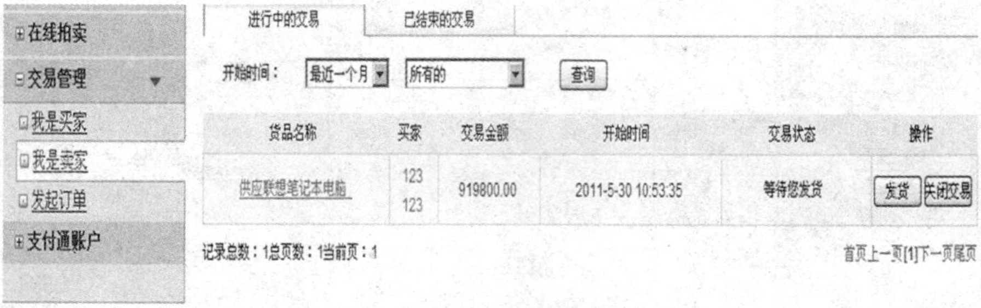

图 2–1–30　点击【发货】

然后填写有关物流方面的相关信息（物流方式、承运公司名称、承运单号码），点击【确定】按钮。

这样，发货就完成了。接下来切换用户，进入采购商账户，买家要确认收货，这样卖家才能获得这笔钱。这也是一个确保买卖双方安全交易的重要步骤，如图 2–1–31 所示。

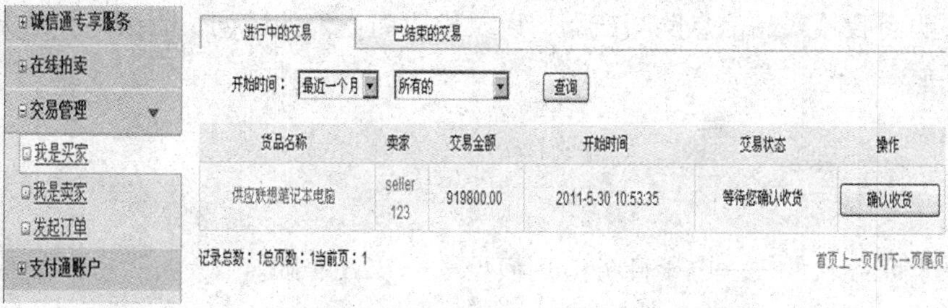

图 2–1–31 买家确认收货

至此，双方交易完成。

这之后，买卖双方都可以给对方评价。如买方给卖方评价时，选择“已结束的交易”选项，点击【评价】按钮，如图 2–1–32 所示。

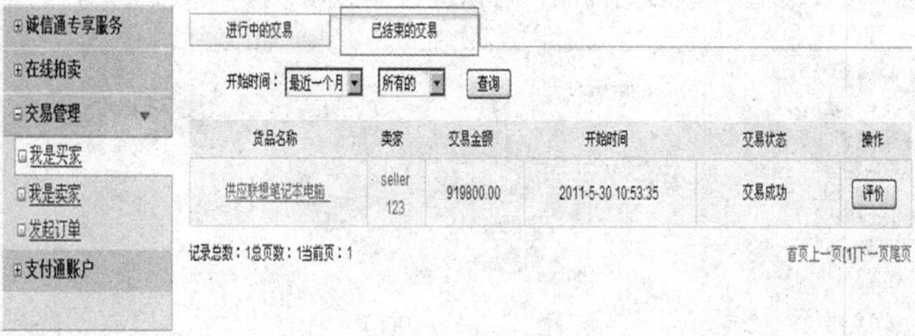

图 2–1–32 点击【评价】

弹出“评价”对话框，买家对购买产品的意见，或者对卖家的意见，都可以在这里表达，如图 2–1–33 所示。

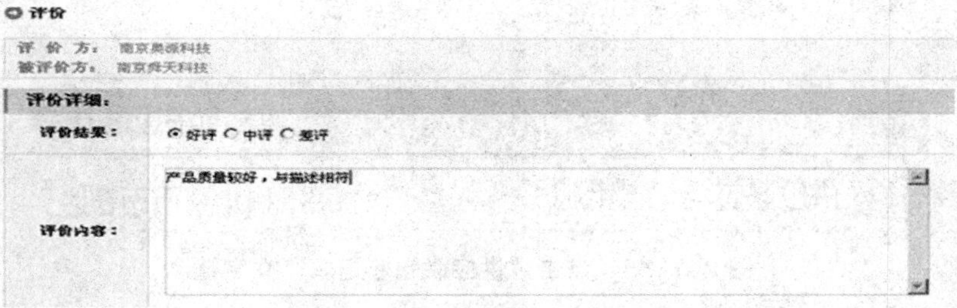

图 2–1–33 进行评价

拓展练习：

学生在阿里巴巴上发布产品，并申请诚信通，再申请一个买家账号，进行买卖交易。

任务 1.3　B2B 平台中交易过程（二）及拍卖交易流程、交易保障

实训目的：

掌握采购商收藏产品信息购买产品，以及供应商竞价关键词、购买广告的方法。

实训课时安排：

2 课时。

实训准备：

奥派电子商务软件——电子商务应用模型——B2B 实践。

实训内容、步骤与指导：

1. 采购商与供应商交易过程

（1）买家收藏卖家产品信息。买家进入网站，在点击产品后，在产品详细信息的右下方可以看到【收藏此信息】按钮。点击后，在“我的收藏”里就可以看到该条信息了，如图 2–1–34 所示。对于已经收藏的商品，可以进行“移除”操作。

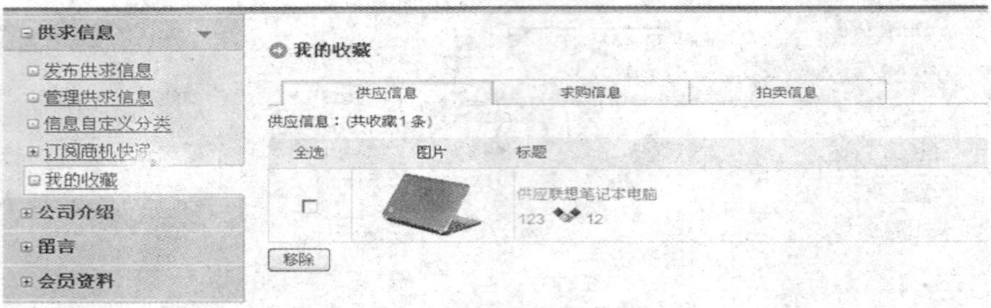

图 2–1–34　买家收藏卖家产品信息

（2）买家进行商品询价，询求价格优惠以及产品更多信息。进入李明的账户，在网站首页可以看到供应商及采购商发布的信息，点击“供应联想笔记本电脑”文字链，如图 2–1–35 所示。

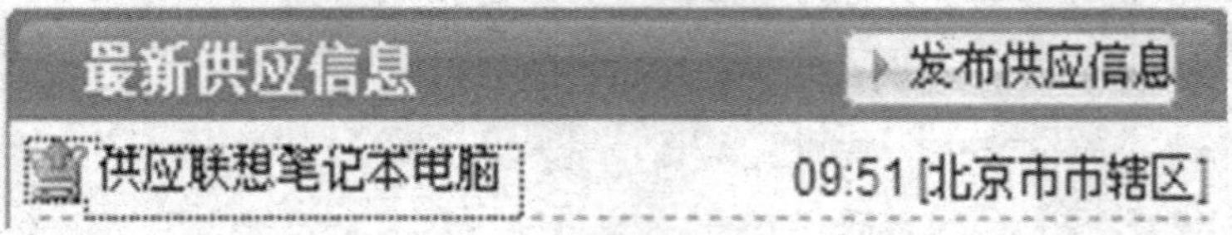

图 2–1–35　点击“供应联想笔记本”文字链

查看这条信息，点击【点此询价】，如图 2–1–36 所示。

图 2–1–36　点击【点此询价】

采购商对该产品有什么想了解的信息，可以通过发送询价单来完成，如图 2–1–37 所示。

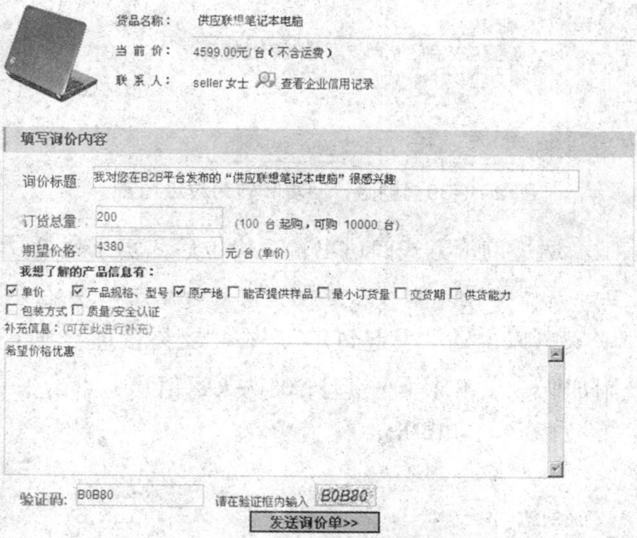

图 2–1–37　发送询价单

（3）卖家留言管理。供应商将收到这张询价单。切换用户，进入王军的账户，点击左侧的“留言”选项进行查看，如图 2–1–38 所示。

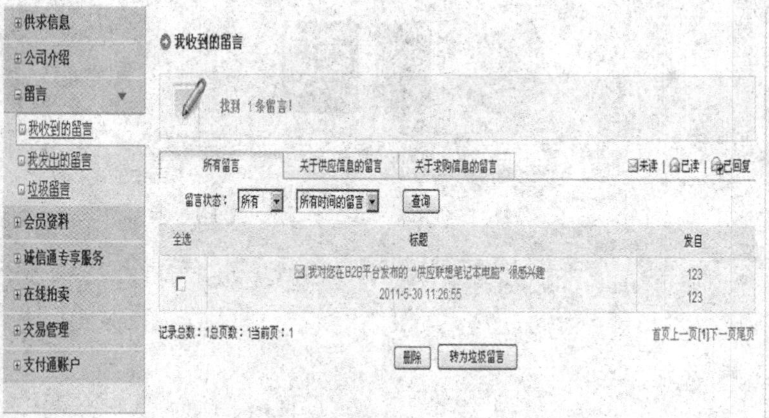

图 2–1–38　查看留言

对于收到和已发送的留言可以进行删除、回复和转为垃圾留言的处理，如图 2–1–39

所示。在此，卖家可和买家进行协商，共同商讨一个合适的价位。

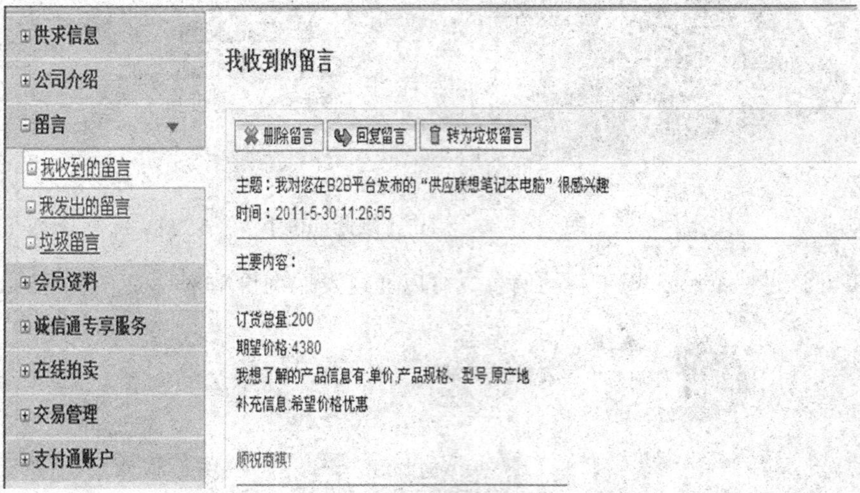

图 2-1-39　删除、回复和转为垃圾留言

（4）供应商和采购商通过询价方式商讨出合适价位后，卖家就可以发货。

注意：供应商需要开通诚信通后才可以进行“发起订单”的功能操作。

如果询价成功，卖家可以主动“发起订单”。在“交易管理”项下选择“发起订单”，输入买家的会员名及附加码，点击【下一步】；确认买家信息，点击【下一步】；填写订单内容点击【提交订单】，如图 2-1-40 所示。

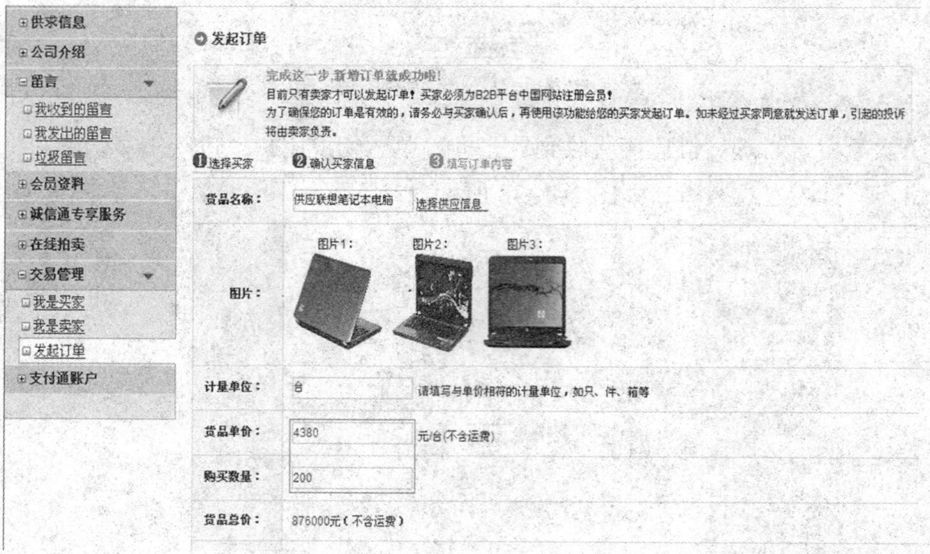

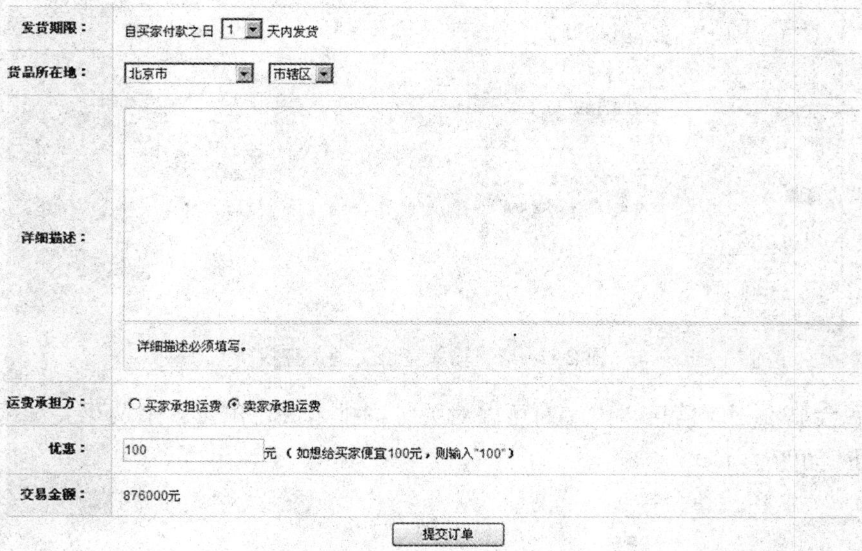

图 2-1-40 “发起订单”

接下来的过程，如买家付款、卖家发货、评价等都与“采购商和供应商买卖交易”雷同。

（5）供应商参加关键词竞价排名。

注意：需要服务商设置竞价时间。时间设置的范围一定要包括当前时间。在供应商竞好价后，可以把竞价时间设置到当前时间之前一天（例如，当前正常时间为 17 号，竞价时间可以设置为 13 号到 19 号，买家出价后，可以把竞价时间调为 13 号到 16 号），这样竞价结束，供应商就可以进入购买关键词环节。

①服务商设置竞价时间。点击“竞价设置”选项，设置竞价时间，点击【保存】，如图 2-1-41 所示。

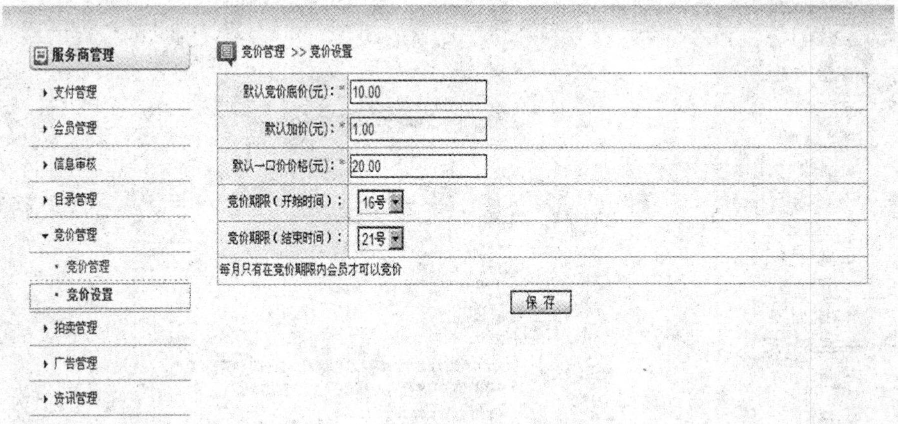

图 2-1-41　设置竞价时间

②供应商参加竞价。供应商点击“参加竞价”，输入关键词点击【查找】，如图 2-1-42 所示。

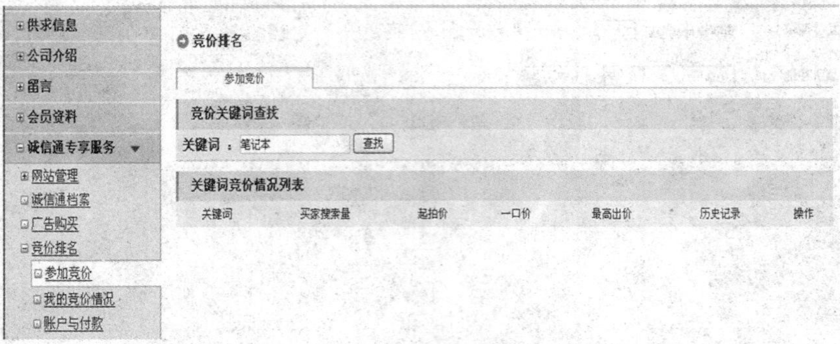

图 2-1-42　输入竞价关键词查找

查找后会显示相应信息。供应商可以对关键词排名进行出价，来购买关键词排名。点击【出价】，如图 2-1-43 所示。

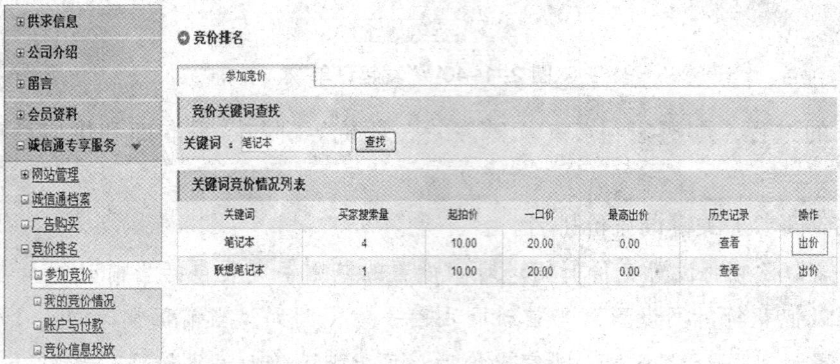

图 2-1-43　对关键词排名进行出价

在“我要出价”页面，选择“一口价”进行购买。确定出价后，就可以等待竞价时间结束，去付款购买关键词排名，如图 2-1-44 所示。

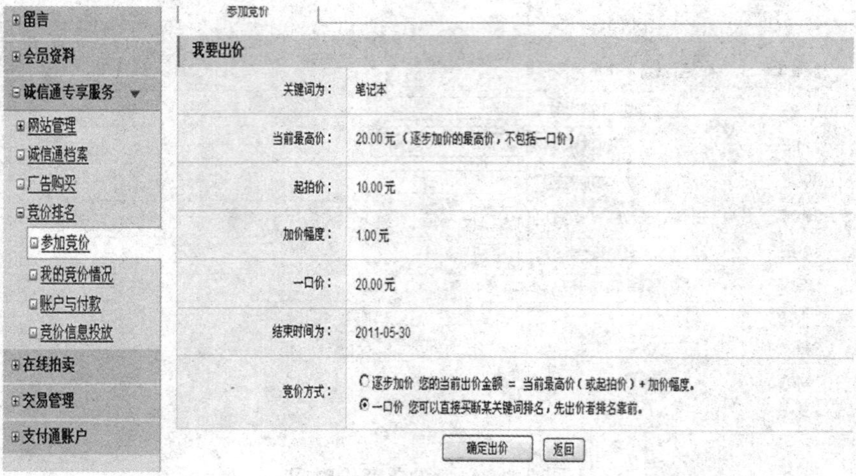

图 2-1-44　确定出价

注意：一定要在竞价时间结束才可以购买关键词排名，或者是修改服务器时间。

选择“账户与付款”，点击【付款】(见图 2–1–45)，付款的过程与“采购商和供应商买卖交易”过程相同。

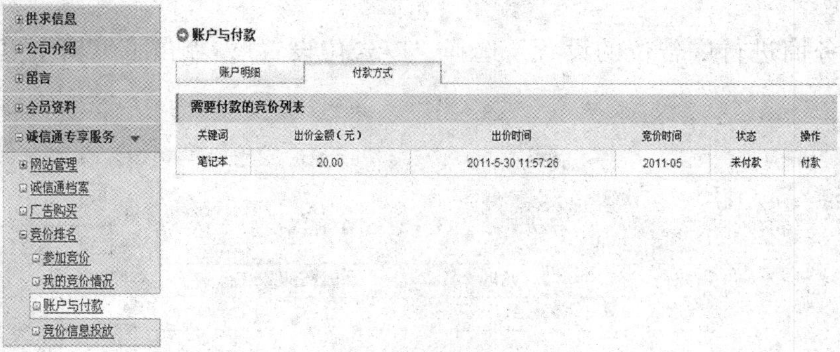

图 2–1–45　付款

供应商对竞价信息进行投放，下个月投放列表中就能看到信息。点击【更换】，就可以把商品和关键词绑定，如图 2–1–46~ 图 2–1–48 所示。

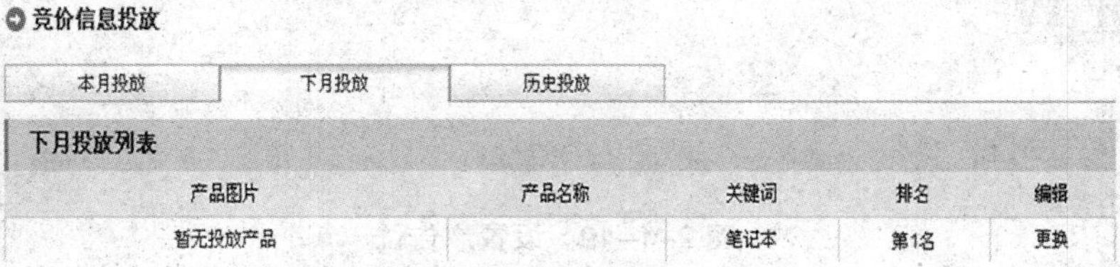

图 2–1–46　对竞价信息进行投放

图 2–1–47　选择产品，点击【添加】

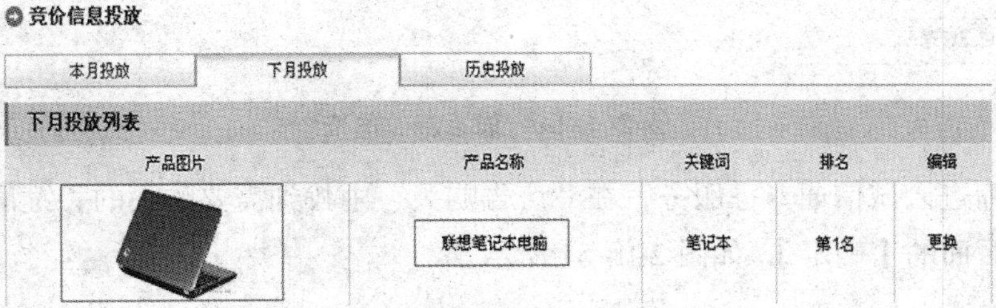

图 2–1–48　“下月投放列表”中显示的信息

（5）供应商广告购买。

注意：必须要在关键词排名购买后，才有广告的购买过程，并且关键词一定要在已有产品名称中包含。

（6）服务商进行广告位的设置。选择“广告位设置”，点击【编辑】，如图 2–1–49 所示。

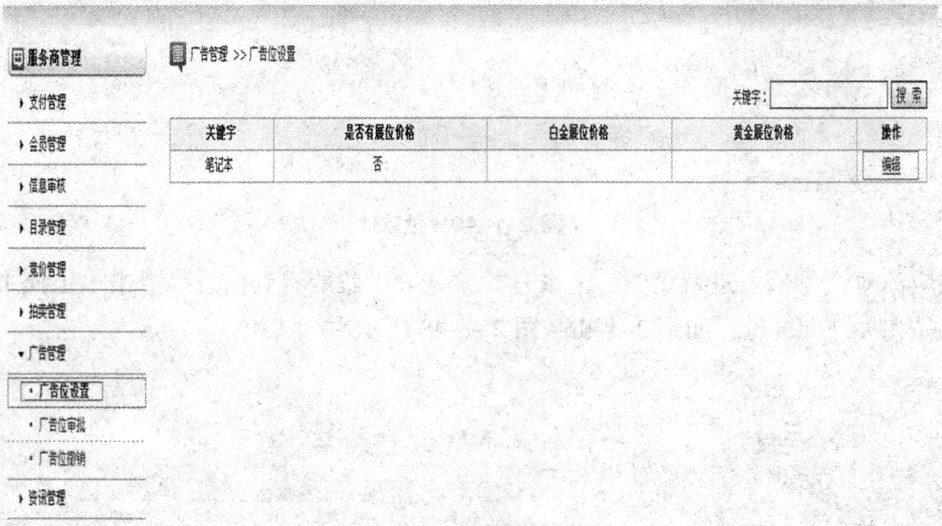

图 2–1–49 设置广告位

①设置展位价格，点击【修改】，价格设置成功，如图 2–1–50 所示。

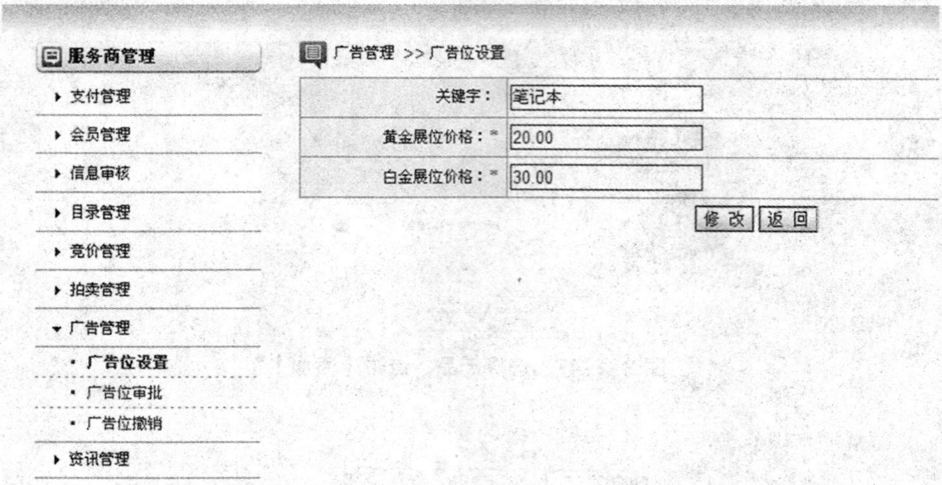

图 2–1–50 设置展位价格

②供应商进入诚信通专享服务，在“广告购买”中找到需要购买的关键词，填写相关信息，点击后面的【确定】，如图 2–1–51 所示。

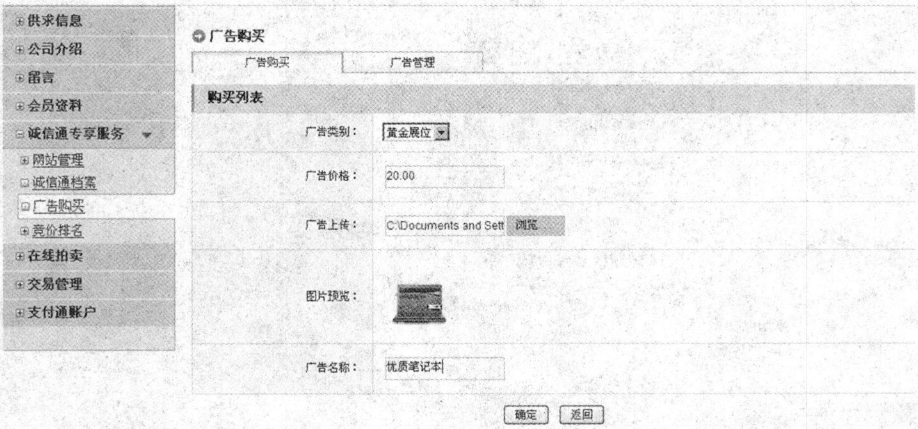

图 2–1–51　购买广告

③服务商对供应商购买的广告进行审核。进入“服务商管理”，点击“广告管理”中的“广告位审批”，点击【审核通过】。

④供应商进入，对购买的广告进行付款。

3. 买卖双方进行拍卖交易

供应商进入网站，点击上方的【拍卖】按钮，进入后再点击“马上发起我的拍卖”，并填写相应的拍卖商品——彩色灯泡的信息，如图 2–1–52~ 图 2–1–55 所示。

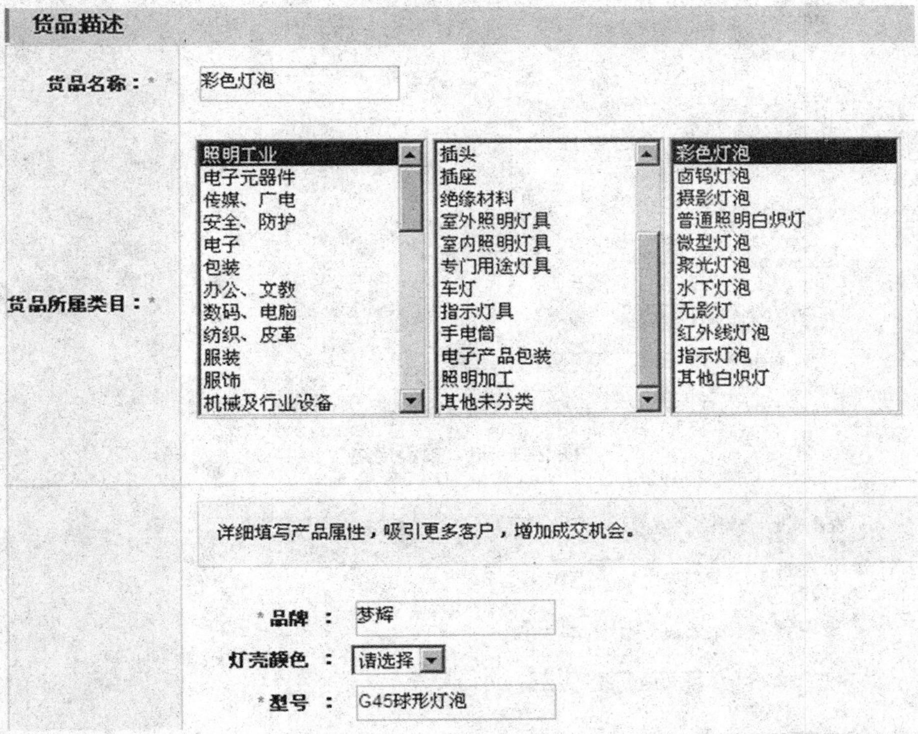

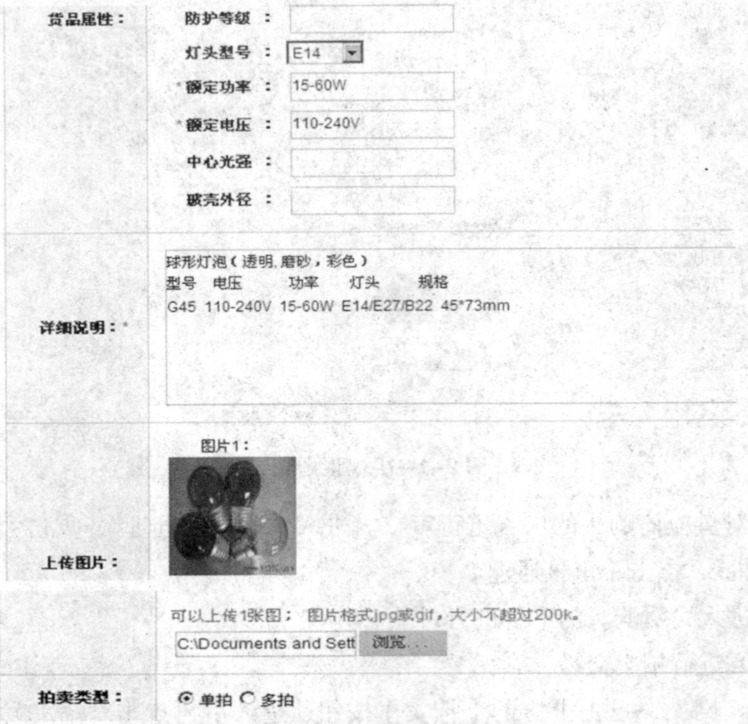

图 2-1-52 拍卖商品——彩色灯泡的信息

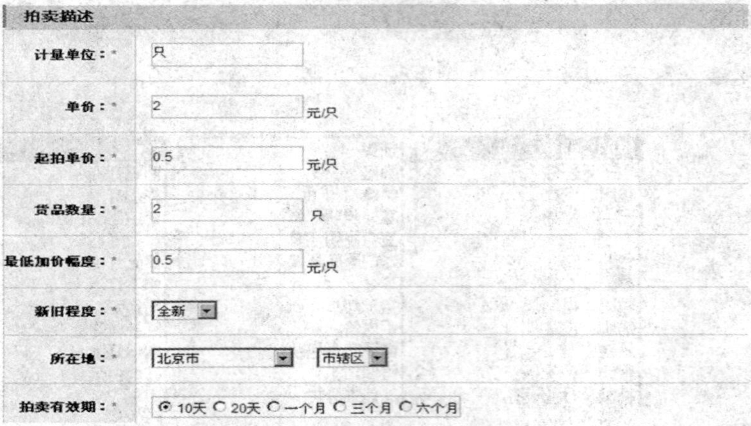

图 2-1-53 拍卖描述

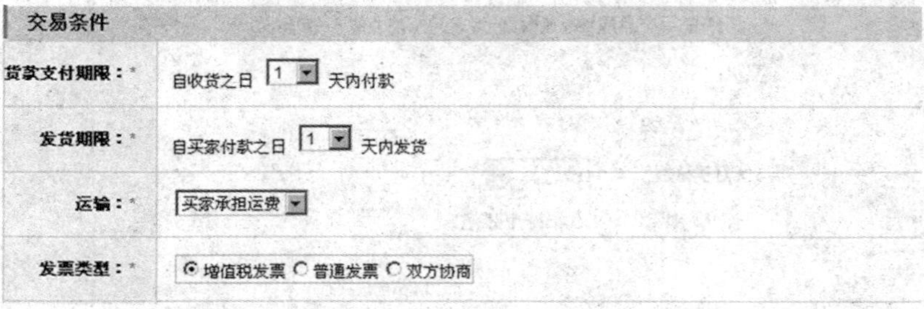

图 2-1-54 交易条件

图 2–1–55 确认联系方式

发布拍卖信息后，需要服务商审核。图 2–1–56 所示，为“待审核的拍卖”。

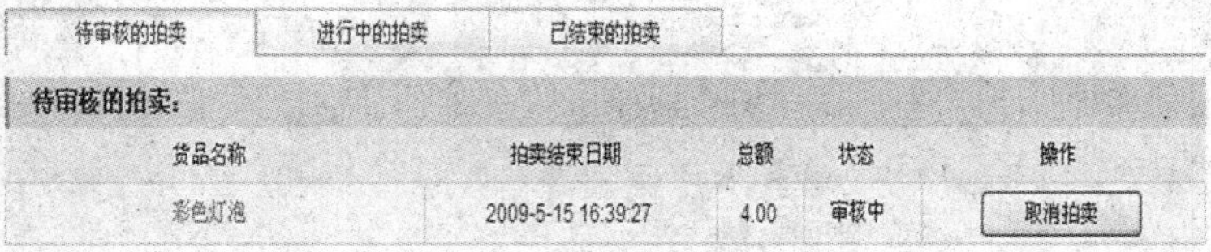

图 2–1–56 “待审核的拍卖”

切换用户，进入服务商平台，在“拍卖管理”点击【审核】，通过该拍卖的审核，如图 2–1–57 所示。

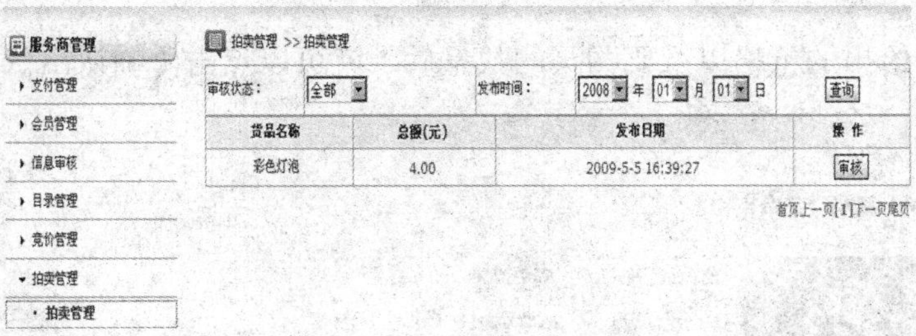

图 2–1–57 拍卖审核通过

再回到供应商王军的账户，可以看到拍卖状态已经改变，如图 2–1–58 所示。

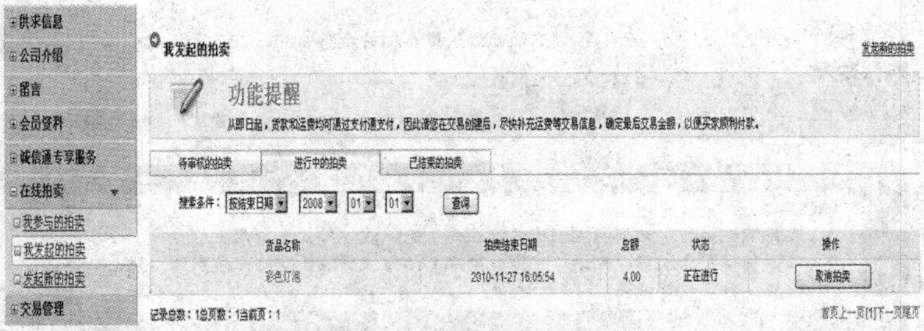

图 2–1–58 查看拍卖状态

南京奥派科技企业要购买灯泡，进入李明的账户。在首页的右上角可以看到有“拍卖”的字样，点击进去。在“照明工业”里面查找。这时，就能看到南京舜天科技企业发布的拍卖信息，如图 2–1–59 所示。

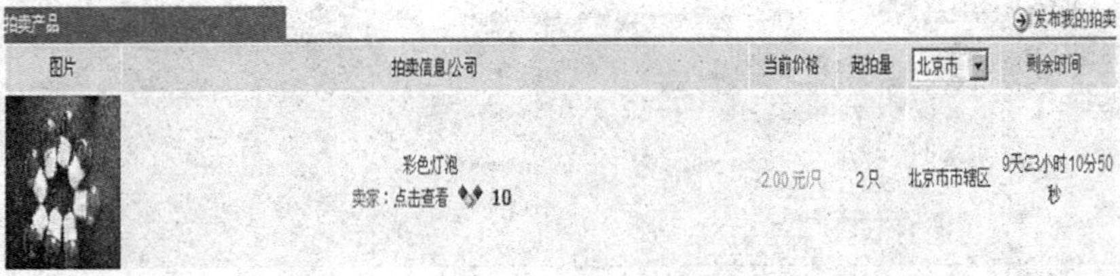

图 2-1-59　拍卖信息

奥派科技企业对这个产品比较满意，所以参与拍卖。首先点击【出价】，如图 2-1-60 所示。

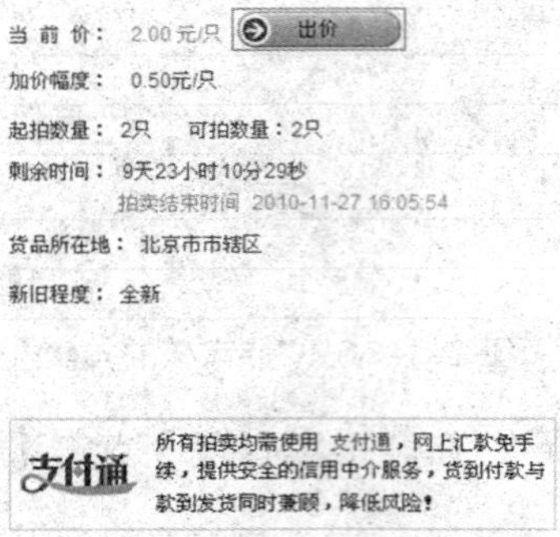

图 2-1-60　参与拍卖

填写好愿意给出的价格以及要购买的数量后，就可以点击【确认出价】，如图 2-1-61 所示。

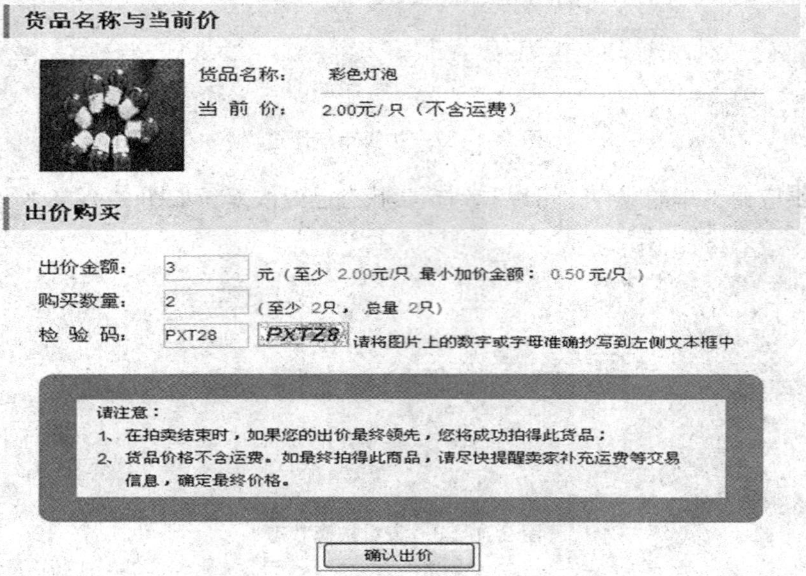

图 2-1-61　确认出价

拍卖时间结束的时候，如果奥派科技企业是唯一的出价者，就会以 2 元的价格成交。张玲所在的北京网博科技企业也看中了这批灯泡，于是也参与拍卖，如图 2-1-62 所示。

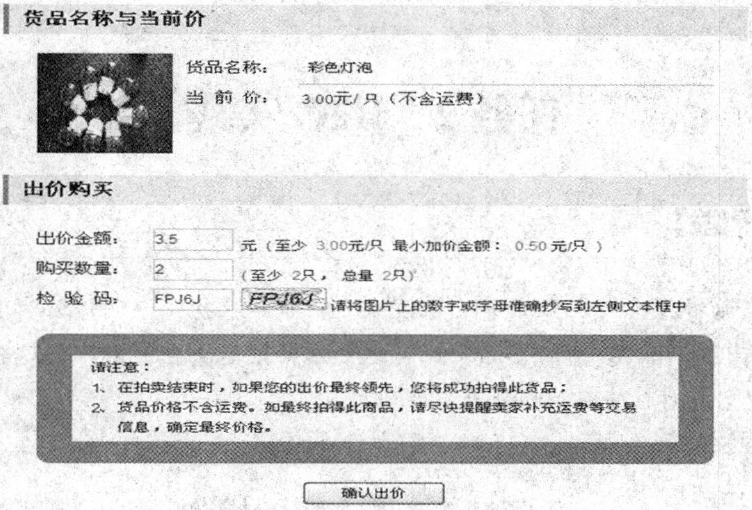

图 2-1-62 张玲所在公司也参与拍卖

因为网博科技企业的出价比奥派科技企业的出价要高，所以奥派科技企业暂时出局了。如果奥派科技企业觉得不能再出高过 3 元的价格，就可以点击【退出】。但是现在奥派科技企业联系市场行情，发现这批灯泡相较于市场价还是划算的，所以点击【重新出价】，如图 2-1-63 所示。

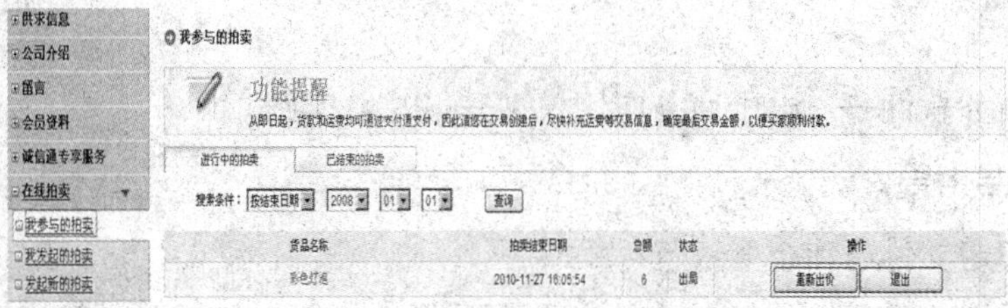

图 2-1-63 重新出价

重新出价的具体方式和出价类似。奥派科技企业这次的出价是 4 元每只，共购买 2 只灯泡。出价完毕后，可以重新看到拍卖状态现在处于领先地位，如图 2-1-64 所示。

图 2-1-64 查看拍卖状态

如果没有再高出 4 元的价格，拍卖时间结束后，奥派科技企业就拍得了这批灯泡。奥派科技企业就可以付款购买这批产品。交易的过程和“采购商和供应商进行买卖交易”类似，在此就不再重复。

拓展练习：

学生在阿里巴巴网站上用买家账号收藏并购买产品，并用卖家账号购买阿里巴巴网站上的广告位。

任务 2　B2C 实践

【实践情境】

南京奥派科技企业在 B2C 平台上发布了一批连衣裙。李明作为消费者想要在网上看看有没有什么合意的产品，在闲逛中看到了奥派企业发布的这款裙子。于是，经历了发起订单等一系列操作，成功交易。

任务 2.1　基本实验操作

实训目的：

掌握在服务商中绑定支付通及企业银行的方法，并完成 B2C 会员注册。

实训课时安排：

1 课时。

实训准备：

奥派电子商务软件——电子商务应用模型——B2C 实践。

实训内容、步骤与指导：

1. 服务商绑定支付通和企业银行

（1）支付通账户管理。在“综合管理”选项下选择“支付通账户管理”，输入支付通账号、商户编号、商户密钥，点击【保存】，如图 2-2-1 所示。

注意：这里的支付通账户，须开通“商家服务”功能。开通后，即可查看到商户编号以及商户密钥信息。

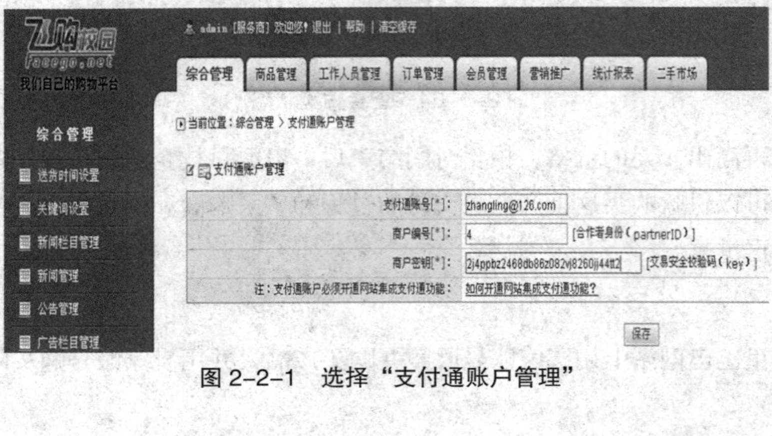

图 2-2-1　选择“支付通账户管理”

（2）银行账户管理。在“综合管理”下选择“银行账户管理”，点击【编辑】，编辑银行账户，点击【保存】，如图 2–2–2 所示。

注意：“银行商户编号”在进入企业网上银行时可见；该处添加的企业银行账户，必须已开通企业付款通道。

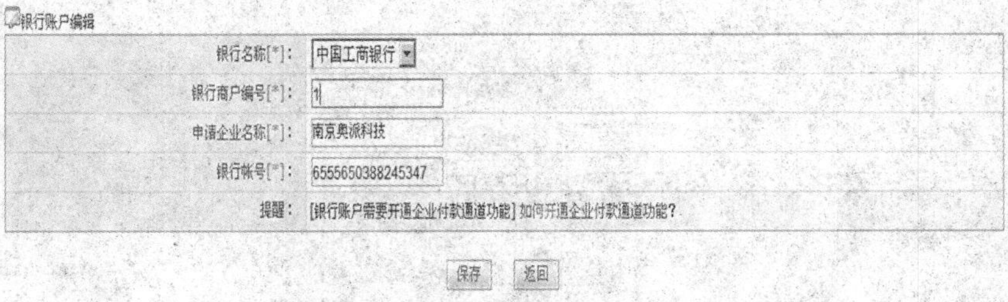

图 2–2–2　编辑银行账户

2. 消费者注册 B2C 平台会员

李明进入 B2C 平台，在页面上方，点击【注册】，填写注册信息（Email 地址、密码、验证码），点击【完成注册】。

注册成功后，系统将自动转入“个人信息完善”页面（见图 2–2–3）。填写个人信息，点击【确认修改】。

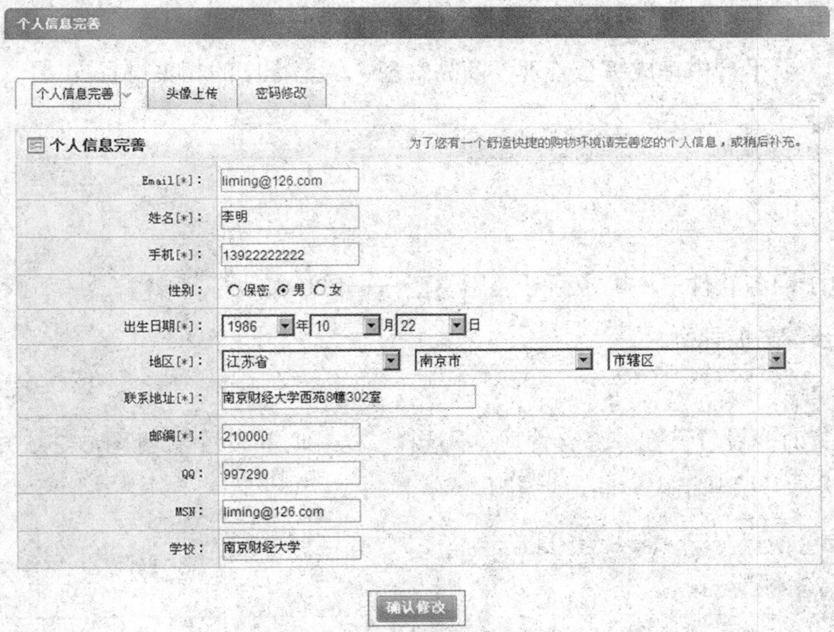

图 2–2–3　完善个人信息

李明会员账号绑定支付通。进入李明的账户，在网站首页点击“账户名称”，进行账户管理。选择“绑定支付通”，点击【绑定】；输入支付通账户的账户名、密码以及验证码，点击【登录】即可。弹出的对话框，如图 2–2–4 所示。

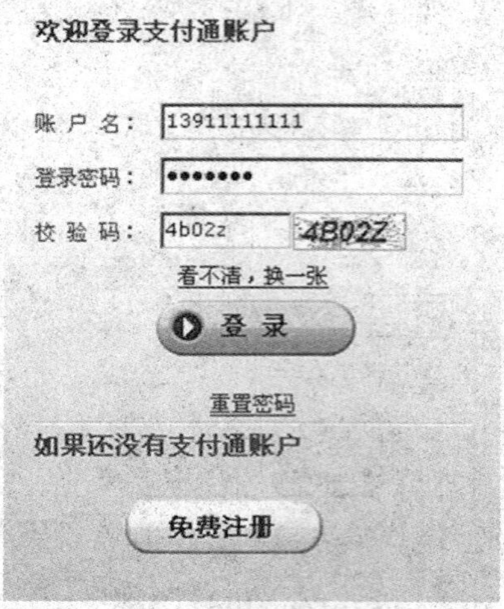

图 2-2-4　支付通账户登录对话框

拓展练习：

学生在京东上完成 B2C 会员的注册。

任务 2.2　服务商管理

实训目的：

在飞购校园平台中完成综合管理、商品管理、营销推广的相关设置。

实训课时安排：

4 课时

实训准备：

奥派电子商务软件——电子商务应用模型——B2C 实践。

实训内容、步骤与指导：

1. 综合管理

（1）送货时间设置。在“综合管理”下选择“送货时间设置”（见图 2-2-5），选中“发布”，选择送货开始和结束时间，点击【保存】。

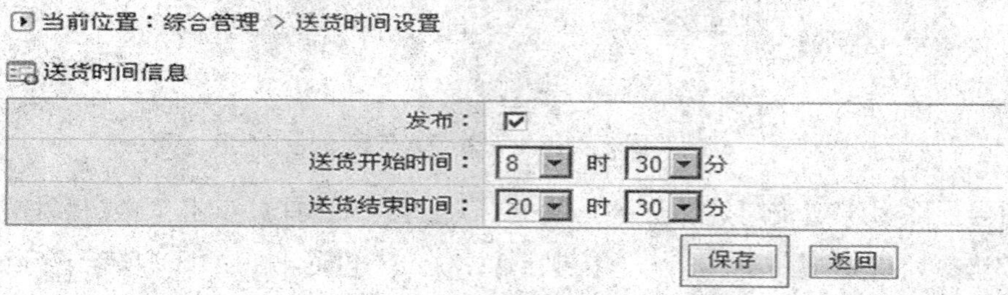

图 2-2-5　设置送货时间

（2）关键词设置。在“综合管理”下选择“关键词设置”（见图 2-2-6）。关键词设置有两种方式：一种为手动添加；一种为从顾客搜索的列表中进行选择添加。

①手动添加。输入关键词名称，点击后面的【添加为关键词】，如图 2-2-6 所示。

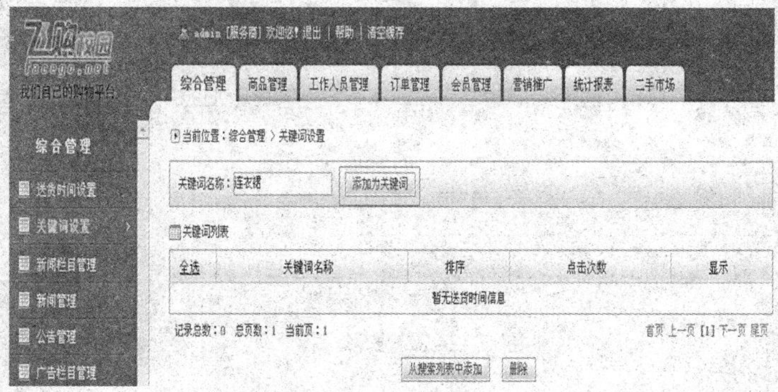

图 2-2-6　手动添加

②列表选择添加，点击【从搜索列表中添加】，如图 2-2-7 所示。

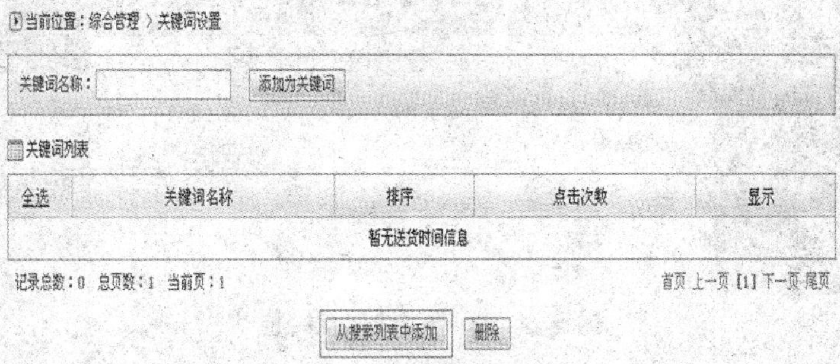

图 2-2-7　从列表选择添加

这时，搜索词将会按照点击量的多少进行排列。选择需要添加的关键词，点击后面的【设为关键词】即可，如图 2-2-8 所示。

注意：在此出现的关键词是对会员在 B2C 平台上搜索商品功能输入的商品名称时所做的记录。

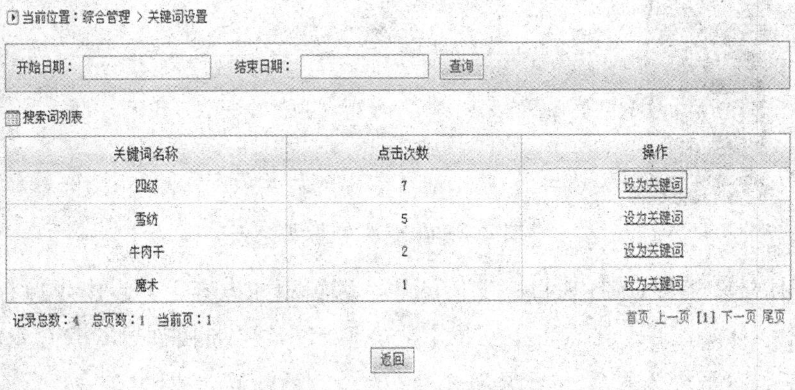

图 2-2-8　关键词设置

一段时间之后，如果该关键词的点击次数下降，可以将其删除。选中该关键词，点击列表下方的【删除】即可，如图 2–2–9 所示。

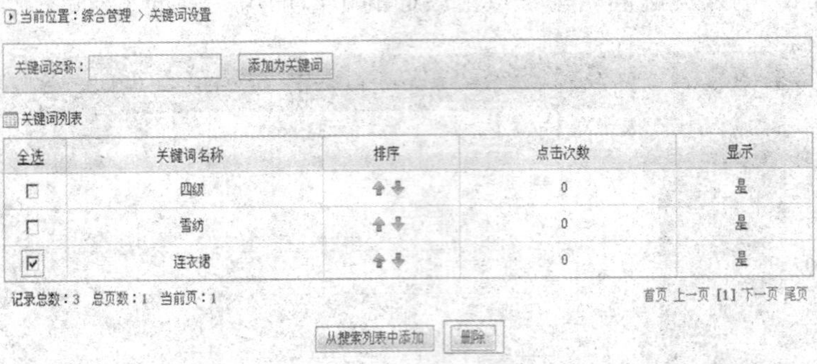

图 2–2–9 删除关键词

（3）新闻栏目管理。选择“综合管理”下的“新闻栏目管理”，点击【添加】，如图 2–2–10 所示。

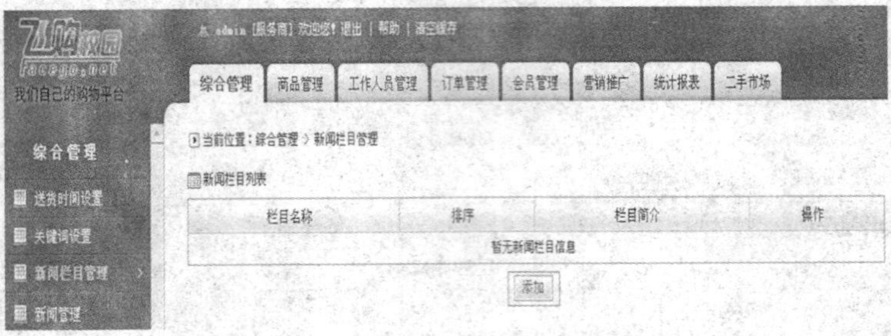

图 2–2–10 “新闻栏目管理”

填写新闻栏目的名称、栏目简介，点击【保存】。

（4）新闻管理。选择“综合管理”选项下的“新闻管理”点击【添加】，如图 2–2–11 所示。

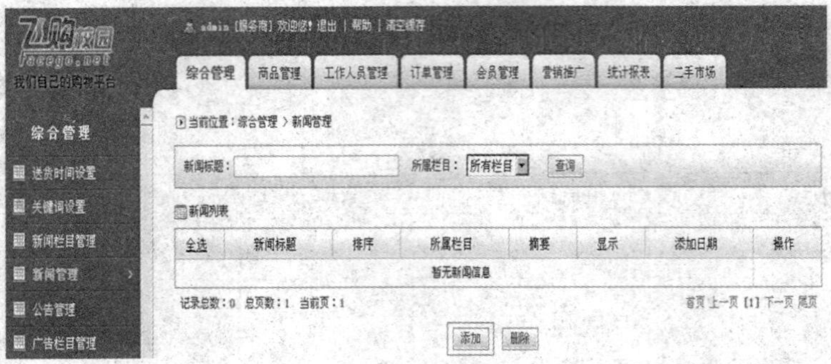

图 2–2–11 “新闻管理”

填写新闻信息，包括选择栏目、上传图片、编辑新闻内容等，点击【保存】。

注意：图片浏览之后，要点击【上传】才会显示；在“新闻设置”中选择“显示”，该条新闻才会在 B2C 平台首页显示。图 2–2–12 为显示的新闻信息。

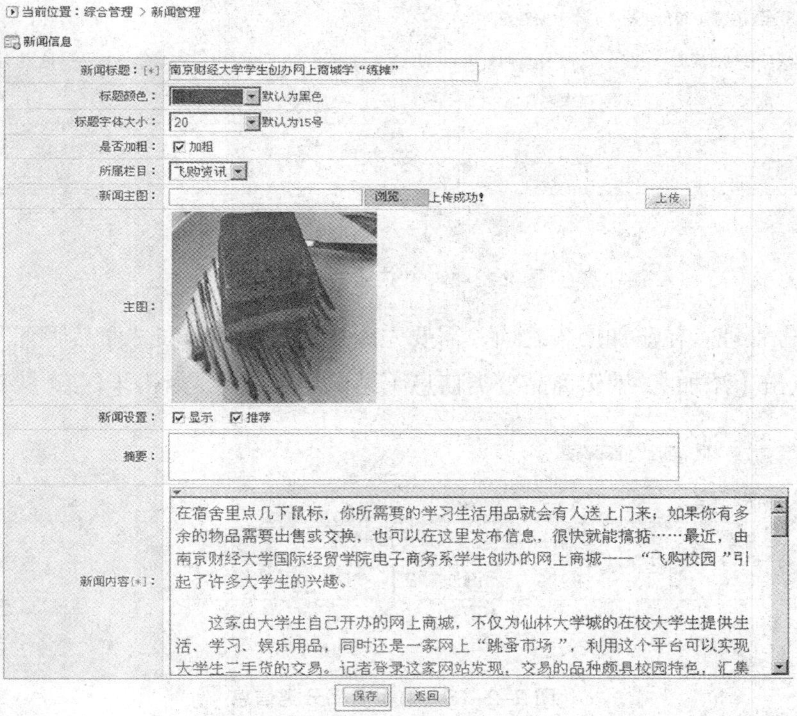

图 2–2–12　显示的新闻信息

（5）公告管理。在“综合管理”项下选择“公告管理”（见图 2–2–13），点击【添加】。编辑公告信息，点击【保存】。

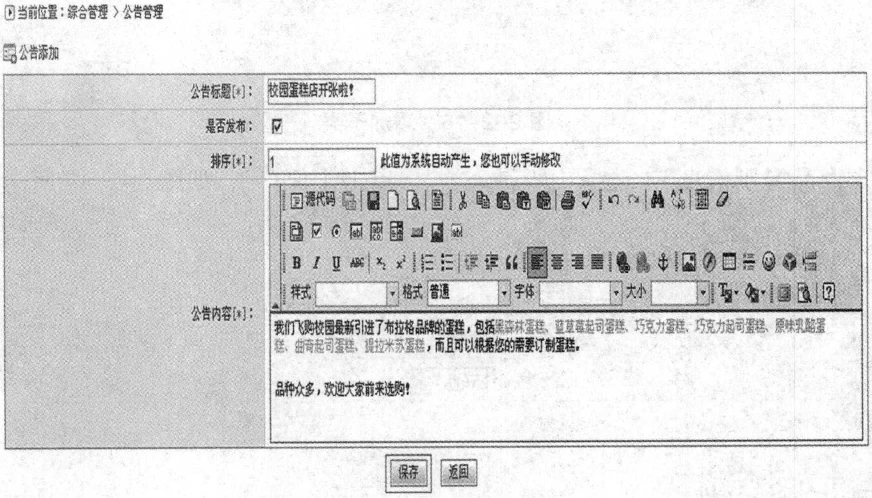

图 2–2–13　“公告管理”

（6）广告栏目管理。在“综合管理”项下选择“广告栏目管理”（见图 2–2–14），点击【添加】。编辑广告栏目信息，点击【保存】。

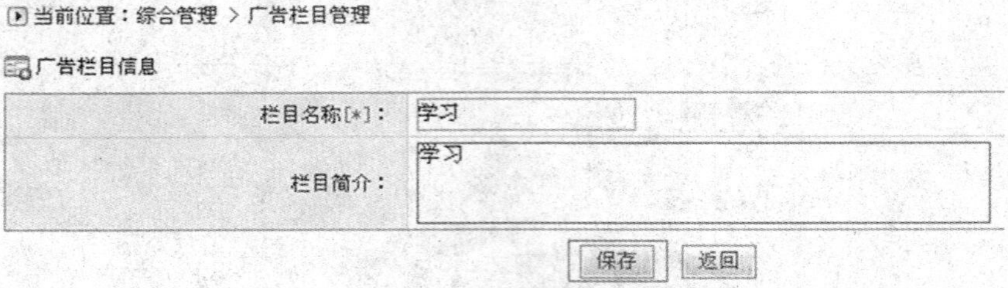

图 2-2-14 “广告栏目管理”

（7）广告管理。在添加广告之前，需要先添加商品类型。在“商品管理”下选择“商品类型”，点击【添加】。编辑商品分类信息（见图 2-2-15），点击【保存】。

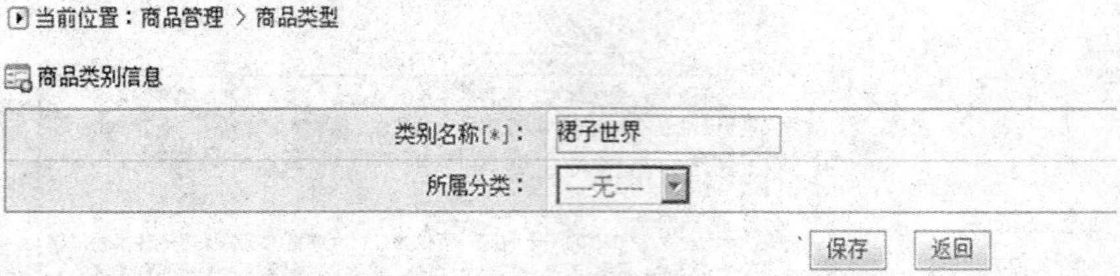

图 2-2-15 编辑商品分类信息

在该类别下还可以添加子类（见图 2-2-16），点击【添加】。

图 2-2-16 添加子类

编辑“商品类别信息”，选择“所属分类”，点击【保存】，如图 2-2-17 所示。

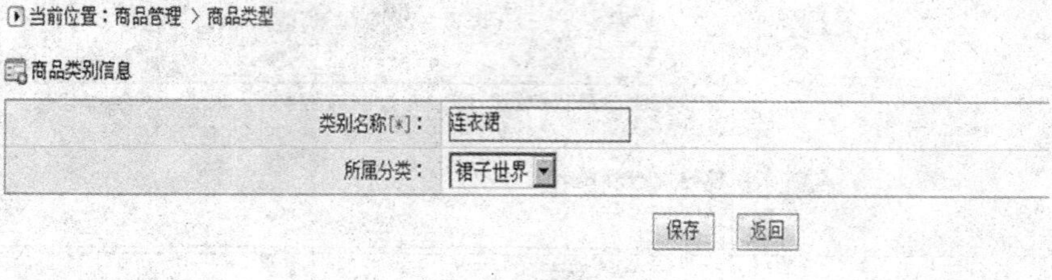

图 2-2-17 编辑“商品类别信息”

回到“广告管理”，如图 2-2-18 所示。

在“综合管理”项下选择“广告管理”，点击【添加】。编辑广告信息，点击【保存】。

注意：这里要选择“显示”，广告才会在 B2C 平台首页显示；浏览图片之后，要上传，才能显示。

图 2-2-18　回到“广告管理”

（8）功能设置。在“综合管理”项下选择“功能设置”（见图 2-2-19），填写功能信息。这里，当选择“会员注册是否赠送积分”时，还须填写“赠送积分数”。填写完成后，点击【保存】。

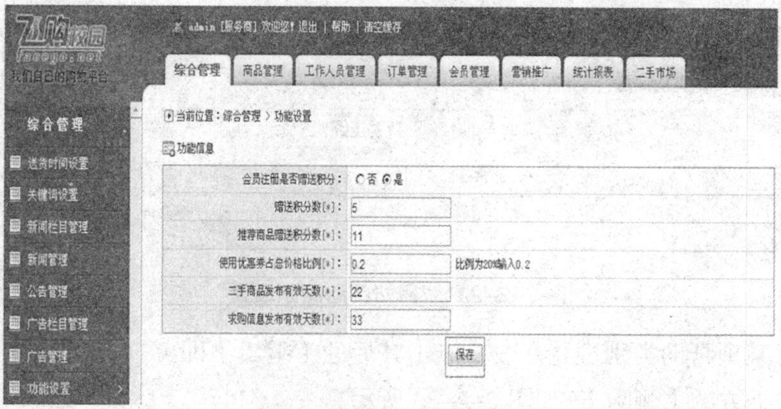

图 2-2-19　“功能设置”

（9）短信设置。在“综合管理”项下选择“短信设置”（见图 2-2-20），点击【添加】。编辑短信标题及内容，点击【保存】。

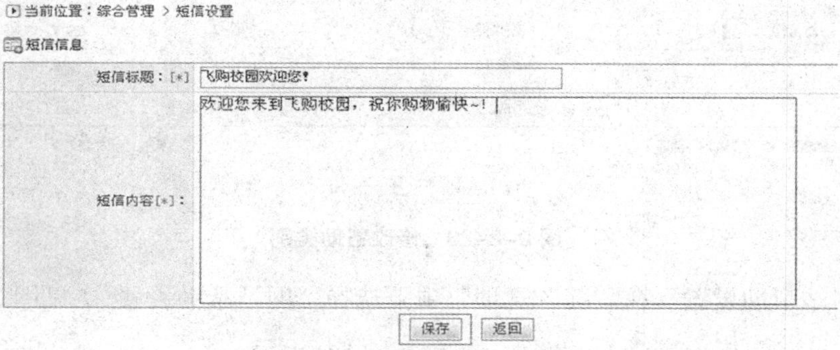

图 2-2-20　“短信设置”

（10）网站信息设置。在“综合管理”项下选择“网站信息设置”（见图 2-2-21），点击【添加】。编辑网站信息，并为其排序，点击【保存】。

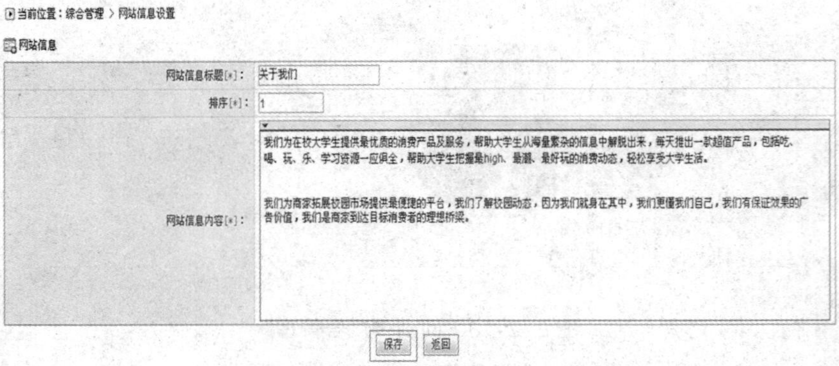

图 2-2-21 “网站信息设置”

（11）网站帮助类别设置。在“综合管理”项下选择“网站帮助类别设置”（见图 2-2-22），点击【添加】。编辑类别信息，点击【保存】。

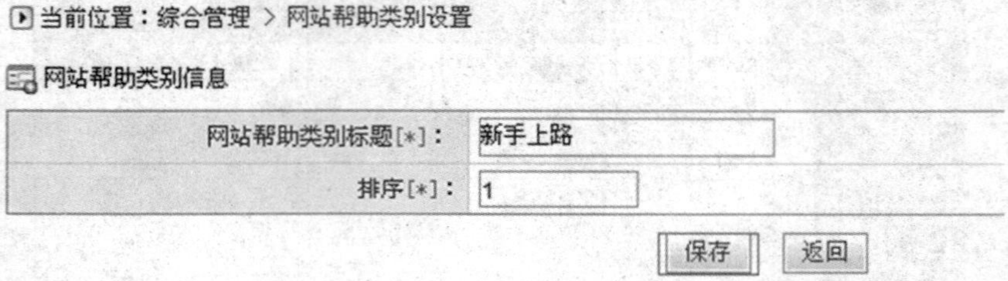

图 2-2-22 “网站帮助类别设置”

若需要对某项帮助类别进行修改，点击其后的【编辑】即可。若要删除，则选中该帮助，点击列表下方的【删除】，如图 2-2-23 所示。

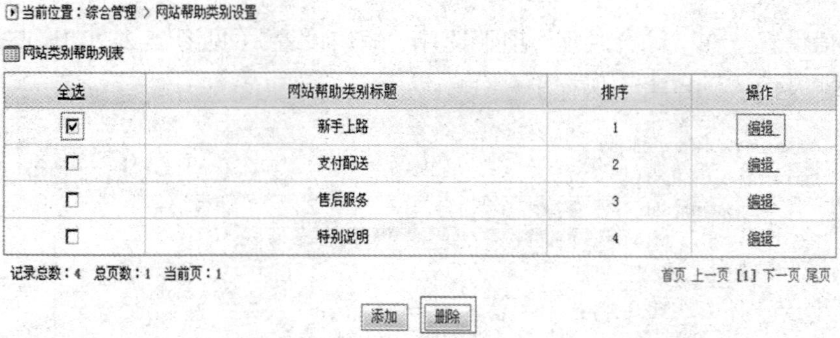

图 2-2-23 修改帮助类别

（12）网站帮助设置。在“综合管理”项下选择“网站帮助设置”（见图 2-2-24），点击【添加】。

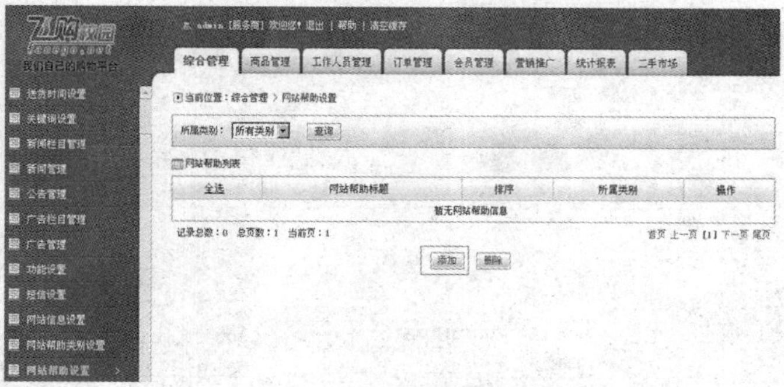

图 2-2-24 “网站帮助设置”

编辑帮助类别信息，点击【保存】，如图 2-2-25 所示。

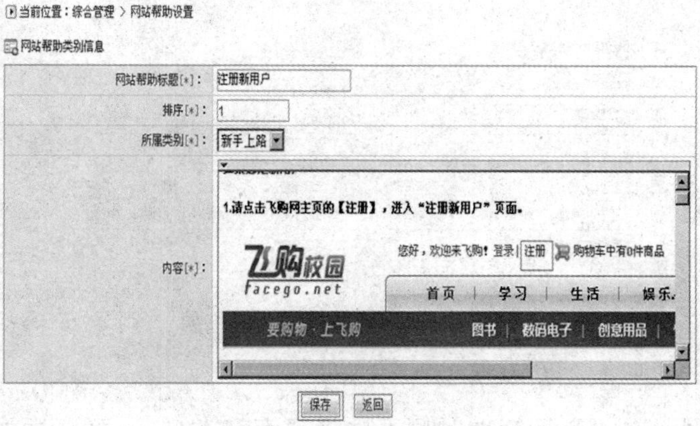

图 2-2-25 编辑网站帮助类别信息

（13）投票管理。在“综合管理”项下选择“投票管理”（见图 2-2-26），点击【添加】。编辑投票的基本信息，点击【保存并添加投票选项】。

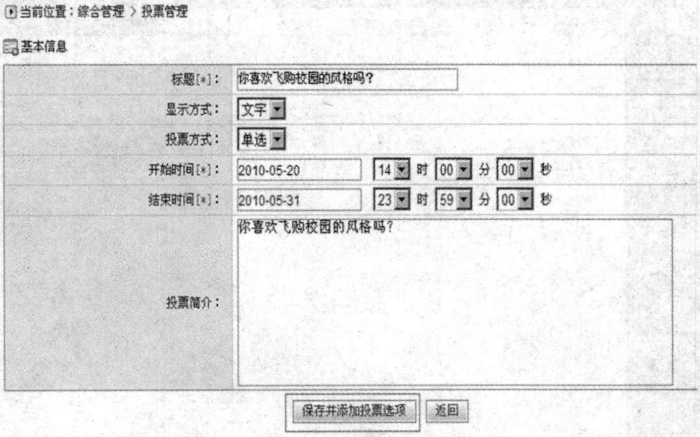

图 2-2-26 “投票管理”

编辑选项信息，点击【保存】。若要对选项信息进行修改，可以在选项列表中点击该列表后的【编辑】；若需要删除，在选中该信息，点击列表下方的【删除】即可，如图

2–2–27 所示。

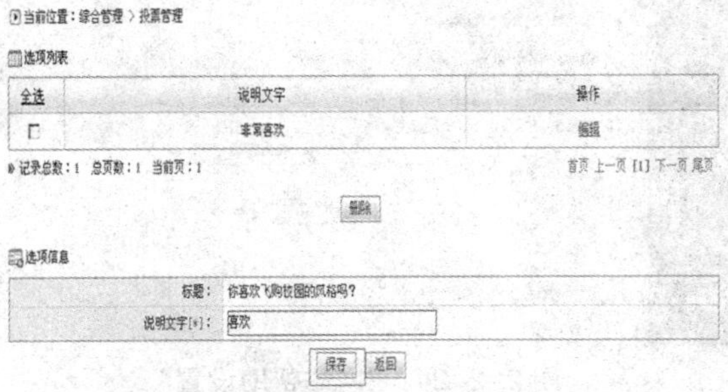

图 2–2–27　编辑选项信息

点击投票后的【结果】，可以查看各选项的投票数，如图 2–2–28 所示。

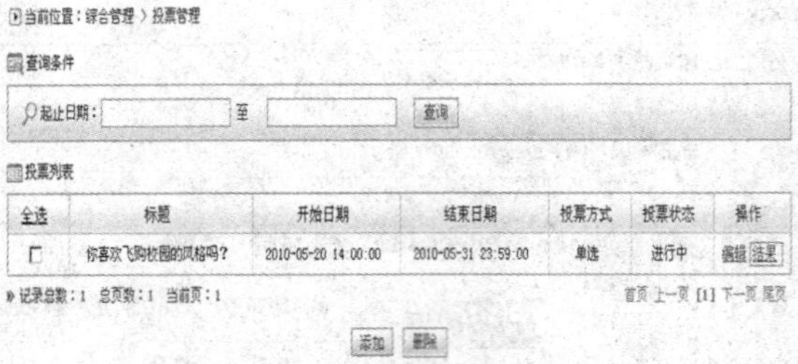

图 2–2–28　查看投票后的结果

2. 商品管理

（1）商品类型。在“商品管理”项下选择“商品类型”，可以添加商品类型，如图 2–2–29 所示。

针对商品分类，还可以进行“编辑、删除、查看商品、转移商品”的操作。

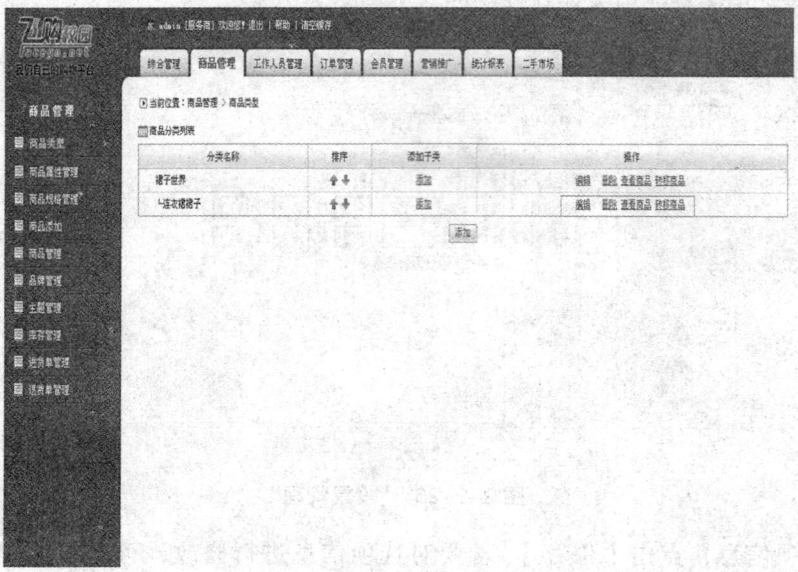

图 2–2–29　添加商品类型

（2）商品属性管理。在“商品管理”项下选择“商品属性管理”（见图 2-2-30），选择属性，点击【添加】。添加商品属性信息，点击【保存】。

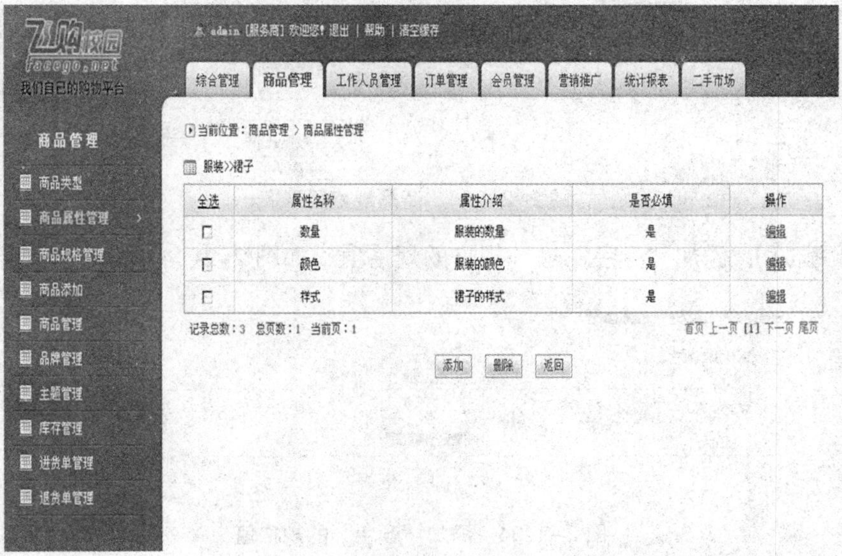

图 2-2-30 “商品属性管理”

添加的属性可以进行【编辑】或者【删除】的操作，如图 2-2-31 所示。

图 2-2-31 编辑、删除添加的属性

点击“商品管理”中的“商品属性管理”，在“标签信息”下点击【添加】，可以添加标签。编辑产品标签信息（见图 2-2-32），点击【保存】。

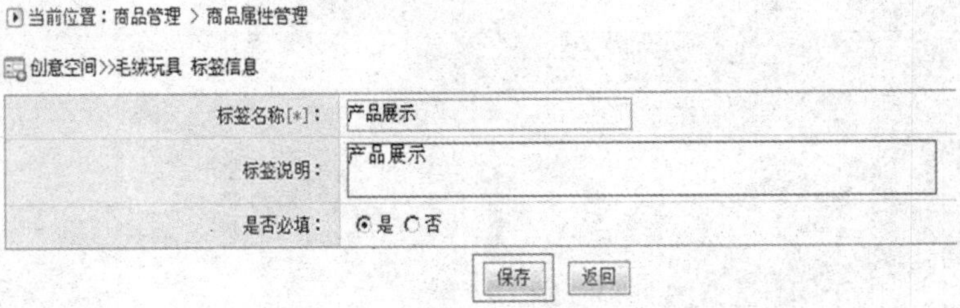

图 2-2-32 编辑产品标签信息

（3）商品规格管理。在“商品管理”项下选择“商品规格管理”（见图 2-2-33），点击【添加】。编辑规格名称，点击【保存并添加规格值】。

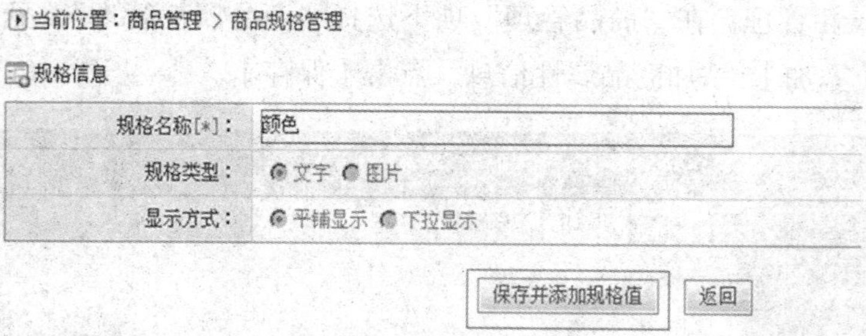

图 2-2-33 “商品规格管理”

点击【添加】，添加“颜色”这一规格的规格值，如图 2-2-34 所示。

图 2-2-34 添加“颜色”的规格值

编辑规格值名称，点击【保存】，如图 2-2-35 所示。

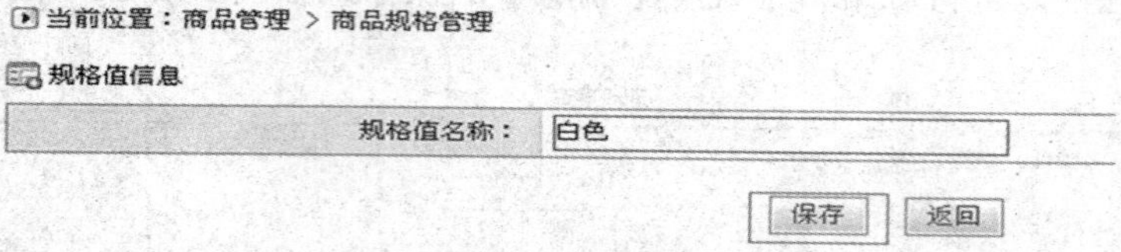

图 2-2-35 编辑规格值名称

（4）品牌管理。在“商品管理”项下选择“品牌管理”（见图 2-2-36），点击【添加】，可以添加商品的品牌信息。编辑品牌信息，点击【保存】。

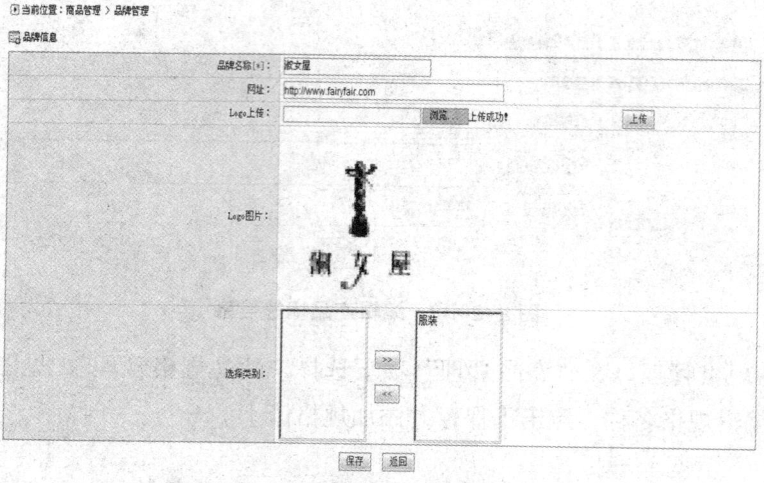

图 2-2-36 “品牌管理”

添加的品牌，可以对其进行排序、编辑或者删除的操作，如图 2–2–37 所示。

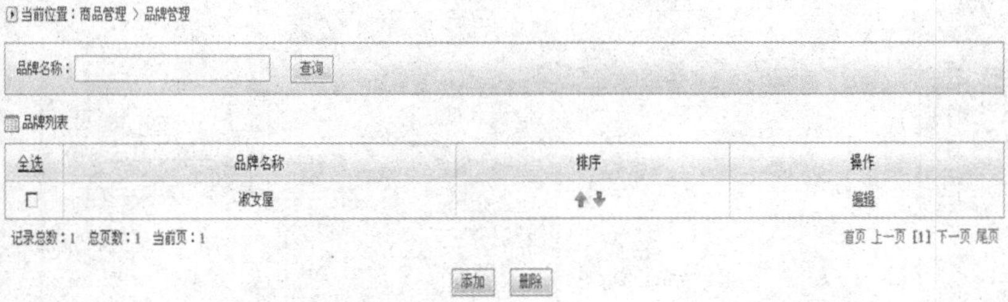

图 2–2–37 对添加的品牌进行排序、编辑或者删除的操作

（5）商品添加。在“商品管理”项下选择“商品添加”（见图 2–2–38），在“基本信息”下编辑商品的基本信息，点击【保存并下一步】。

注意：“是否上架销售”中如果选择“是”，则商品添加完成后自动上架；如果选择“否”，则需要手动上架。

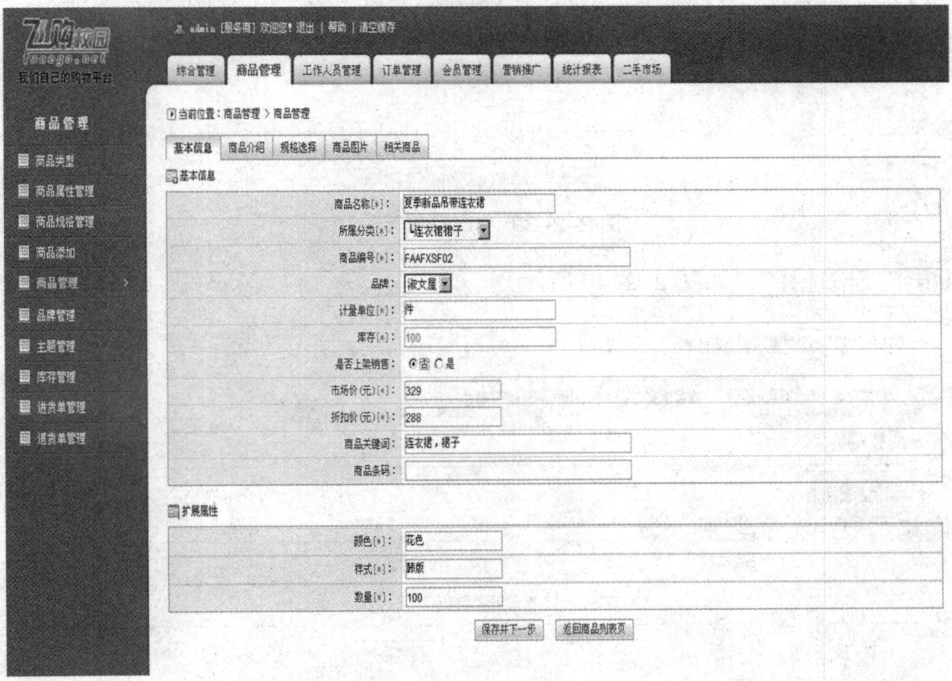

图 2–2–38 “商品添加”

接下来，进行“商品介绍”内容的编辑。这里的“产品展示”项（见图 2–2–39），即为我们在“商品规格管理”中添加的标签。

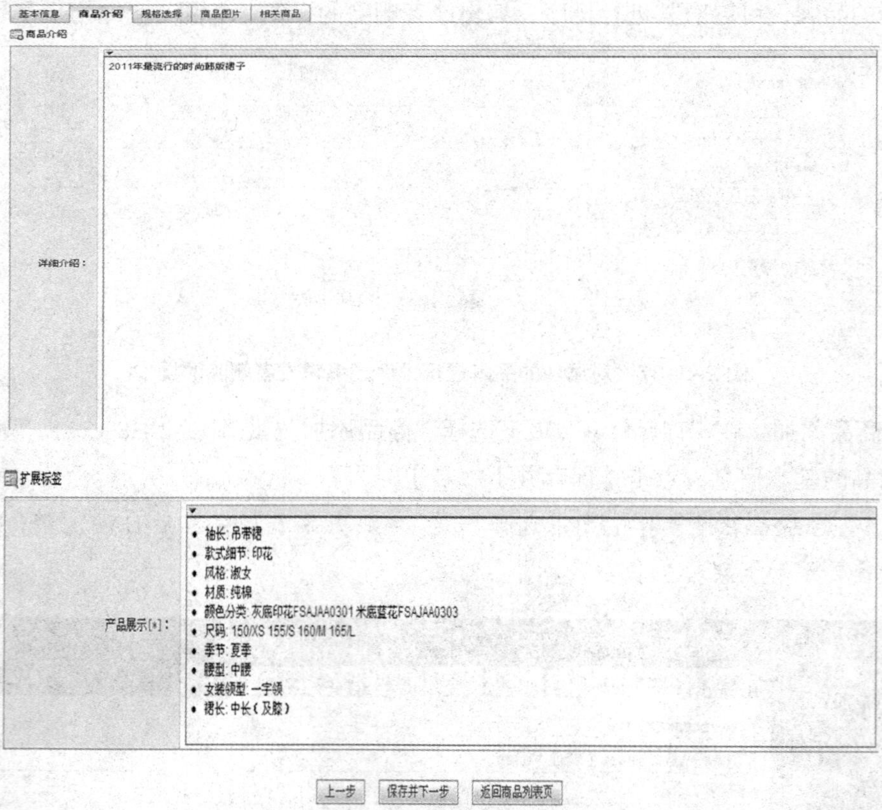

图 2-2-39 “产品展示”项

点击“规格选择”，如图 2-2-40 所示。

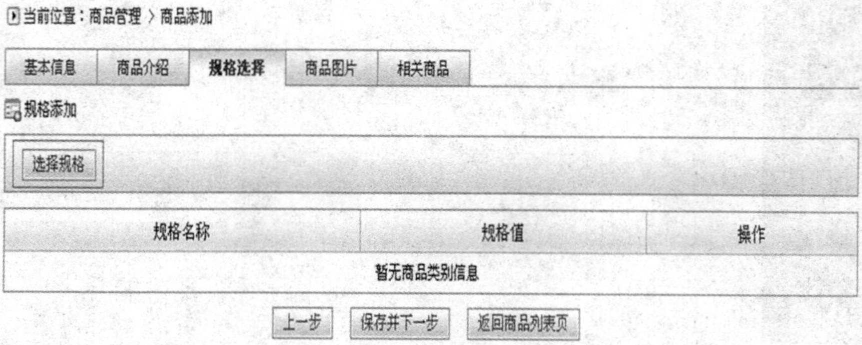

图 2-2-40 “规格选择”

选择相应规格下的规格值，点击【确定】，如图 2-2-41 所示。

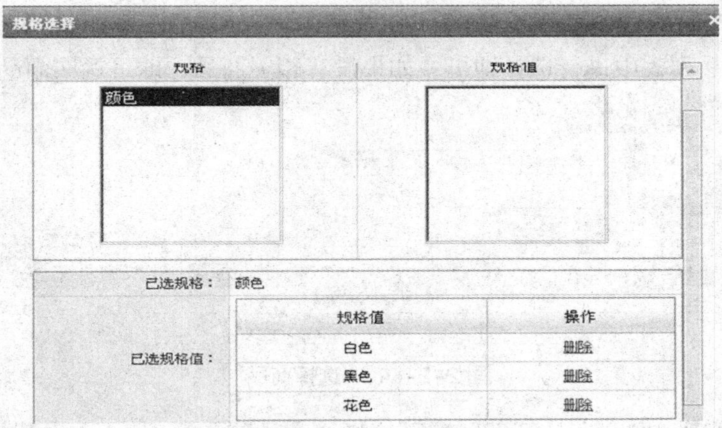

图 2-2-41 选择规格值

点击【保存并下一步】，如图 2-2-42 所示。

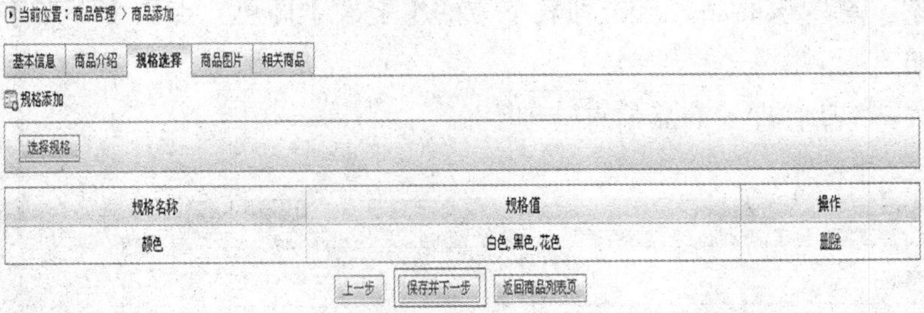

图 2-2-42 点击【保存并下一步】

选择图片类型，上传商品对应的图片，点击【保存并下一步】，如图 2-2-43 所示。

图 2-2-43 上传图片

如果有相关商品，可以在这里添加。点击“相关商品”项下的【选择商品】(见图2-2-44)，在商品列表中进行选择即可。如果没有相关商品，即可返回商品列表。

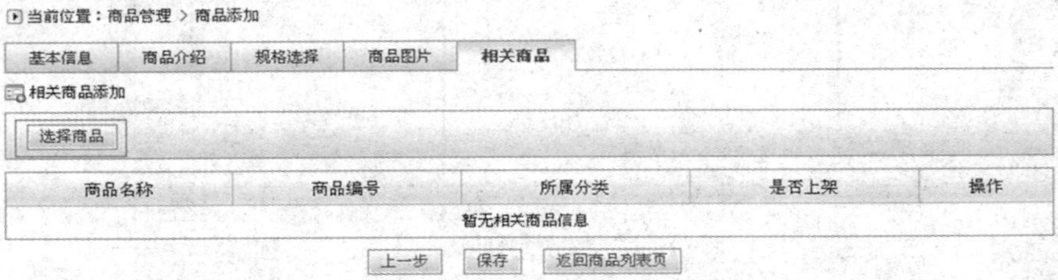

图 2-2-44 “选择商品”

(6)商品管理。在“商品管理”项下选择“商品信息管理”。点击列表后的【编辑】，可以对商品信息进行修改，如图2-2-45所示。选中商品，点击列表下方的【删除】，可以将该条商品信息删除。由于我们之前添加这条商品信息时，没有将其上架，所以现在我们采用手动上架。选中该商品，点击列表下方的【上架】即可。点击【下架】，可以将已上架的商品下架。

当前位置：商品管理 > 商品信息管理

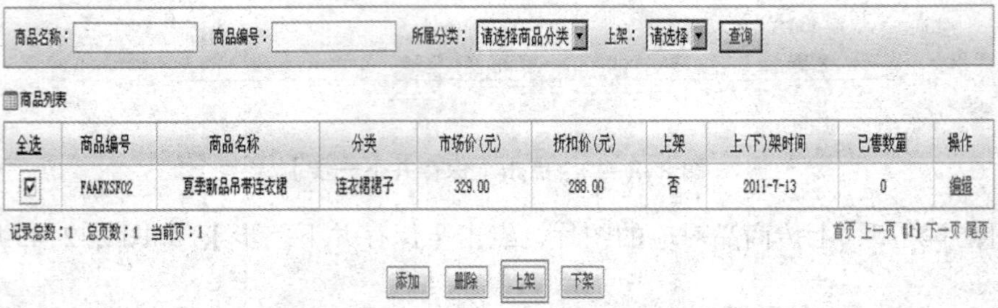

图 2-2-45 修改商品信息

(7)主题管理。在“商品管理”项下选择“主题管理”(见图2-2-46)，点击【添加】。编辑“主题信息”，点击【保存并添加主题商品】。

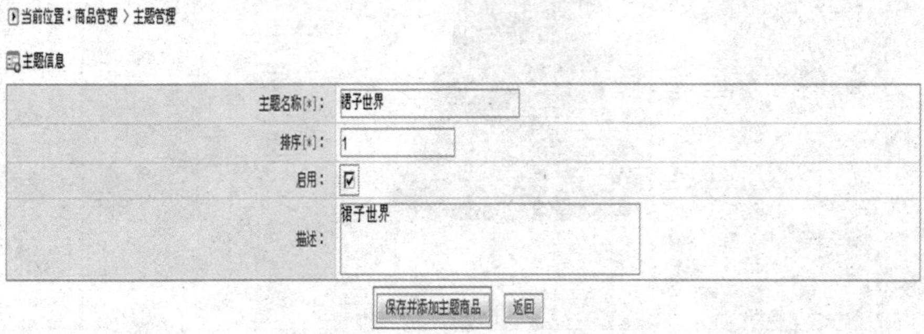

图 2-2-46 主题管理

点击【选择商品】，如图2-2-47所示。

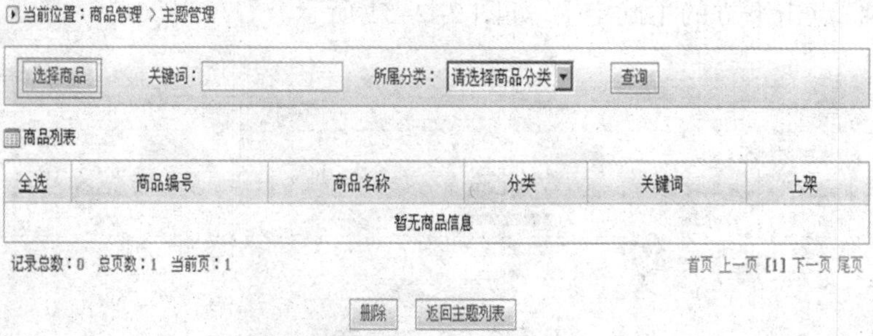

图 2–2–47　点击【选择商品】

在“商品列表”中选择商品，点击【确定】，如图 2–2–48 所示。

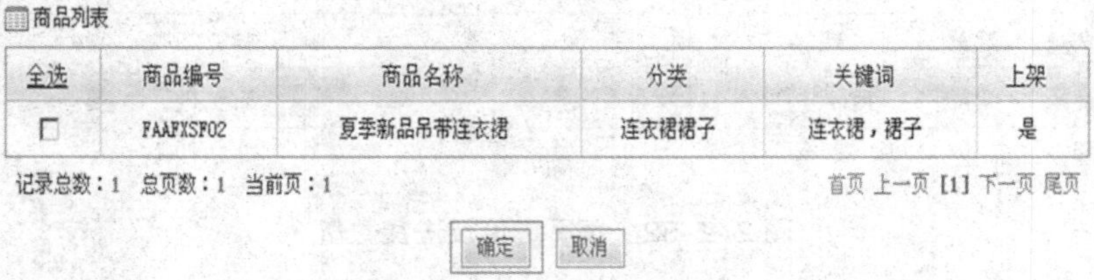

图 2–2–48　选择商品

添加的主题在 B2C 网站首页显示，如图 2–2–49 所示。点击该主题即可链接到添加的商品上。

图 2–2–49　添加的主题在 B2C 网站首页显示

（8）库存管理。在“商品管理”项下选择“库存管理”，当商品库存有所添加时，可以在这里进行设置。也可设置每种商品的预警值。当达到预警值时，该商品在商品列表中的排序将会提前。确定设置完成后，选中该商品，点击列表下方的【保存选中】。

（9）进 / 退货单管理。在“商品管理”下选择“进货单管理”（见图 2–2–50），点击【添加】，填写进货单信息，点击【选择商品】。

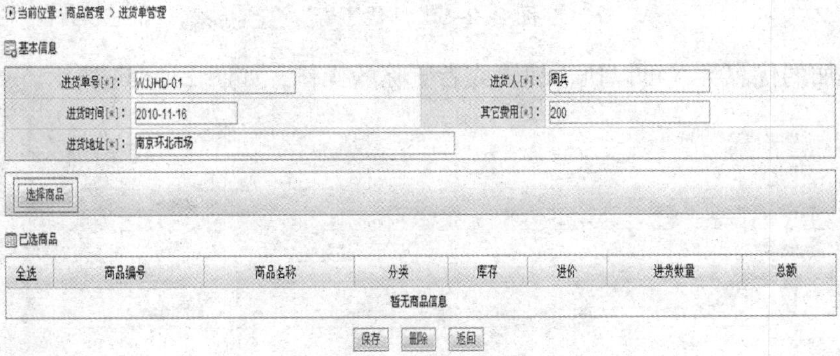

图 2–2–50　“进货单管理”

选中商品，点击下方的【确定】，如图 2-2-51 所示。

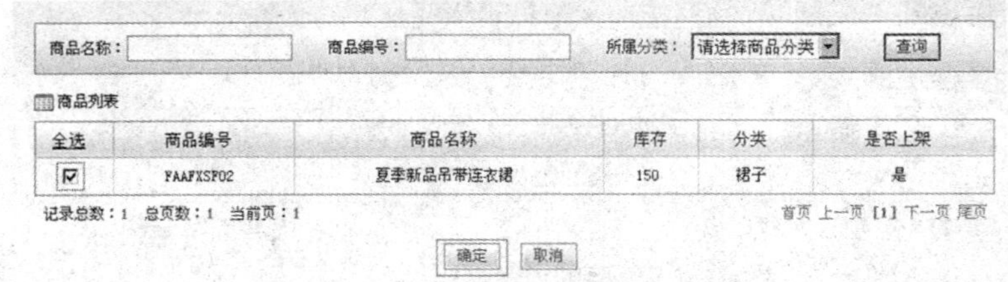

图 2-2-51 选中商品

填写进价及进货数量，点击【保存】，如图 2-2-52 所示。

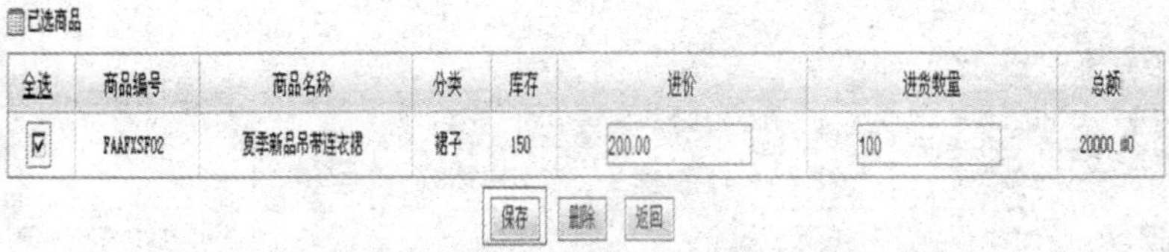

图 2-2-52 填写进价及进货数量

退货单添加方式与进货单类似，这里不再赘述。

3. 营销推广

（1）优惠券。在“营销推广”项下选择“优惠券”（见图 2-2-53），点击【添加】。编辑优惠券信息，点击【保存】。

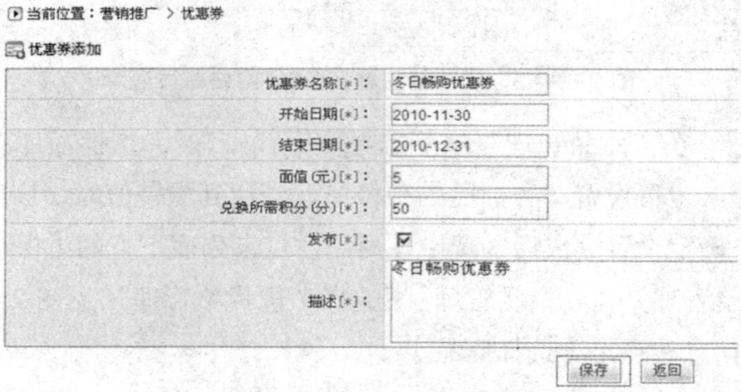

图 2-2-53 “优惠券”

对于添加的优惠券，可以执行编辑或者删除的操作，如图 2-2-54 所示。

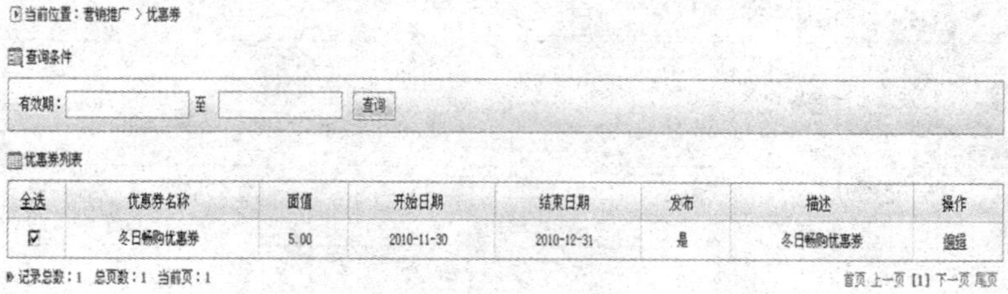

图 2-2-54 编辑删除优惠券

（2）赠品管理。在“营销推广”项下选择“赠品管理”（见图 2-2-55），点击【添加】。编辑“赠品信息”，点击【保存】。

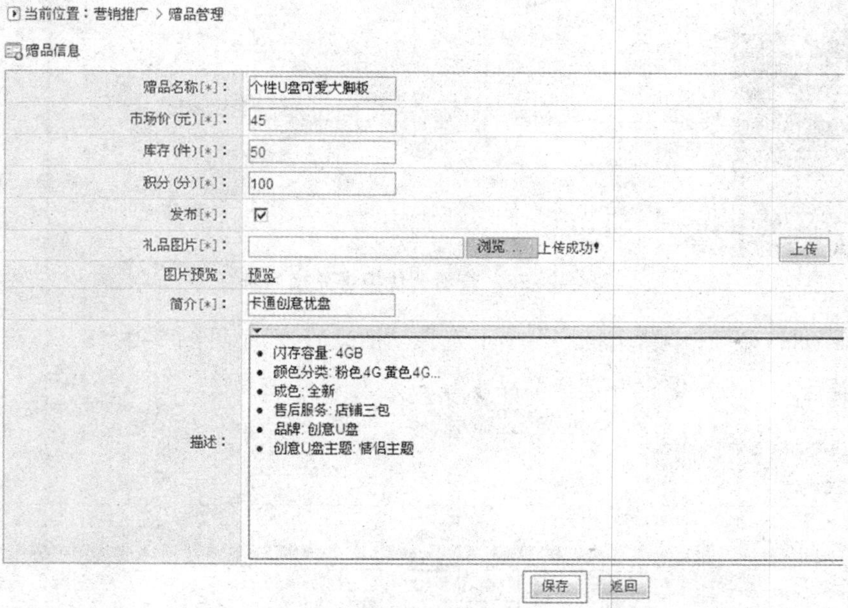

图 2-2-55 “赠品管理”

（3）赠品赠送列表。当用户使用积分兑换了赠品后，服务商在图 2-2-56 中可以查看赠品的兑换记录。

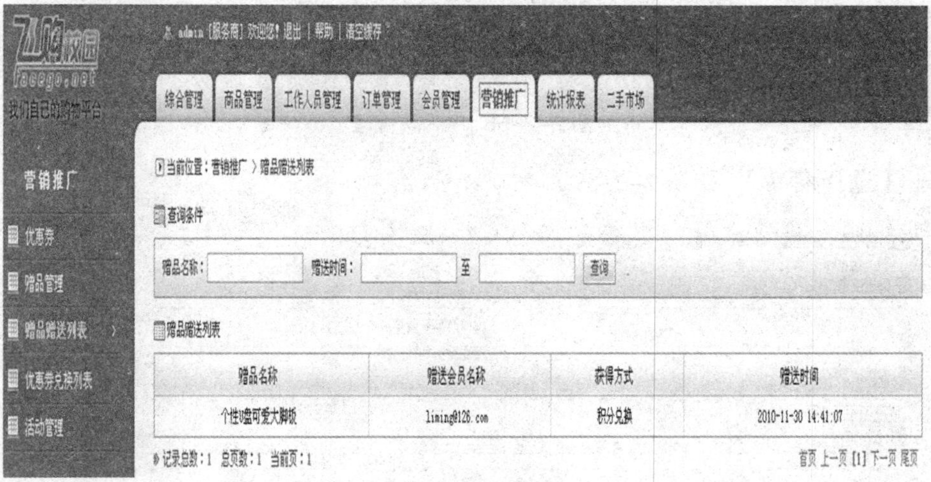

图 2-2-56 查看“赠品赠送列表”

（4）优惠券兑换列表。当用户使用积分兑换了优惠券后，服务商在图 2-2-57 中可以查看优惠券的兑换记录。

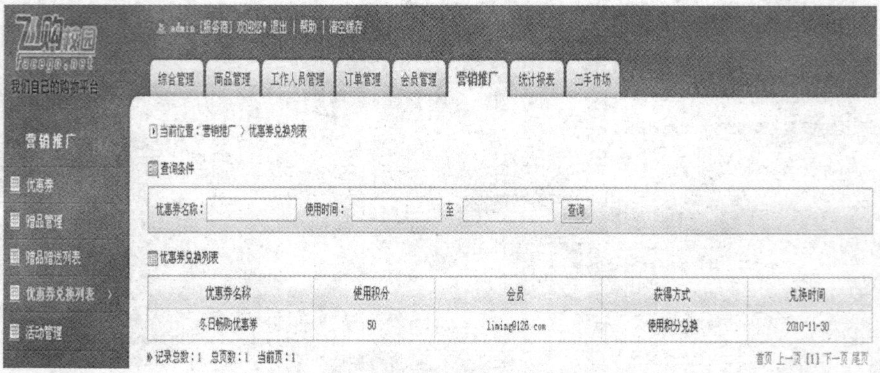

图 2-2-57　查看“优惠券兑换列表”

（5）活动管理。在“营销推广”项下选择“活动管理”（见图 2-2-58），点击【添加】。编辑活动信息，点击【保存并选择商品】。

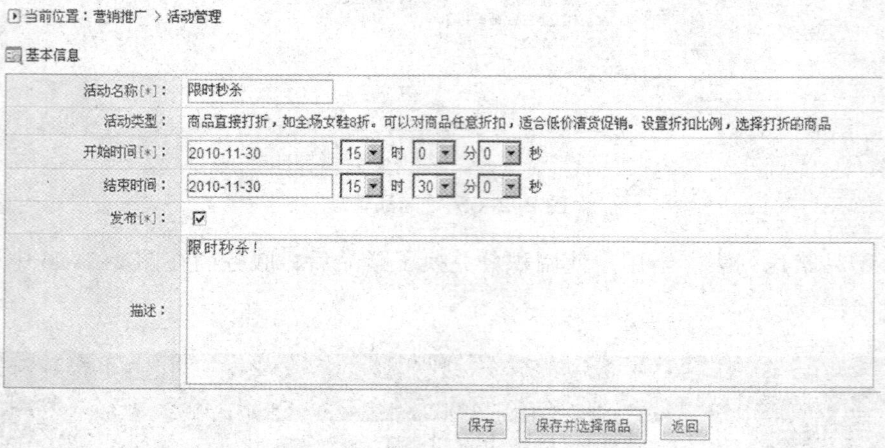

图 2-2-58　“活动管理”

点击【选择商品】，如图 2-2-59 所示。

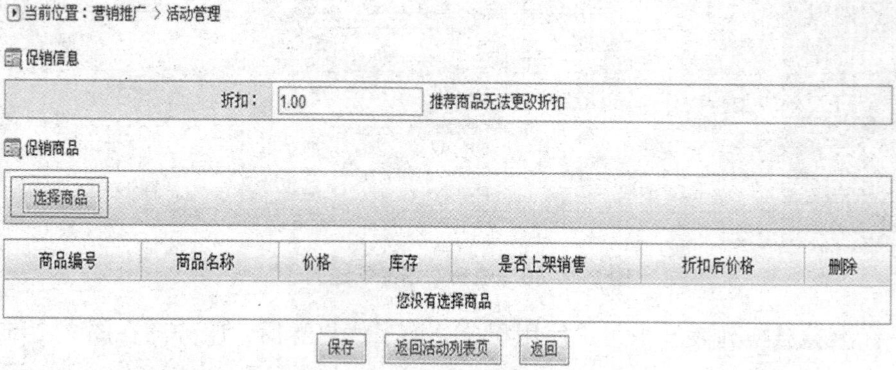

图 2-2-59　点击【选择商品】

在商品列表中选择商品，并点击【确定】，如图 2-2-60 所示。

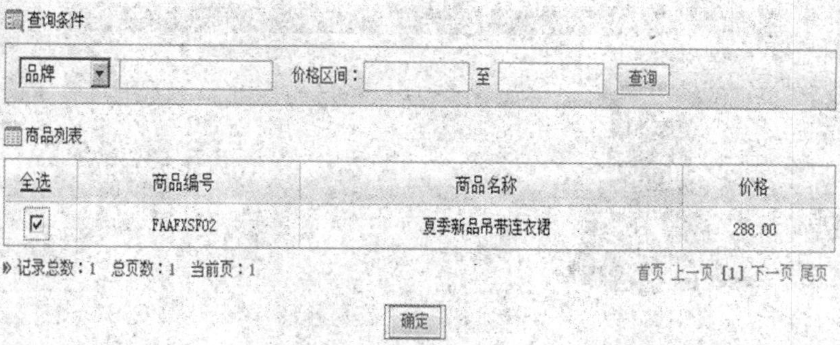

图 2–2–60　选择商品

输入折扣，活动价格会发生相应变化，如图 2–2–61 所示。

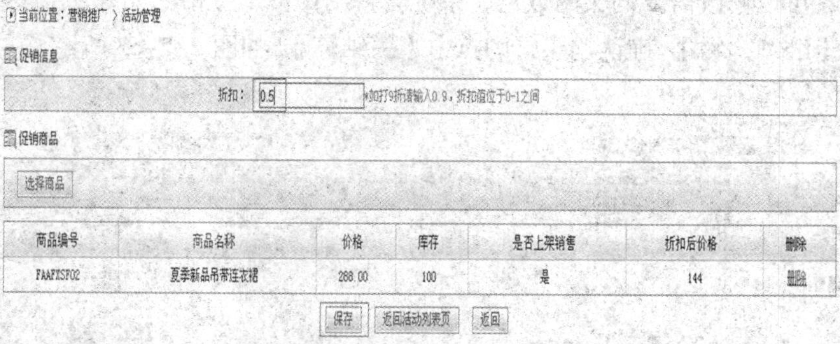

图 2–2–61　输入折扣后发生的相应变化

拓展练习：

学生在网上查找京东商城的后台管理方法，特别是商品的添加，营销推广的方法。

任务 2.3　交易流程

实训目的：

在 B2C 平台上完成商品交易的整个流程。

实训课时安排：

2 课时。

实训准备：

奥派电子商务软件——电子商务应用模型——B2C 实践。

实训内容、步骤与指导：

1. 进入李明的账户

李明作为买家浏览商品，点击某一商品进行查看，在商品详细信息页面，选择商品规格，点击【放入购物车】，如图 2–2–62 所示。

图 2-2-62　点击“放入购物车”

在这里，可以修改需要购买的数量，系统会自动计算出价格。如果还需要继续选购商品，则点击【继续购物】。确认购买，则点击【去结算】，如图 2-2-63 所示。

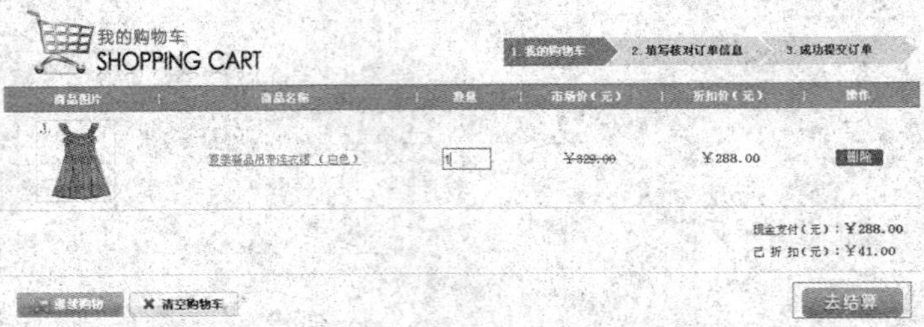

图 2-2-63　点击【继续购物】或【去结算】

填写并核对订单信息，点击【提交订单】(见图 2-2-64)。支付方式有货到付款、支付通和网银在线三种，这里我们选择使用支付通进行付款。

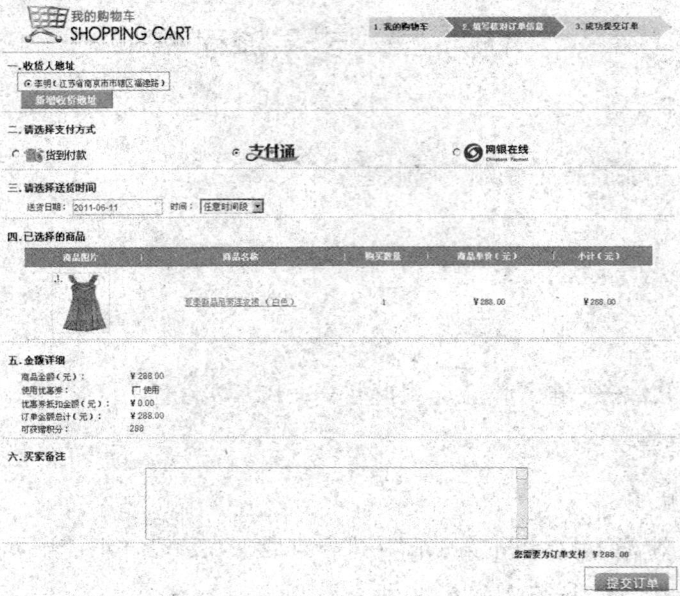

图 2-2-64　提交订单

注意：货到付款，即货物到后买家支付现金。支付通付款，即买家和服务商需要绑定支付通后进行付款交易。网银在线付款，即服务商需要绑定企业银行账号，买家输入个人银行账号进行付款。

2. 登录支付通账户

选择“网上银行付款”，如图 2-2-65 所示。

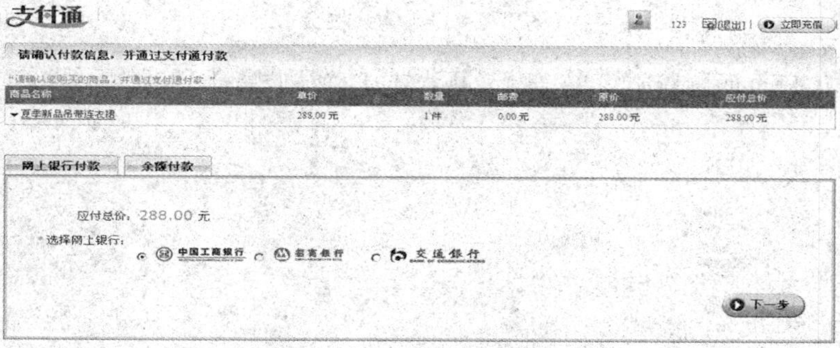

图 2-2-65　“网上银行付款”

在弹出的对话框中，输入银行账号信息，如图 2-2-66 所示。

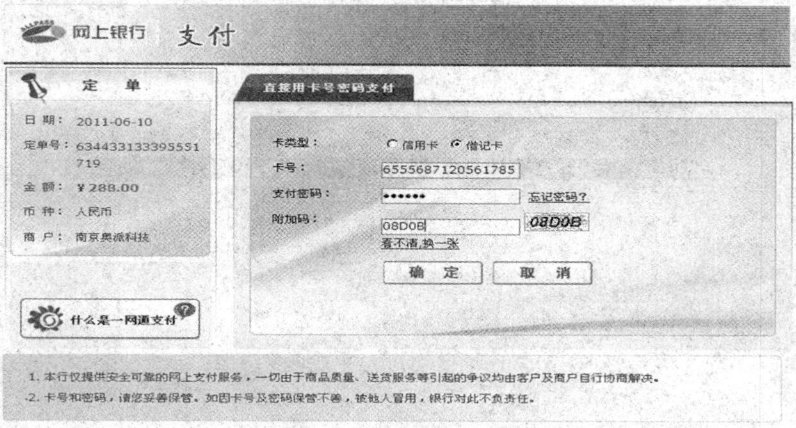

图 2-2-66　输入银行账号信息

点击【确定】，付款成功。

3. 服务商发货

进入“服务商管理”界面，点击“订单号码”，进行订单管理，点击【发货】。

4. 买家收货

进入李明的账户。在“我的飞购”中选择“我的订单”，点击订单后的【确认收货】，如图 2-2-67 所示。

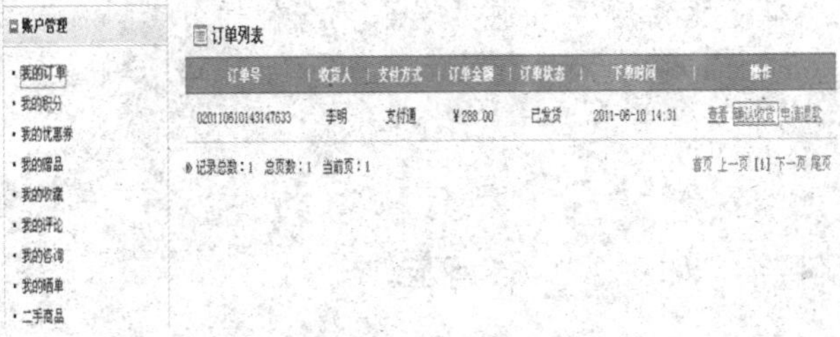

图 2-2-67　确认收货

弹出订单信息页面。查看订单详情，再点击【确认收货】，如图 2-2-68 所示。

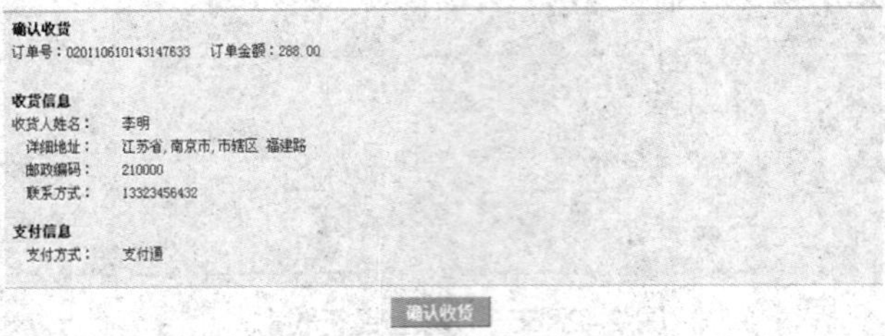

图 2-2-68　确认收货

输入支付密码（见图 2-2-69），点击【确认收货】。至此，买家支付通账户中的钱就转移到卖家的支付通账户了。

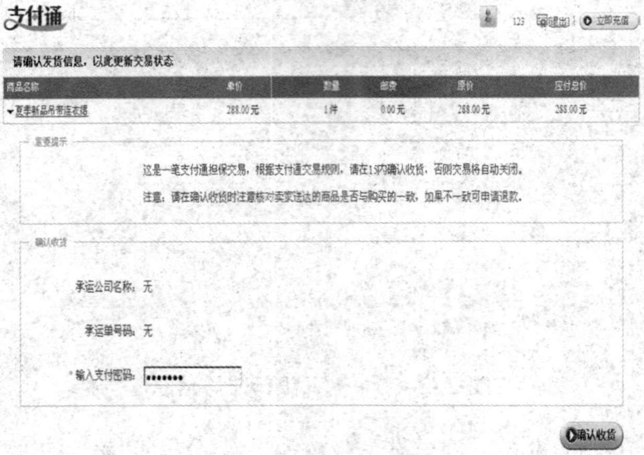

图 2-2-69　输入支付密码

至此，整个买卖交易成功。

拓展练习：

学生在京东上完成网上交易的整个流程。

任务 2.4　买家退款

实训目的：

完成买家退款的整个流程。

实训课时安排：

1 课时。

实训准备：

奥派电子商务软件——电子商务应用模型——B2C 实践。

实训内容、步骤与指导：

1. 服务商没有发送货物，买家申请退款

买家李明因未到产品，要求退款。李明进入管理后台，查看已支付未发货的订单，点击“申请退款”（见图 2–2–70）；退款情况选择“没有收到货”，点击【下一步】（见图 2–2–71）；填写退款协议，输入支付密码后，点击“立即申请退款”（见图 2–2–72）。

服务商进入，对订单进行管理。

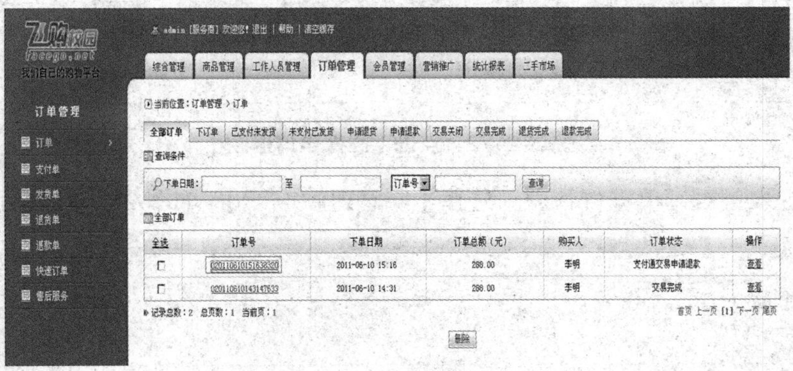

图 2–2–70　“申请退款”

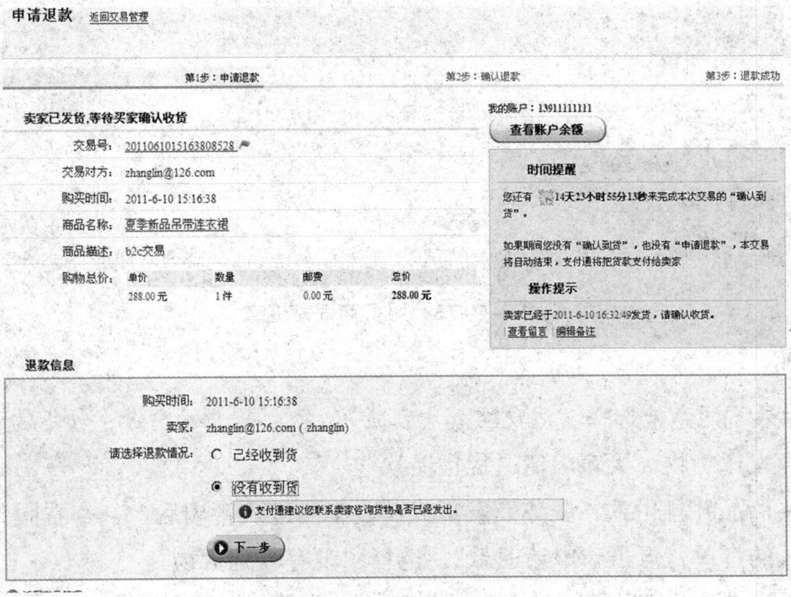

图 2–2–71　退款信息

输入信息，点击【立即申请退款】。

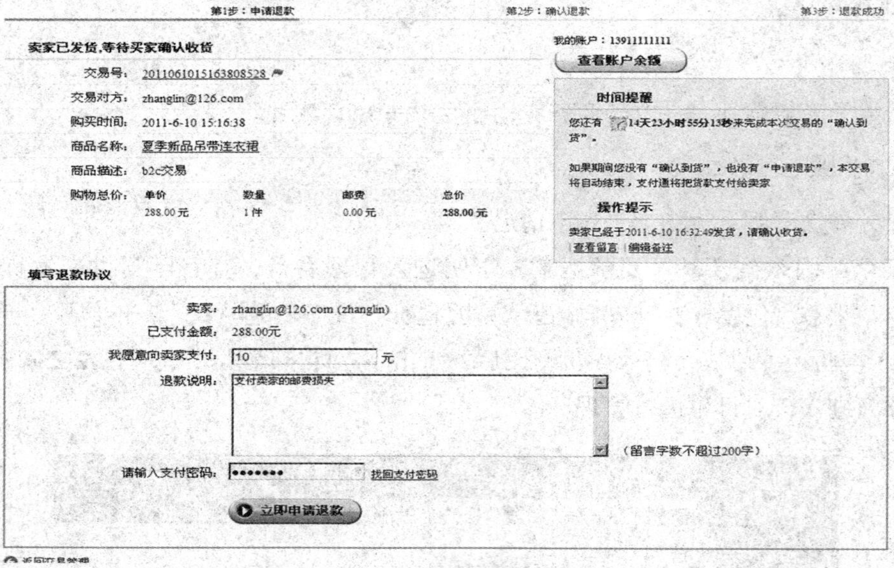

图 2-2-72　点击【立即申请退款】

服务商进入，对订单进行管理。选择【同意退款申请】，如图 2-2-73 所示。

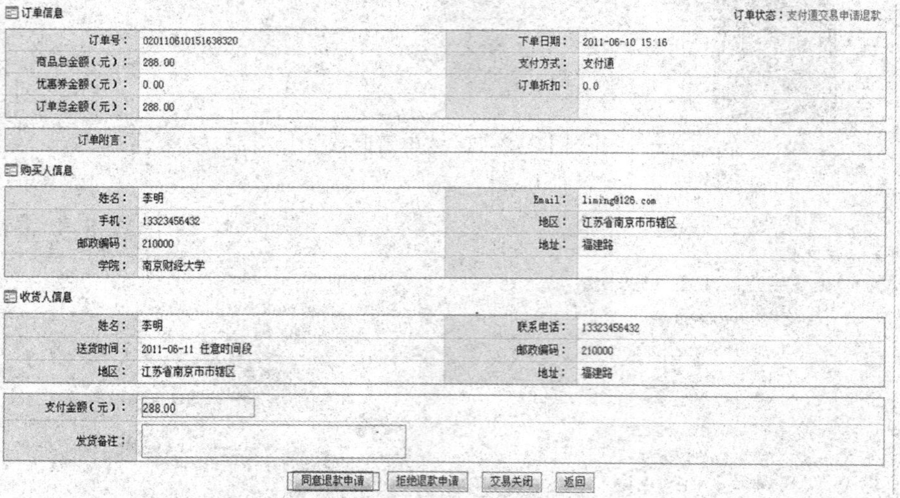

图 2-2-73　服务商同意退款

退款成功。

注意：如果不同意就选择"我现在就去发货"，然后就进行发货、收货的过程。

2. 服务商发送货物，买家申请退货且退款

买家购买商品并且付款，服务商发货成功。李明进入管理后台，查看服务商已发货但自己等了很久的订单，点击"申请退款"，选择"没有收到货物"。

注意：选择"已经收到货"和"没有收到货"退款操作相同。

服务商进入“订单管理”，点击申请退款的订单号，查看订单详情后，点击【同意退款申请】，并在支付通的“退款管理”项下，点击【同意买家的退款申请协议】，如图2-2-74所示。退款成功。

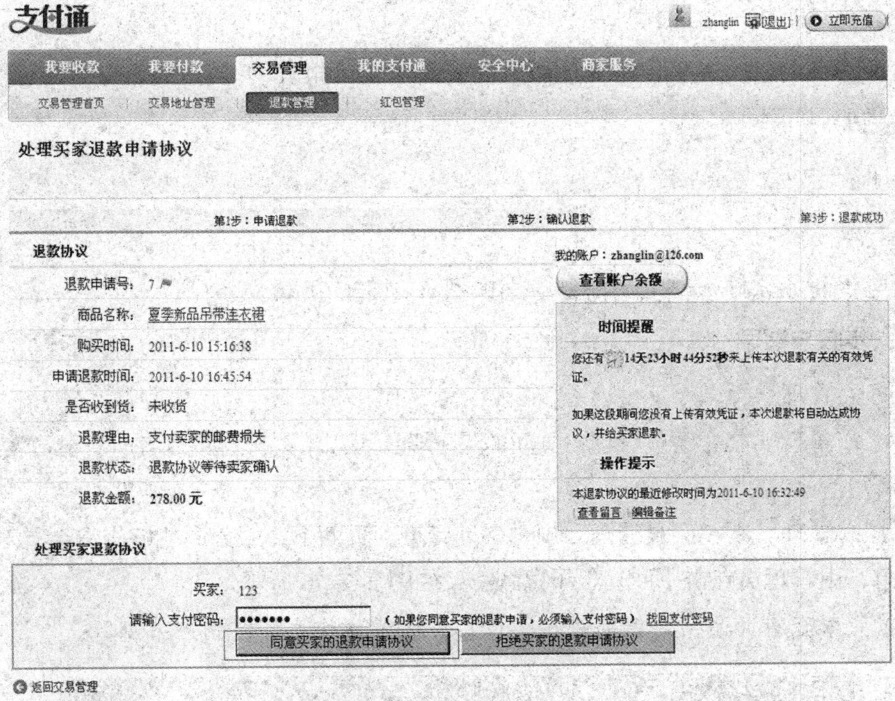

图2-2-74　点击“同意买家的退款申请协议”

注意：如果服务商对买家的退款协议不满意，可以选择“拒绝买家的退款申请协议”。买家需要进入“订单管理”，修改退款协议，然后等待服务商再次确认退款协议。

买家修改退款协议，如图2-2-75所示，点击【修改退款协议】。

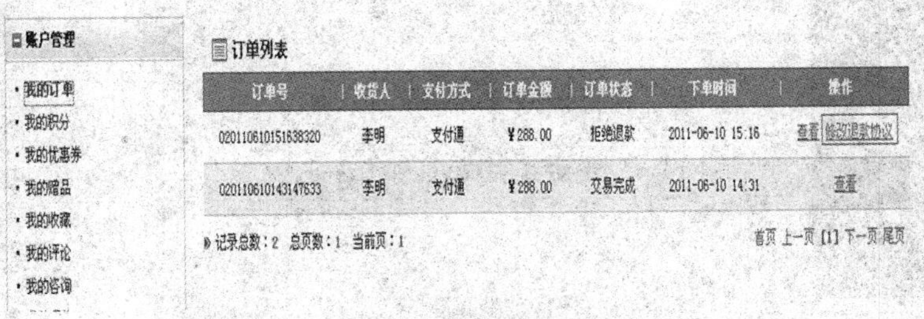

图2-2-75　点击【修改退款协议】

拓展练习：

学生在京东购物后，进行退款退货的操作。

任务 2.5 服务商管理深入

实训目的：

学生在“飞购校园”平台中完成服务商管理、统计报表的操作。

实训课时安排：

1 课时。

实训准备：

奥派电子商务软件——电子商务应用模型——B2C 实践。

实训内容、步骤与指导：

1. 服务商管理

（1）会员管理。在“会员管理”页面的最下端，可以给某个会员或者所有会员发送邮件、站内信或者短信。

（2）咨询管理。在“会员管理”项“咨询管理”页面下，服务商能够查看会员对于商品的咨询信息，由管理员点击【回复】予以解答，如图 2-2-76 所示。

注意：买家查看商品，对商品进行咨询后，服务商处才会有相应信息。

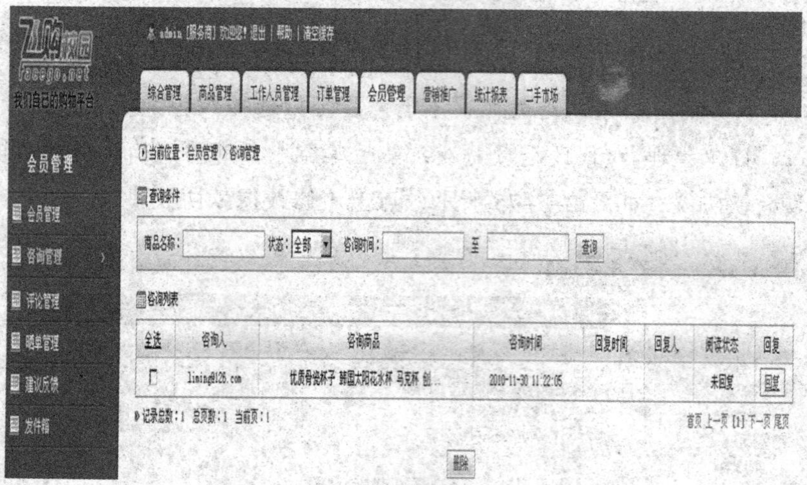

图 2-2-76 服务商查看会员咨询信息

编辑内容，点击【回复】，如图 2-2-77 所示。

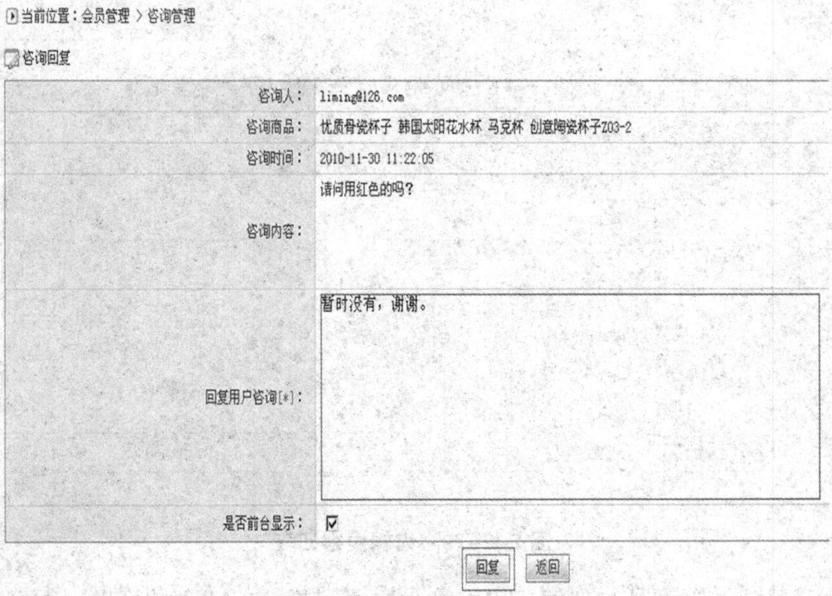

图 2-2-77　编辑内容，点击【回复】

（3）评论管理。在“评论管理”页面下，服务商能够查看到会员对商品的评论，管理员点击【回复】予以解答，如图 2-2-78 所示。

注意：买家查看商品，对商品进行评论后，服务商处才会有相应信息。

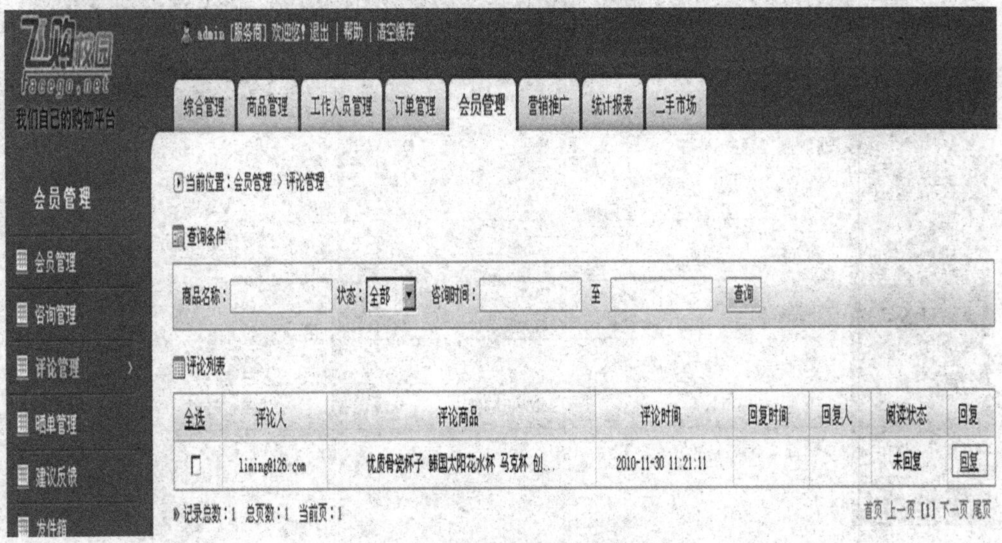

图 2-2-78　服务商查看会员对商品的评论

编辑内容，点击【回复】，如图 2-2-79 所示。

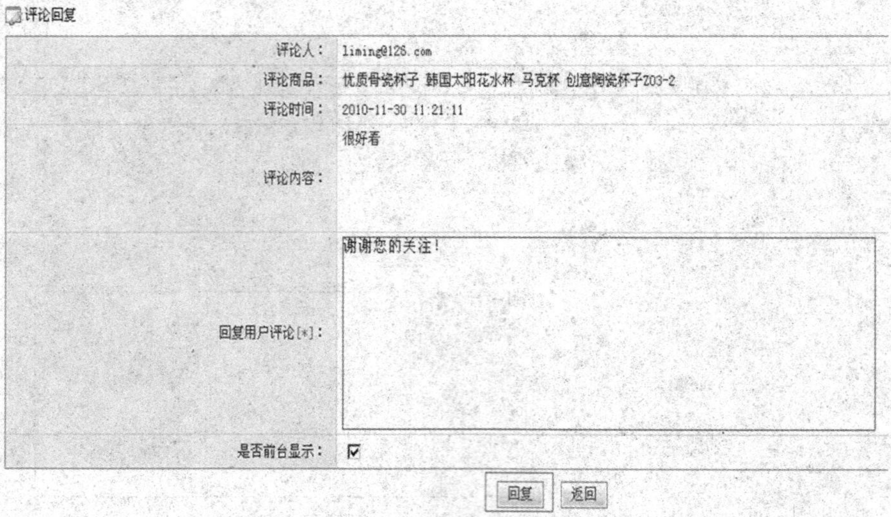

图 2-2-79 编辑内容回复

（4）建议反馈。管理员收到信息后，将会给予回复。在“会员管理”页面下选择【建议反馈】（见图 2-2-80），点击消息后的【回复】。

注意：会员进入账号后，在“建议反馈”的功能菜单下反馈建议后，服务商处才会有相应信息。

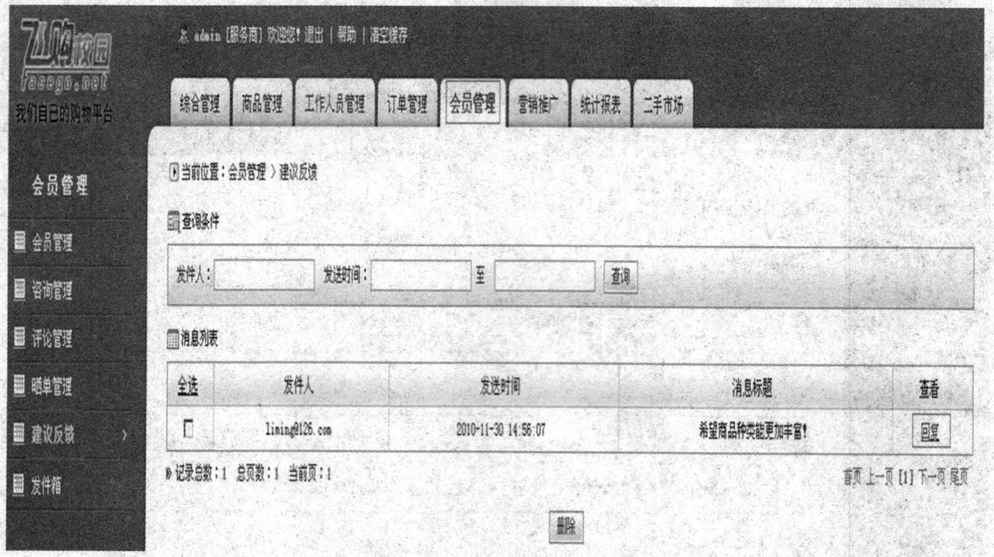

图 2-2-80 “建议反馈”

编辑“消息信息”，点击【回复】，如图 2-2-81 所示。

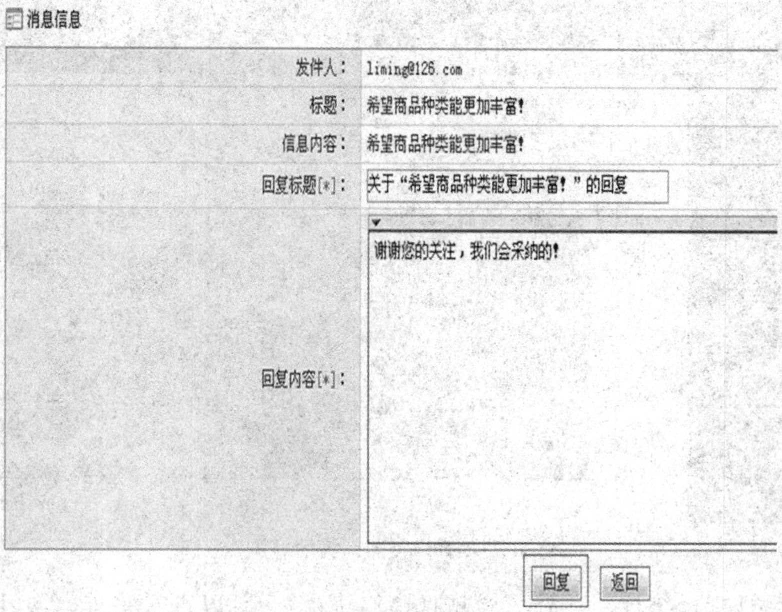

图 2-2-81　编辑“消息信息”内容

2. 统计报表

（1）商品销售排行。这里提供了销售情况的统计报表。选择“商品销售排行”，服务商可以查看各商品的销售情况，并生成报表。选择销售时间，点击【生成报表】，如图 2-2-82 所示。

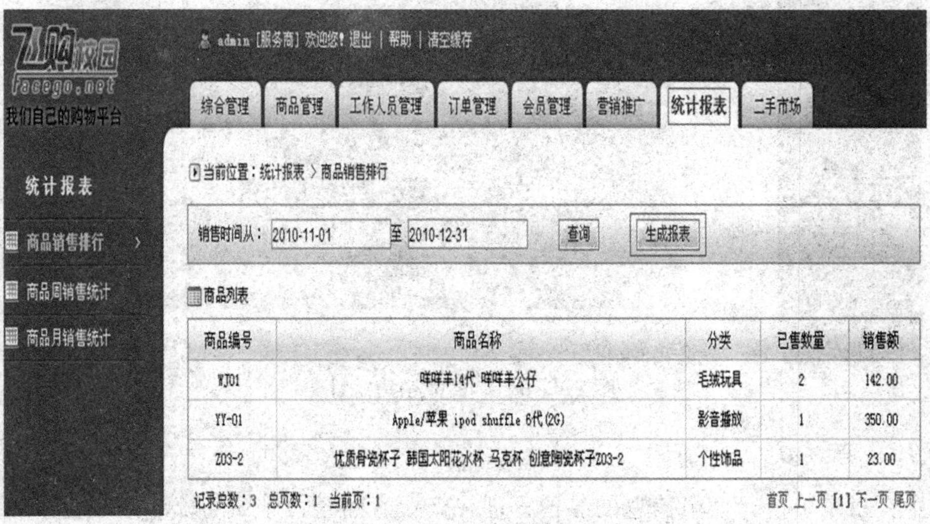

图 2-2-82　点击【生成报表】

保存报表文件。

（2）商品周销售统计。选择“商品周销售统计”，可以查看一个月内各周的销售情况。周销售示意图，如图 2-2-83 所示。

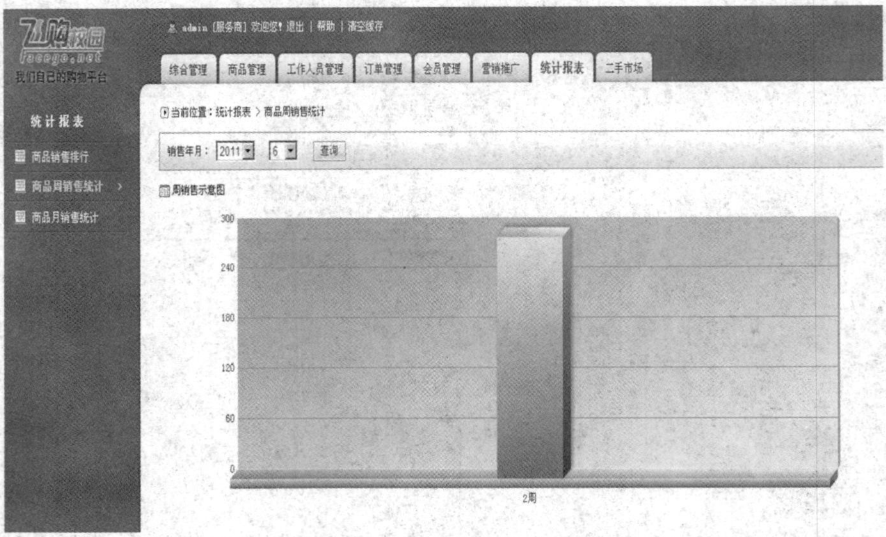

图 2-2-83 “同销售示意图”

（3）商品月销售统计。选择“商品月销售统计”，可以查看一年内各月的销售情况，如图 2-2-84 所示。

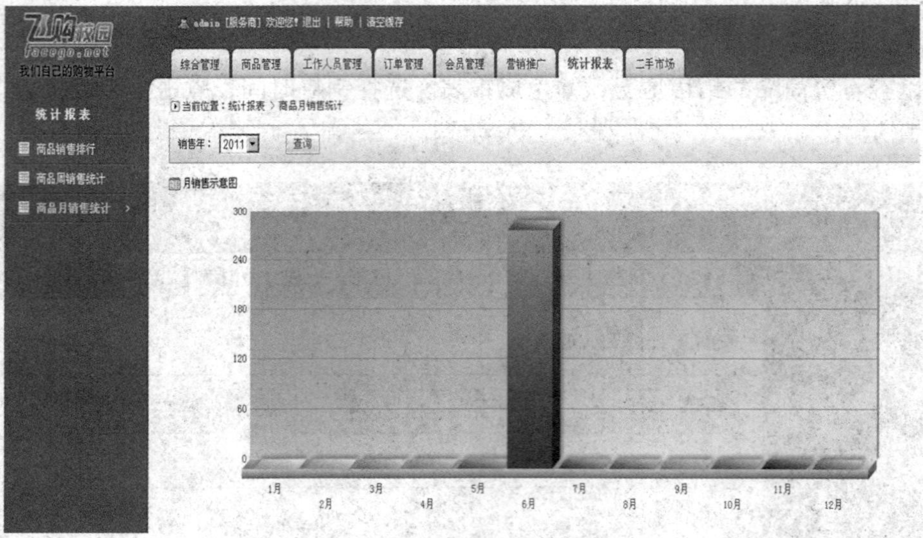

图 2-2-84 “商品销售统计”

拓展练习：

学生在京东上进行会员信息的设置管理并查看店铺经营业绩的统计报表。

任务 3 C2C 实践

【实践情境】

小新（用户名: xiaoxin）在网上开了一个手机专卖店。为了更好地推销产品，小新选择了合适的风格，对店铺进行了完整介绍，等等。最近小新推出了一个最新产品诺基亚智能手机 E7，第二天，就有个用户名为 xiaoyun 的人前来的购买。小新把诺基亚智能手机 E7 卖了出去。

任务 3.1 C2C 交易中涉及的角色及业务关系

实训目的：

在 C2C 中平台完成会员账号注册并绑定支付通账号，掌握对服务商后台的管理。

实训课时安排：

21 课时。

实训准备：

奥派电子商务软件——电子商务应用模型——C2C 实践。

实训内容、步骤与指导：

1. 基本实践操作

服务商绑定支付通账号：在“电子商务应用模型”中选择“C2C 实践”，在角色选择中进入“服务商平台”，在“支付管理”中绑定支付通账户。

注册会员账号：小新在 C2C 平台上注册了账户，开了一家网店，经营手机。

进入 C2C 平台，在网站的右上角点击“免费注册”，填写注册信息，如图 2-3-1 所示。

以下均为必填项

会员名：*	xiaoxin　建议以_buyer或_seller字母结尾
密码：*	••••••
再输入一遍密码：*	••••••

请填写常用的电子邮件地址，C2C购物网需要您通过邮件完成注册。

电子邮件：	xiaoxin@163.com
再输入一遍电子邮件：	xiaoxin@163.com
校验码：	24068　24068

图 2-3-1　填写注册信息

这时，会收到一份来自网站的激活信，点击 <1>，打开信件，按照提示激活账户，如图 2–3–2 所示。

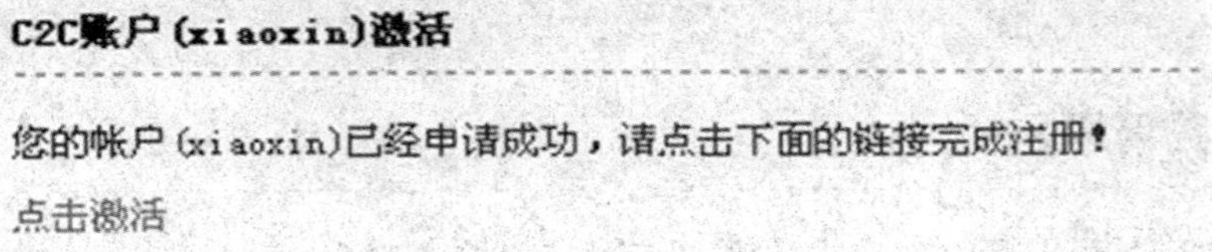

图 2–3–2　激活账户

绑定支付通账号：卖家绑定支付通账号。

点击卖方用户进入，在基本设置中，选择个人信息，点击【绑定】，如图 2–3–3 所示。

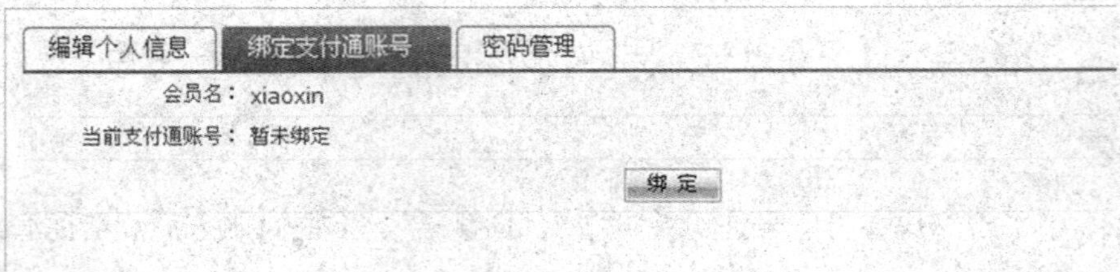

图 2–3–3　点击【绑定】

输入支付通账号以及登录密码，点击【登录】。

编辑个人信息，如图 2–3–4 所示。

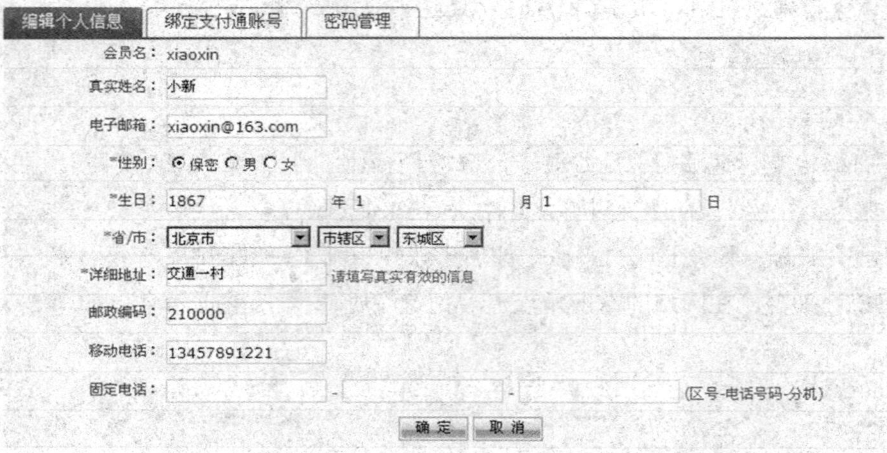

图 2–3–4　编辑个人信息

2. 服务商后台管理

普通商品类别添加：在商品类别管理中选择“类别添加”（见图 2–3–5），还可以进一步选择添加几级目录。

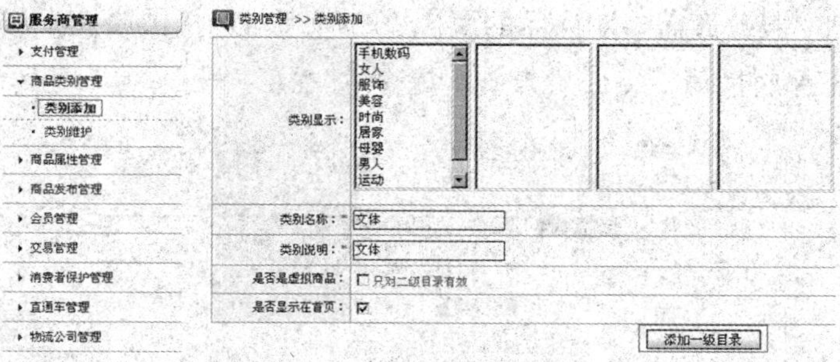

图 2-3-5 “类别添加”

虚拟商品类别管理：添加虚拟商品时，需要勾选“是否是虚拟商品”及“是否显示在首页”，如图 2-3-6 所示。

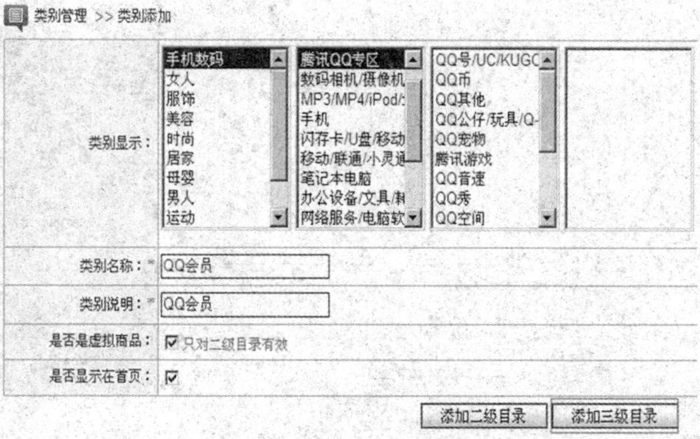

图 2-3-6 勾选“是否是虚拟商品”及“是否显示在首页”

类别维护：服务商可以对添加的目录进行修改或删除。如文体这一类目服务商觉得类别说明不够清楚，要进行修改。而 QQ 会员这一分类显得多余，要删除。修改完，点击【更新】即可。QQ 会员的删除就是选中 QQ 会员，点击【删除】，如图 2-3-7 所示。

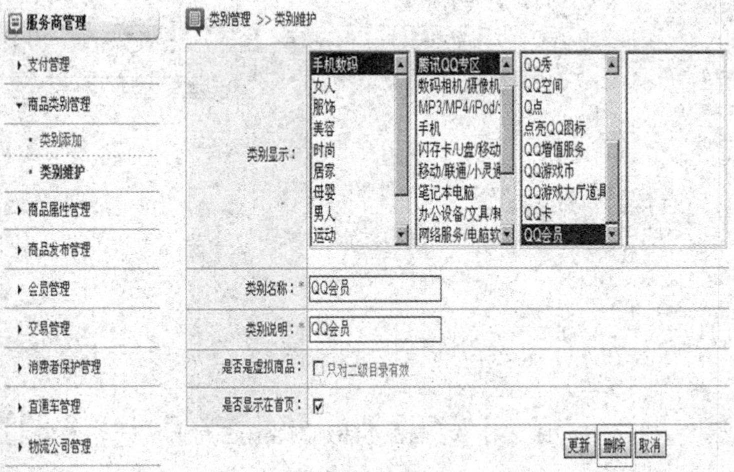

图 2-3-7 点击【删除】

商品属性管理：服务商需要对商品的属性进行管理。选择“属性添加”（见图 2–3–8），填写属性信息，添加属性值，完成后点击【提交】。

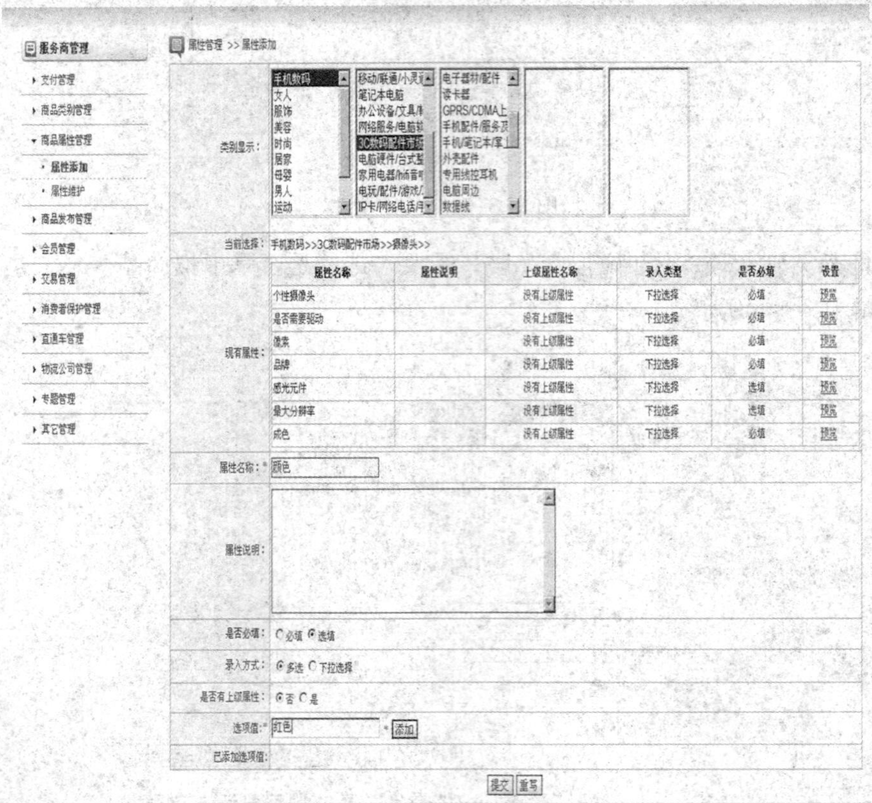

图 2–3–8 “属性添加”

物流公司管理：服务商需要对物流公司进行管理，包括物流公司的添加、订单管理等。选择“物流公司查看”，点击【添加新物流公司】，如图 2–3–9 所示。

图 2–3–9 点击【添加新物流公司】

填写物流公司的相关信息，点击【添加】，如图 2–3–10 所示。

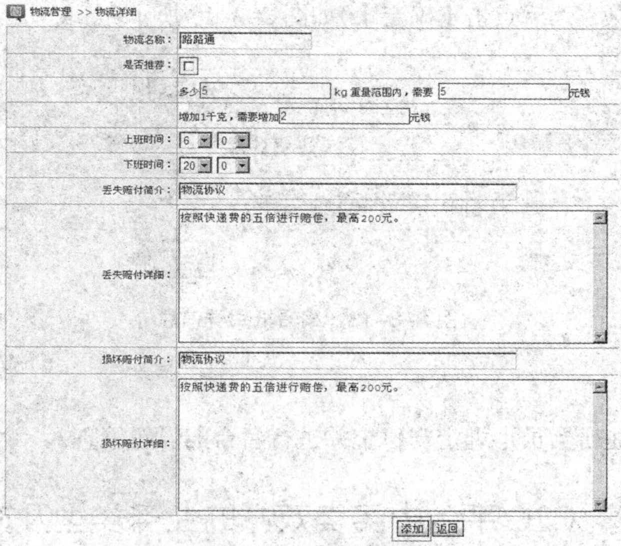

图 2–3–10　添写物流公司相关信息

服务商可以选择将物流公司设为推荐，如图 2–3–11 所示。选中物流公司，点击下方的【设为推荐】。

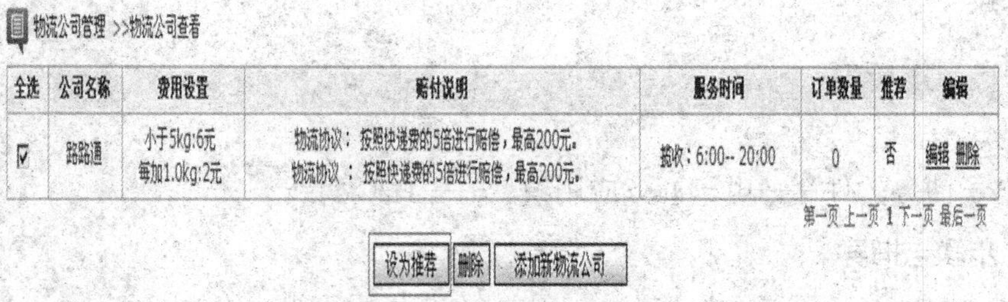

图 2–3–11　将物流公司设为推荐

其他管理：在“其他管理”中选择“抵用券设置”，点击【添加抵用券】，如图 2–3–12 所示。

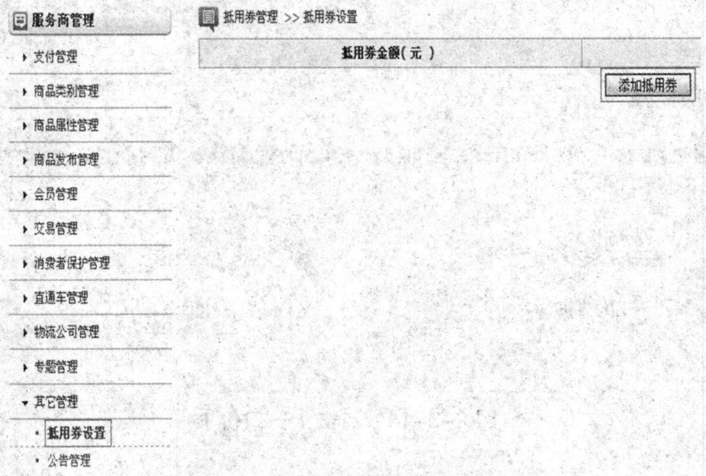

图 2–3–12　点击【添加抵用券】

编辑抵用券信息，然后点击【确定】，如图 2–3–13 所示。

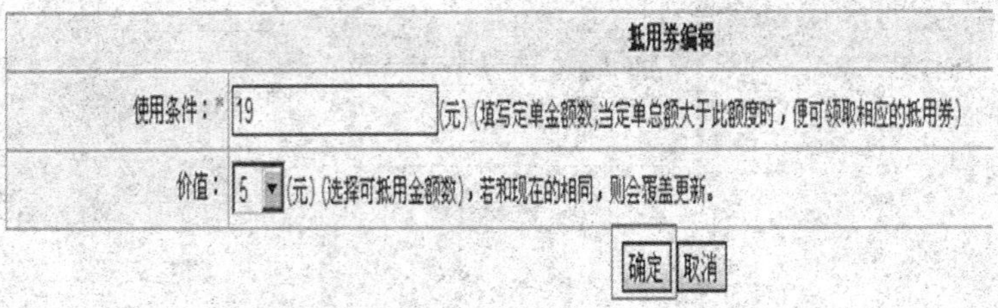

图 2–3–13　编辑抵用券信息

拓展练习：

学生在淘宝网注册会员，绑定支付宝并进行后台的设置管理。

任务 3.2　C2C 平台中买卖双方的业务类型及交易过程

实训目的：

完成卖家发布商品，设置网店，并与买家进行交易的整个流程。

实训课时安排：

3 课时。

实训准备：

奥派电子商务软件——电子商务应用模型——C2C 实践。

实训内容、步骤与指导：

1. 卖家发布商品，设置网店

账号注册好之后，就要将商品发布到网站上。最近，小新推出了一个最新产品，诺基亚智能手机 E7，现在要将这款手机发布到网上。

进入账户，在“我是卖家”中选择“我要卖”，然后点击【一口价发布】，如图 2–3–14 所示。

图 2–3–14　点击【一口价】

先选择商品类别，如图 2-3-15 所示。

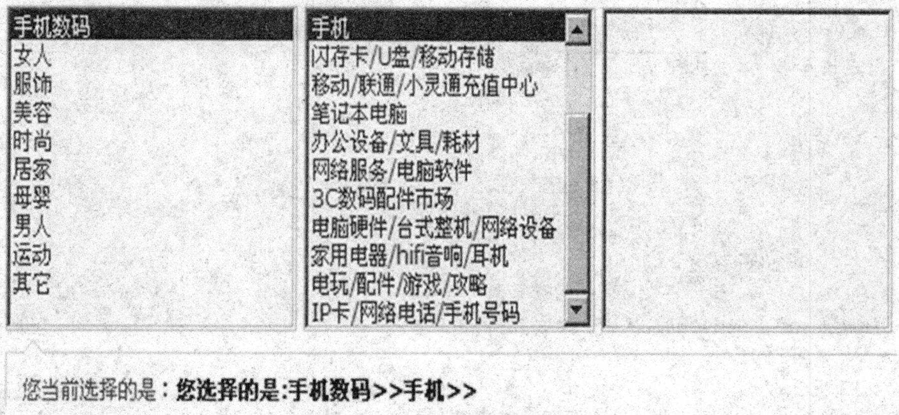

图 2-3-15　选择商品类别

然后编写这批货的相关内容，最后点击【提交】，商品就成功发布了，如图 2-3-16 所示。

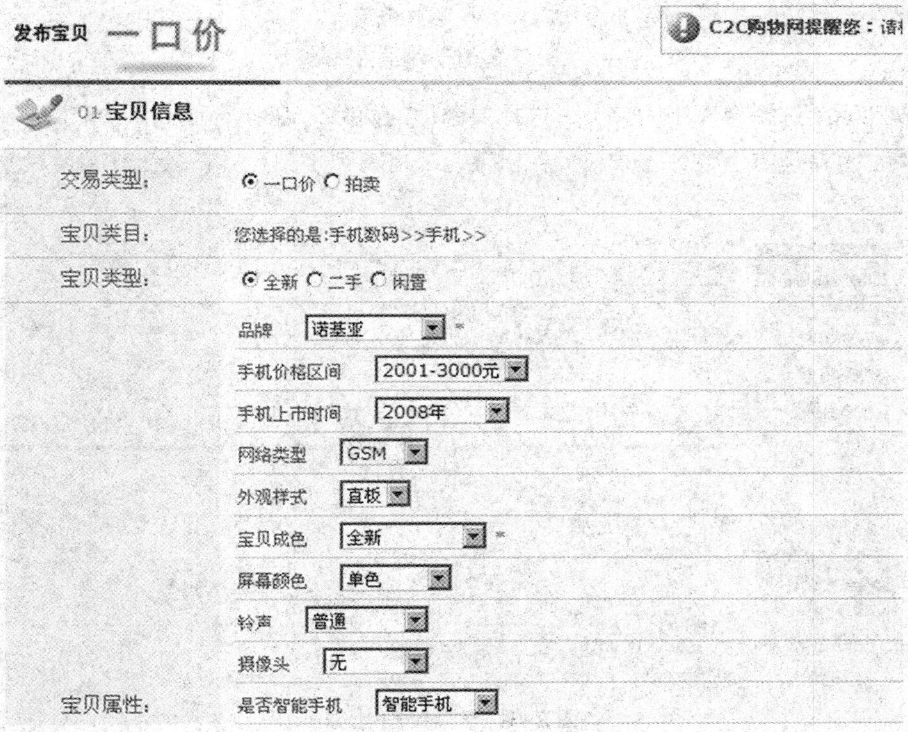

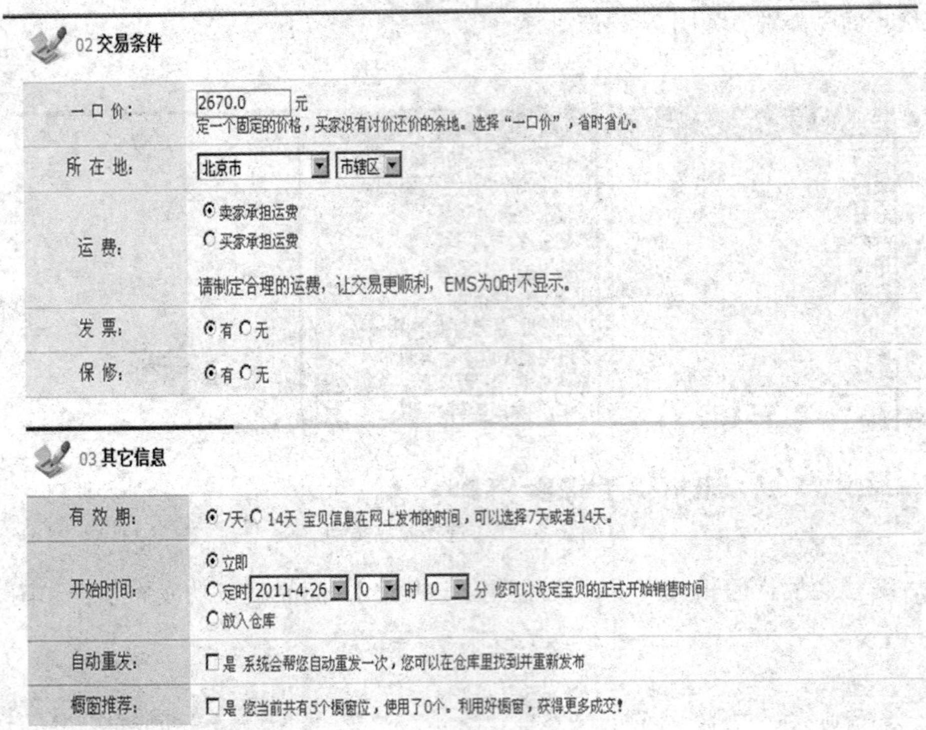

图 2–3–16 编写内容

上架商品：选择仓库中的宝贝，选择要添加的商品，点击【上架】，如图 2–3–17 所示。

注意：商品没有上架，需要把商品上架，只有商品上架后，网站上才能看到商品。

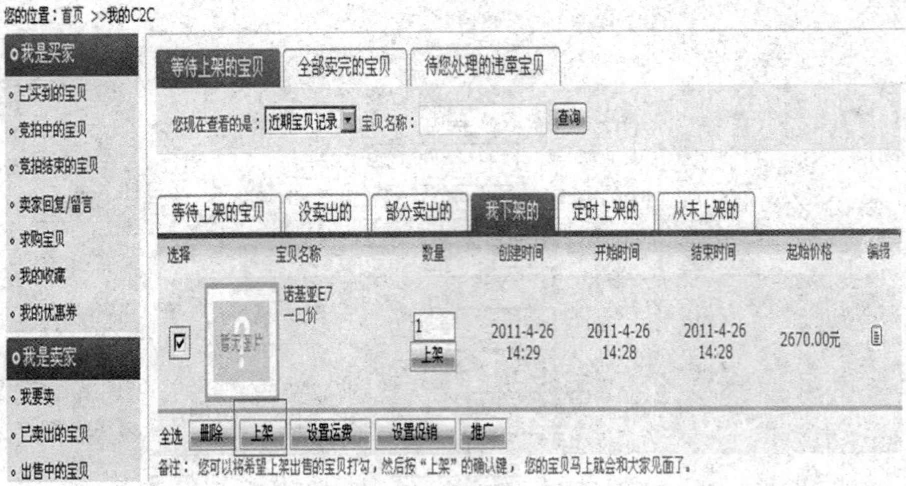

图 2–3–17 点击【上架】

设置网店：选择适合的风格，进行店铺介绍，分类产品。

点击“免费开店”，输入店铺名称和店铺介绍，点击【确定】，如图 2–3–18 所示。

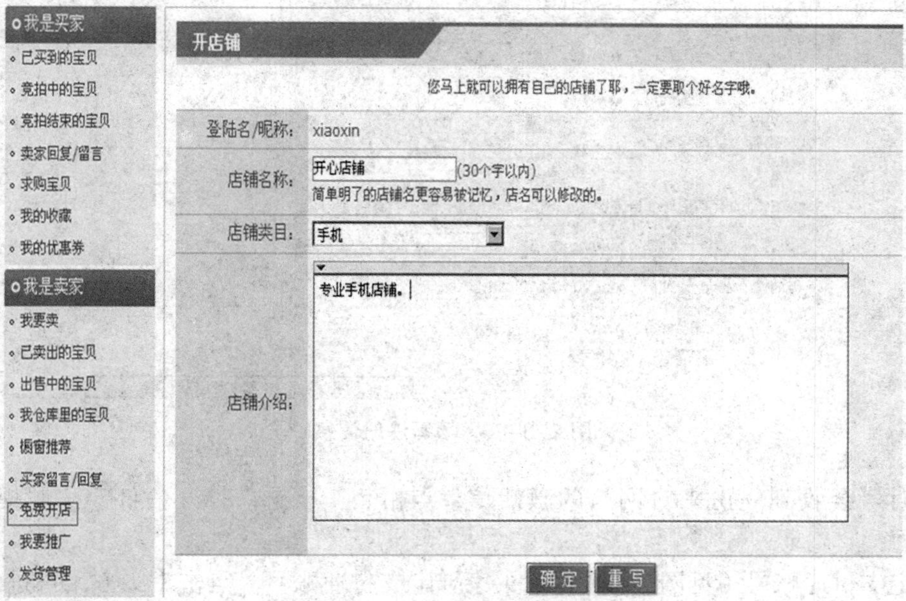

图 2-3-18　点击【免费开店】

点击“管理我的店铺”（见图 2-3-19），对店铺进行管理，选择风格，对宝贝进行分类，等等。

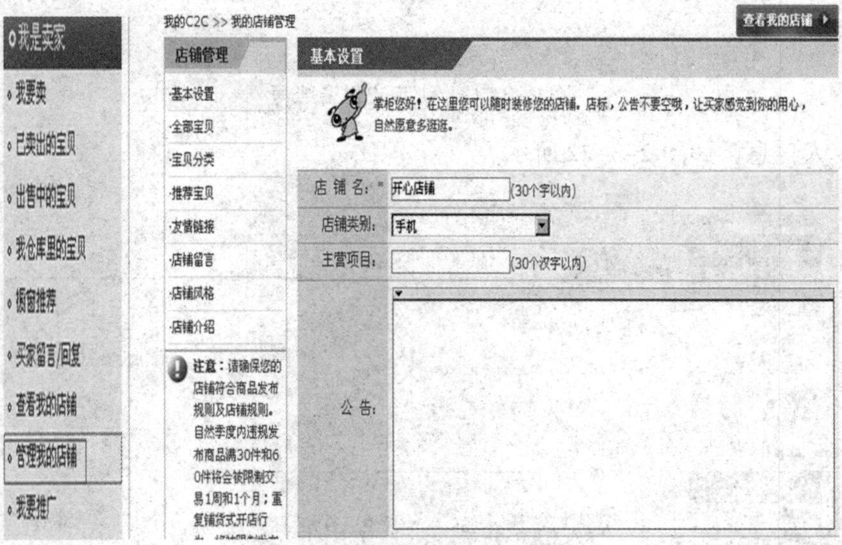

图 2-3-19　“管理我的店铺”

2. 买家卖家进行初步交易

买家小云在 C2C 平台上注册了账户，购买商品。进入 C2C 平台，在网站的右上角点击“免费注册”，填写注册信息，如图 2-3-20 所示。点击【同意以下条款，提交注册信息】。

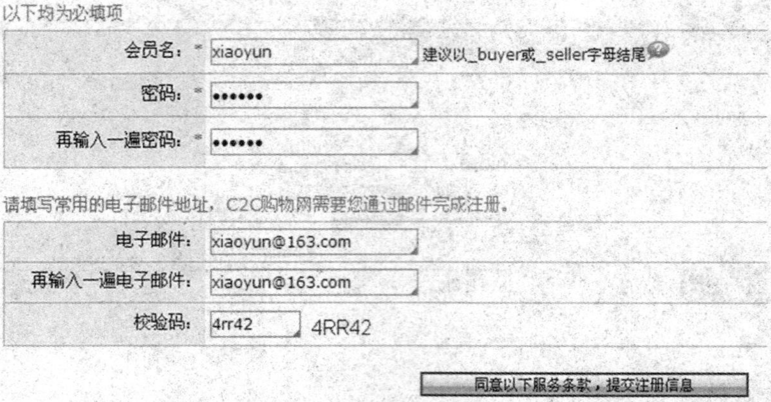

图 2-3-20 填写注册信息

这时，会收到一份来自网站的激活信，点击 <1>，打开信件，按照提示激活账户。

绑定支付通账号（见图 2-3-21）：买家绑定支付通账号。点击【买方用户进入】，在基本设置中，选择个人信息，点击【绑定】，输入支付通账号以及登录密码。

图 2-3-21 绑定支付通账号

编辑个人信息，如图 2-3-22 所示。

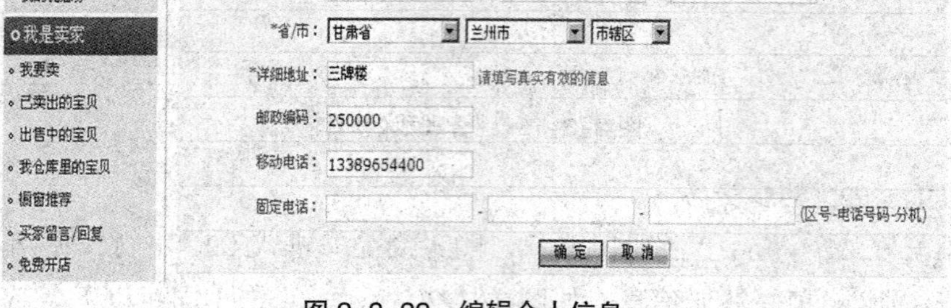

图 2-3-22 编辑个人信息

选择“基本设置”下的“收货地址”。填写收货地址，这样在以后填写购买信息的时候，可以省去再填写地址这一步，如图 2-3-23 所示。

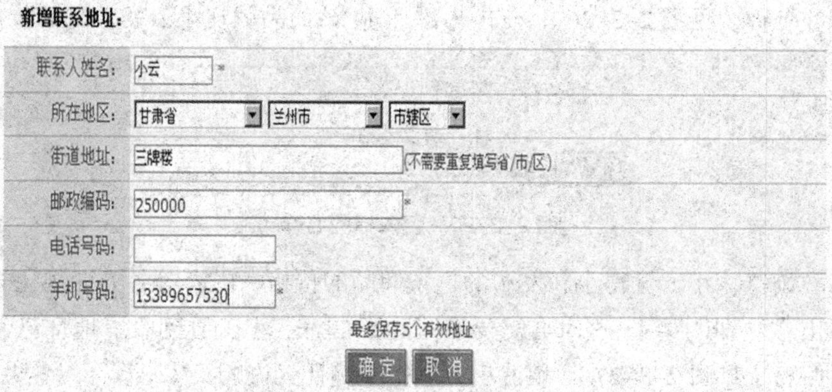

图 2–3–23　填写收货地址

买家宝贝搜索、浏览、出价和付款。小云进入其账户，在 C2C 平台首页搜索关键字“诺基亚”，然后点击“搜索”。

搜索完毕，浏览相关产品。这里面就有小新先前发布的信息，点击查看，如图 2–3–24 所示。

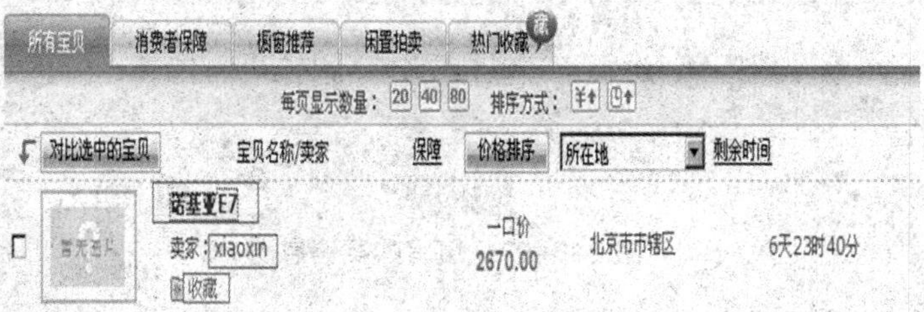

图 2–3–24　查看相关产品

（点击“xiaoxin”就能看到卖家的信用度，点击“诺基亚 E7”就能看到产品具体信息，点击“收藏”就可以放到“收藏夹”中）

小新发布的这条信息还不错，但是小云还想再看看别处的信息。所以先收藏该产品,，如图 2–3–25 所示。点击“收藏这件宝贝”。

图 2–3–25　收藏该产品

填入标签名称（见图 2–3–26），点击【添加】，该商品就在小云的“我的收藏”中了。

图 2–3–26　填入标签名称

经过一番浏览，小云觉得小新发布的这条商品的价格、内容等各方面都比较合适，决定购买。点击【立即购买】。这时会需要填写购买信息。小云看到收货地址已经填好，只须填写购买信息（见图 2–3–27）。填好后，点击【确认无误购买】。

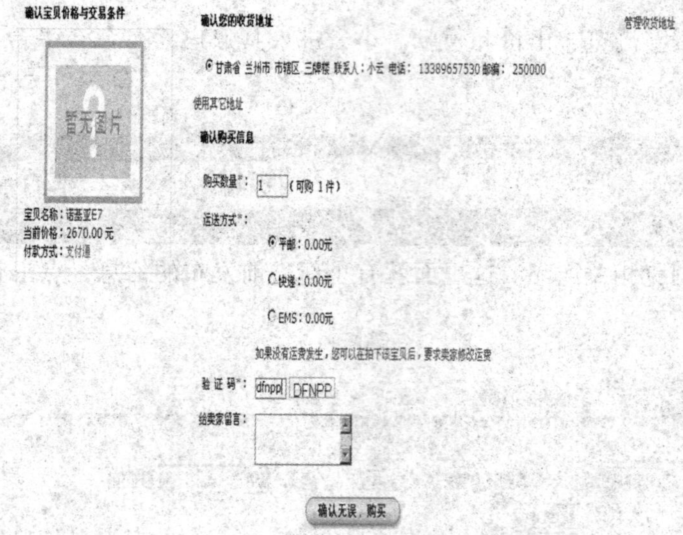

图 2–3–27　填写购买信息

在弹出的另一个窗口中输入支付通信息，登录支付通，选择“网上银行付款”，在弹出的“网上银行付款”页面（见图 2–3–28），点击【下一步】。

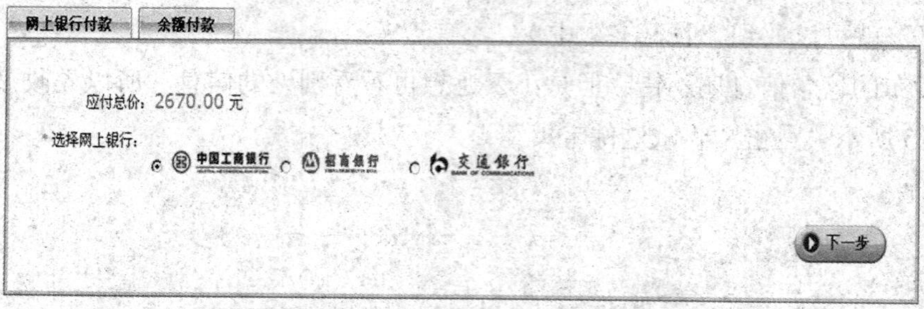

图 2–3–28　选择“网上银行付款”

点击【去网上银行付款】，如图 2–3–29 所示。

图 2-3-29　点击【去网上银行付款】

在另跳出的对话框中，输入银行账号信息，如图 2-3-30 所示。

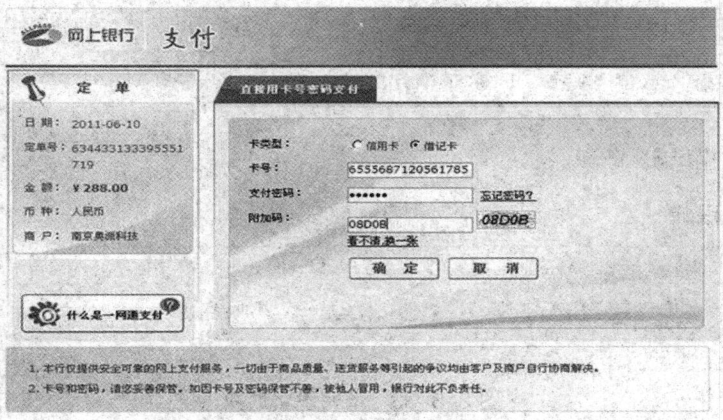

图 2-3-30　输入账号信息

点击确定，付款成功。

卖家处理订单：进入小新的账户，可以在“已卖出的宝贝”中看到小云付款的订单，如图 2-3-31 所示。

图 2-3-31　卖家处理订单

买家已经付款，所以小新要立即给买家发货，点击订单中的【发货】。因为卖家之前没有设置发货地址，系统会提示设置，如图 2-3-32 所示。

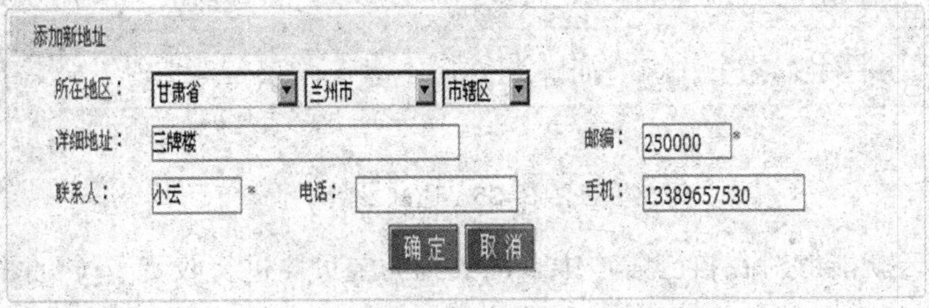

图 2-3-32　提醒设置发货地址

回到发货页面，填写发货通知，如图 2–3–33 所示。

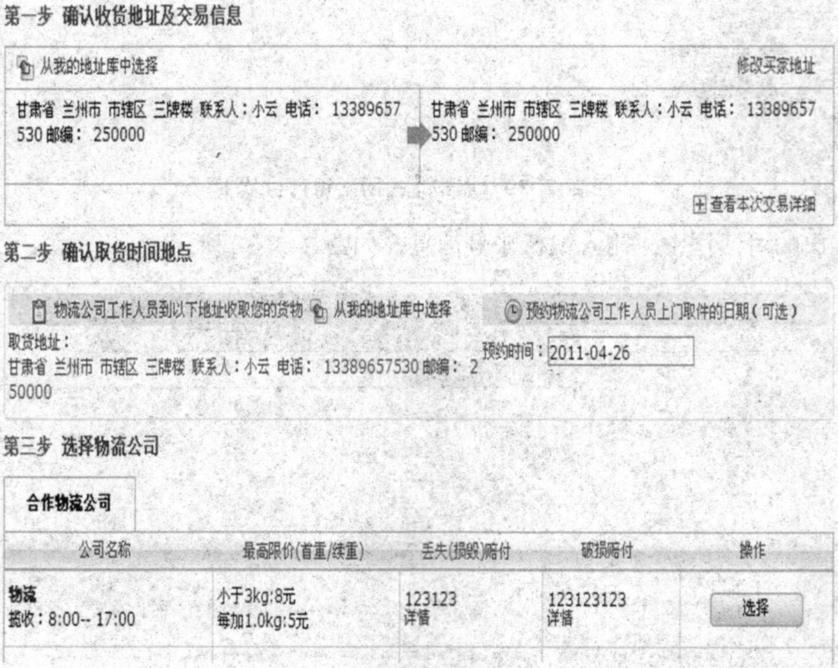

图 2–3–33　填写发货通知

选择好物流公司，就会在发货页面看见“发货中”的字样，如图 2–3–34 所示。

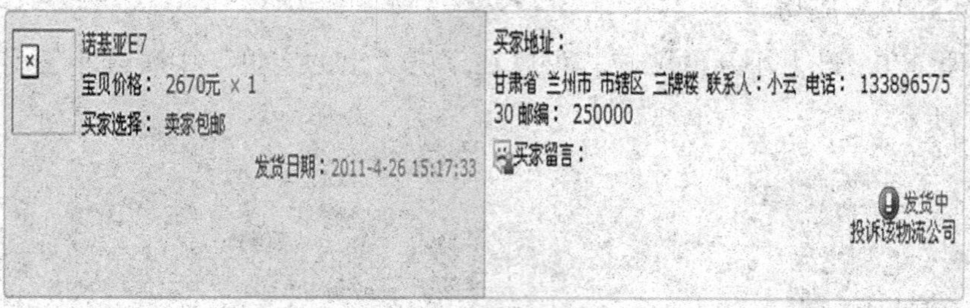

图 2–3–34　“发货中”

服务商可以通知物流公司发货，服务商进入“物流订单管理”，点击操作下方的“通知”，如图 2–3–35 所示。

运输单号	发货人	下单时间	交易编号	预约时间	通知状态	操作
22094723-dced-4a42-a	xiaoxin	2011-4-26 15:17:33	定单详情	2011-4-26 15:17:33	未通知	通知

第一页 上一页 1 下一页 最后一页

图 2–3–35　通知发货

这时，小云就能够对在自己账户中“已买到的宝贝”进行收货了（见图 2–3–36），点击【确认】按钮。

图 2–3–36　点击【确认】

输入支付通账户的支付密码,【确认收货】, 如图 2–3–37 所示。

图 2–3–37　输入密码

当付款确认成功，该笔交易就完成了，并会在收件夹中收到提示消息。买卖双方在交易完成之后，需要对彼此进行评价。选定商品，点击【评价】, 如图 2–3–38 所示。

图 2–3–38　点击【评价】

发表评论（见图 2–3–39），并按照实际情况选择好评、中评或者差评。

图 2–3–39　发表评论

拓展练习：

学生在淘宝上用卖家账号发布 10 件商品后，设置网店信息，并用买家账号与卖家完成一笔交易。

任务 3.3　C2C 平台中消费者保障服务、购物直通车服务及投诉处理

实训目的：

掌握卖家开通消费者保障服务；买家对卖家进行投诉；申请 C2C 购物直通车，进行产品推广。

实训课时安排：

3 课时。

实训准备：

奥派电子商务软件——电子商务应用模型——C2C 实践。

实训内容、步骤与指导：

1. 卖家开通消费者保障服务以及 C2C 购物直通车

卖家点击菜单中的“消费者保障服务”，达到内容中提到的要求方能申请，如图 2–3–40 所示。

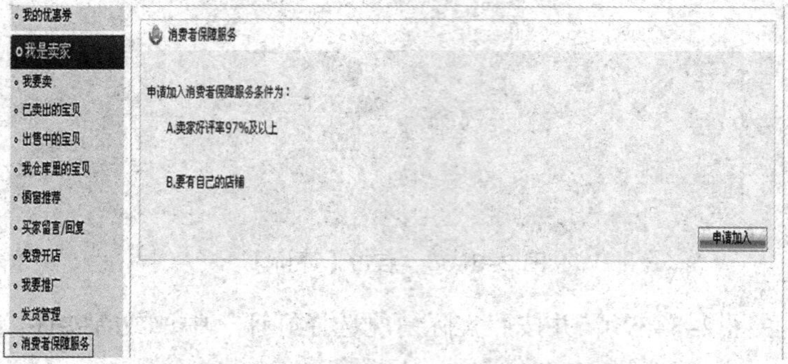

图 2–3–40 “消费者保障服务”内容

申请加入之后，需要选择加入的项目。这里我们全选，如图 2–3–41 所示。点击【下一步】。

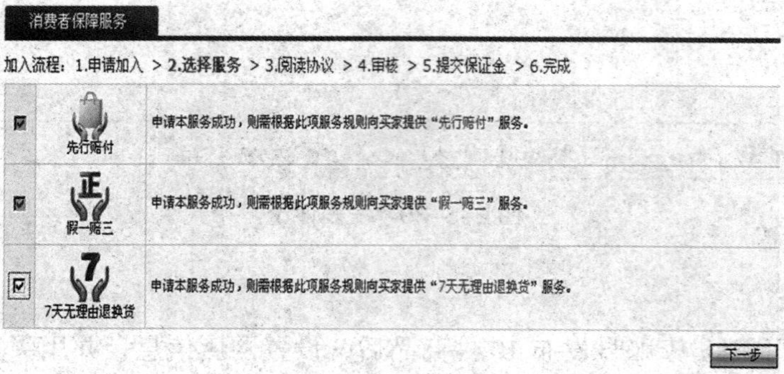

图 2–3–41　全选项目

阅读协议，同意并申请加入，然后点击【提交保证金】，如图 2–3–42 所示。

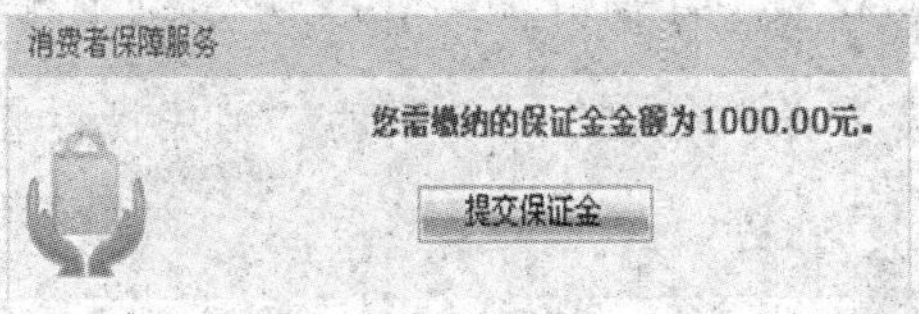

图 2–3–42　点击【提交保证金】

输入支付通账户的密码，点击【支付保证金】，如图 2–3–43 所示。

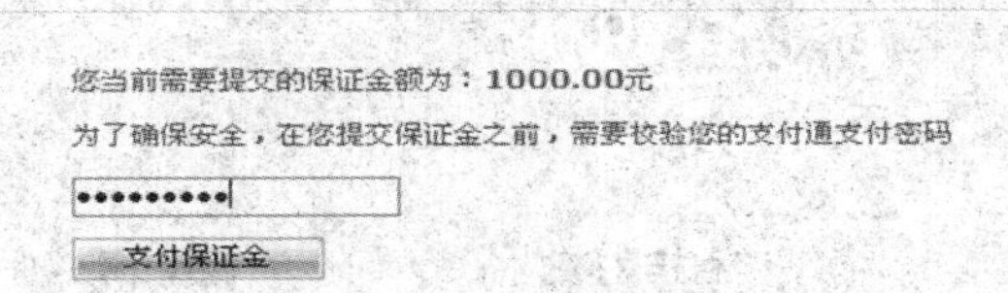

图 2–3–43　点击【支付保证金】

支付完保证金之后，服务商需要进行审核。

进入服务商平台，选择“消费者保护管理”下的“消保会员查看”，如图 2–3–44 所示，点击【审核通过】。

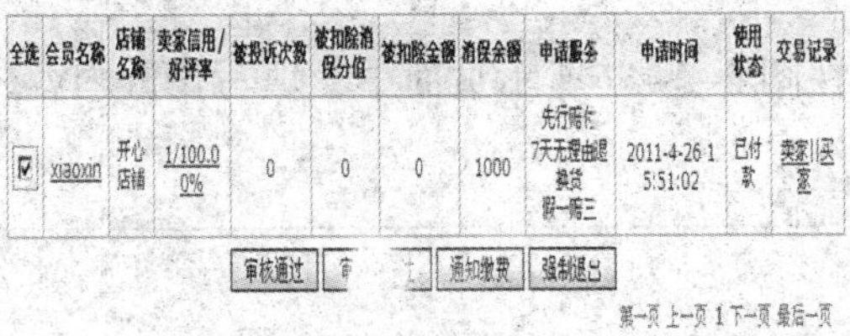

图 2–3–44　点击【审核通过】

2. 买家投诉卖家

（1）买家投诉。小云购买诺基亚 E7 手机后，发现手机存在问题，与网上描述不符，因此投诉卖家小新。

买家小云进入“我的 C2C”，对购买的产品进行投诉，选择“我是买家”，填写产品内容，如图 2–3–45 所示。

注意：卖家需要开通“消费者保障服务”。

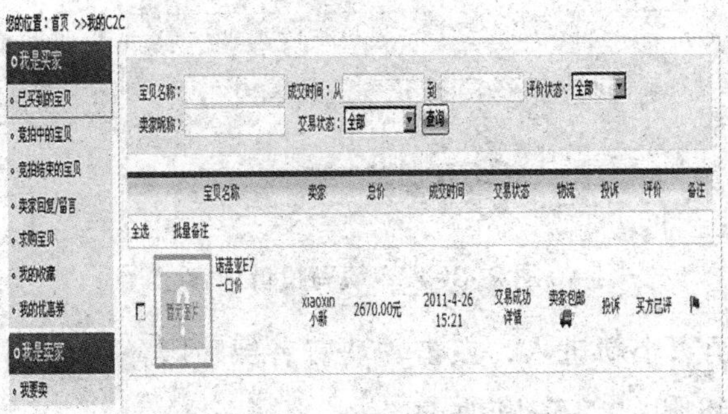

图 2–3–45　填写产品内容

选择“商品与网上描述不符”选项，如图 2–3–46 所示。

注意：如果选择“消费者保障服务相关投诉”，买家投诉过程以及卖家申诉过程类似。服务商处理投诉是在“消费者保护管理”功能下的“消保投诉管理”中进行的。

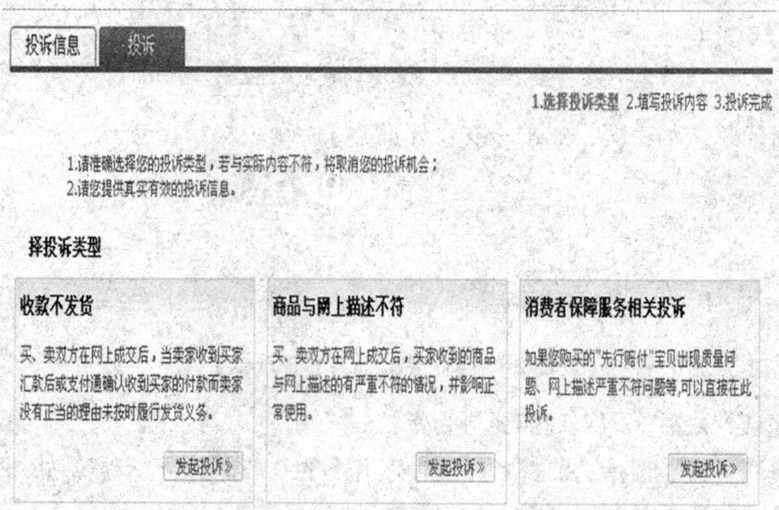

图 2–3–46 选择“商品与网上描述不符”

点击【发起投诉】，在图 2–3–47 所示页面中，填写投诉内容，点击【提交】。

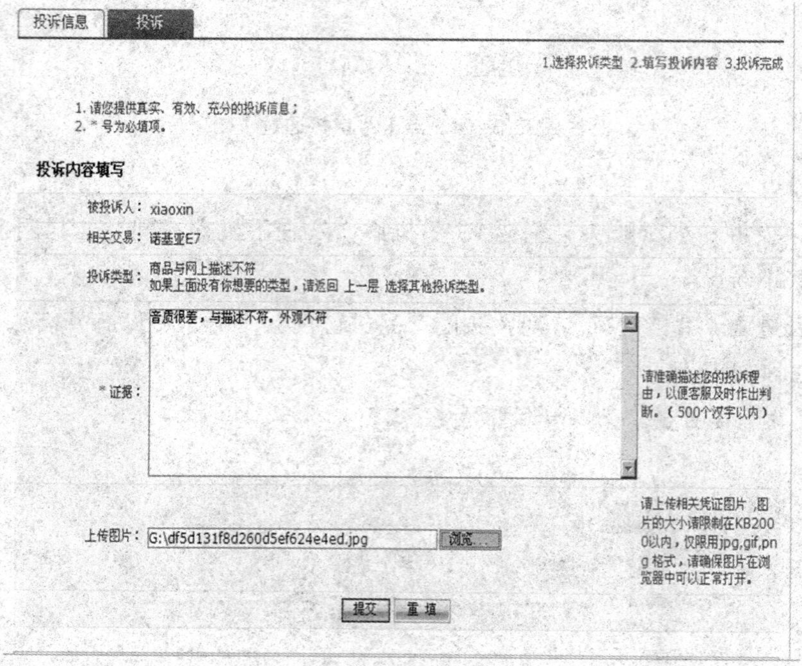

图 2–3–47 填写投诉内容

（2）卖家申诉。卖家小新进入，点击“消费者保障服务”，点击“投诉”查看，然后进行申诉，如图 2–3–48 和图 2–3–49 所示。

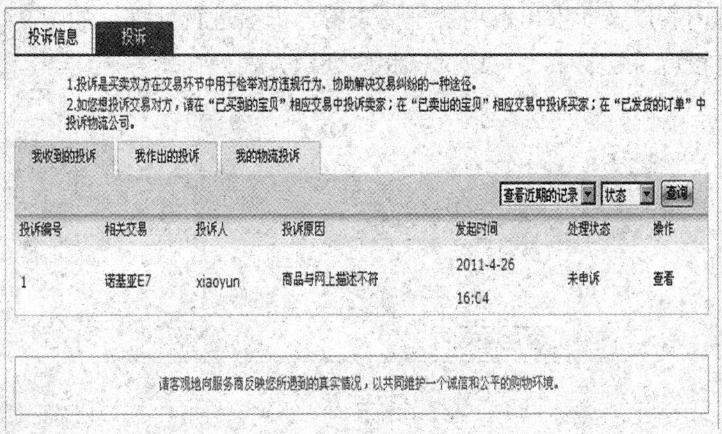

图 2-3-48　点击“投诉”查看

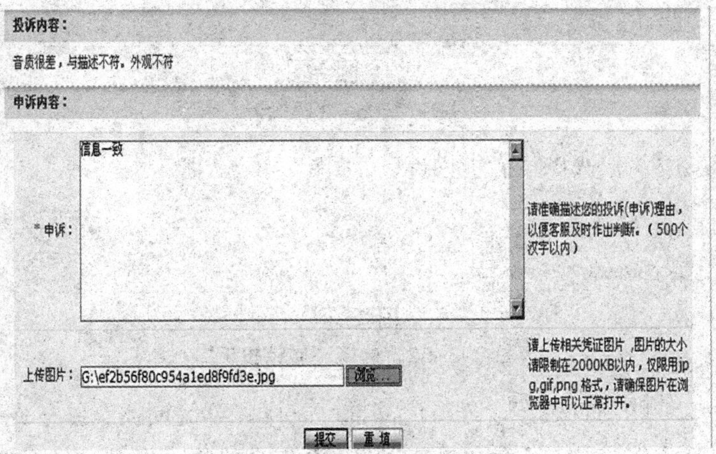

图 2-3-49　进行申诉

（3）服务商进入，对投诉进行处理。点击交易管理中的“交易投诉管理”，点击【查看】，如图 2-3-50 所示。

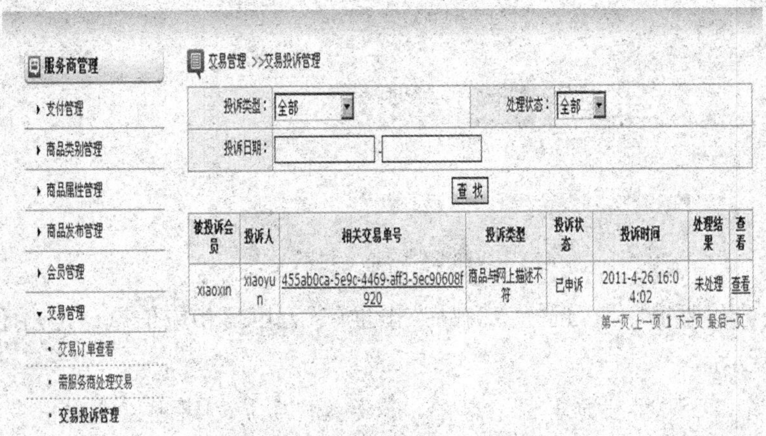

图 2-3-50　查看“交易投诉管理”页面

对买家投诉内容以及卖家申诉内容进行查看，最后进行处理，如图 2-3-51 所示。

①如果买家投诉真实有效，可以选择相应处罚方式处罚卖方。

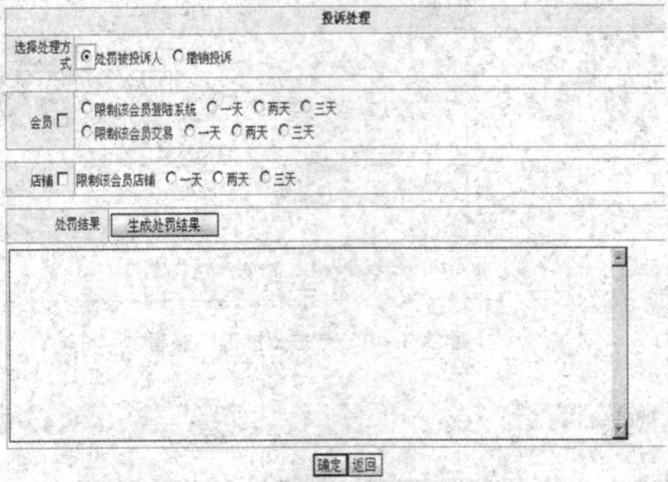

图 2-3-51　处理投诉

②如果投诉不成立，选择“撤销投诉”，如图 2-3-52 所示。

图 2-3-52　选择“撤销投诉”

3. 卖家申请 C2C 购物直通车，进行产品推广，设置竞价词

卖家小新进入平台，点击“我要推广”，申请 C2C 购物直通车，进行付款，如图 2-3-53 所示。

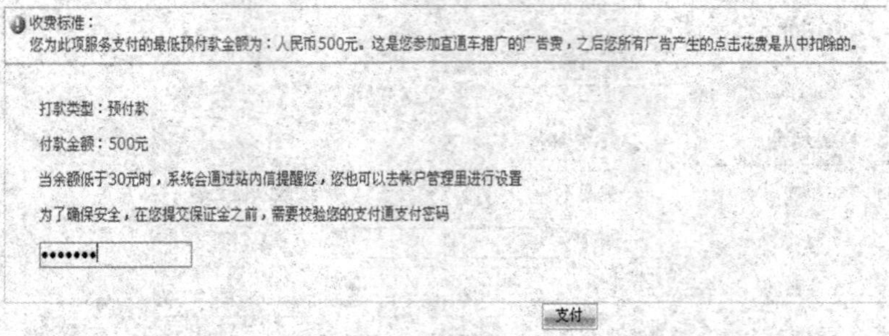

图 2-3-53　付款

再次点击“我要推广”，选择“商品点击推广”，填写相应信息，点击【保存】即可，如图 2-3-54 所示。

注意：申请 C2C 购物直通车后，点击“我要推广”后如果里面没有出现商品，需要清理缓存或重启电脑，然后再进入软件。

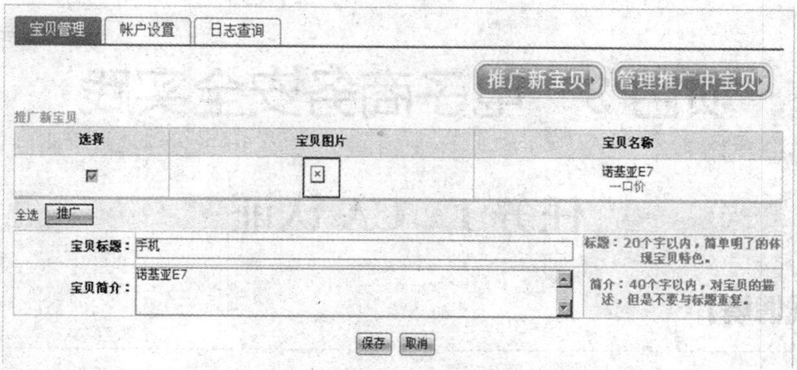

图 2-3-54 填写相应信息

推广产品后就可以设置竞价词（见图 2-3-55），并进行竞价，以更好地推广产品。（竞价越高，搜索商品后商品所排的位置越靠前。）

注意：如果在搜索竞价词后没有看到产品，就需要清理缓存或重启电脑，然后再进入软件。

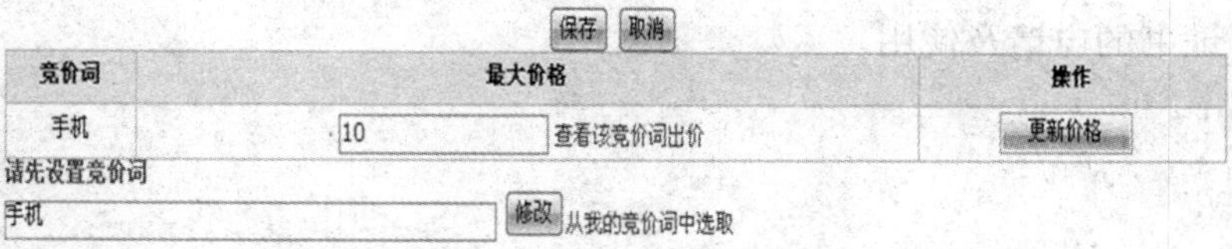

图 2-3-55 设置竞价词

推广成功后，在 C2C 网站右上角的“新品速递”中就能看到产品。

拓展练习：

学生在淘宝网用卖家账号开通“消费者保障服务”，申请 C2C 购物直通车；再用买家的账号对卖家进行投诉。

项目 3　电子商务安全实践

任务 1　CA 认证

【实践情境】

南京奥派科技企业想申请CA证书，在CA认证平台中，申请了3个CA证书。服务商（CA证书颁发机构）颁发了其中的2个，吊销了其中的1个。

任务 1.1　CA 证书申请流程

实训目的：

完成CA证书的申请及使用。

实训课时安排：

1课时。

实训准备：

奥派电子商务软件——电子商务安全实践——CA认证。

实训内容、步骤与指导：

（1）进入“证书申请”页面。南京奥派科技企业提出CA证书的申请，并查看其挂起的申请。

（2）进入CA认证平台。点击“电子商务安全实践”中的“CA认证”，点击CA认证平台后面的【进入】，进入CA认证平台。

（3）申请证书。进入系统，点击页面上面【申请一个证书】，进入“证书申请”页面，如图3–1–1所示。

在“证书申请”页面中填写证书识别信息，点击【提交】按钮即可。

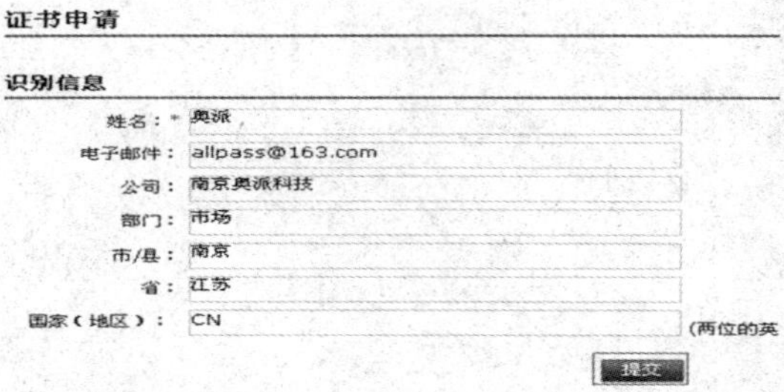

图 3–1–1　“证书申请”

在这里，同样的步骤，我们操作 4 次，申请 4 个证书（下面删除一个挂起的申请）。

提交后，可查看到您申请的证书。点击证书标题，查看证书申请的状态详情。如图 3–1–2 所示，系统提示“您的证书申请仍然挂起。您必须等待管理员颁发您申请的证书”，点击【删除】按钮，删除挂起的申请。

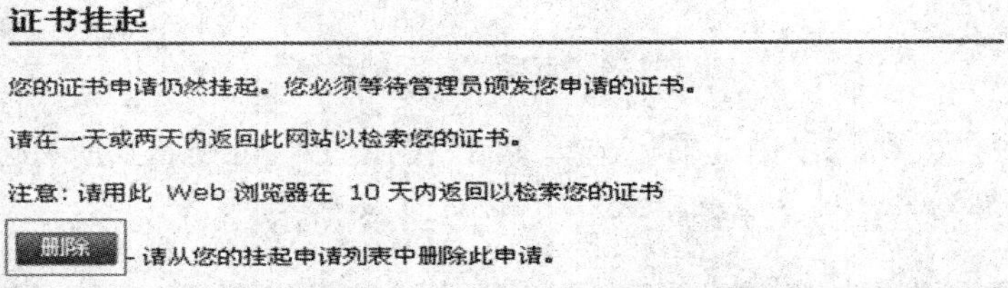

图 3–1–2　删除挂起的申请

拓展练习：

学生在天威诚信上申请一个数字证书。

任务 1.2　CA 颁发机构功能

实训目的：

完成在证书颁发机构中颁发、吊销、解除吊销证书的操作。

实训课时安排：

1 课时。

实训准备：

奥派电子商务软件——电子商务安全实践——CA 认证。

实训内容、步骤与指导：

进入 CA 证书颁发机构平台。先在挂起的申请中颁发 2 个证书，拒绝 1 个证书；再在颁发的 2 个证书中吊销 1 个证书。从客户端查看证书状态，下载证书。

（1）进入 CA 证书颁发机构平台。点击服务商平台后面的【进入】，进入 CA 证书颁发机构平台，如图 3–1–3 所示。

图 3–1–3　进入 CA 证书颁发机构平台

（2）CA 证书颁发机构颁发证书。选择“挂起的申请”，见图 3–1–4。可查看到客户端申请的所有证书记录。将鼠标放在记录上右击，选择“颁发”即可。此时在“颁发的证书”中就可看到该记录了。若右击后选择“拒绝”则在“失败的申请”中可看到该记录。

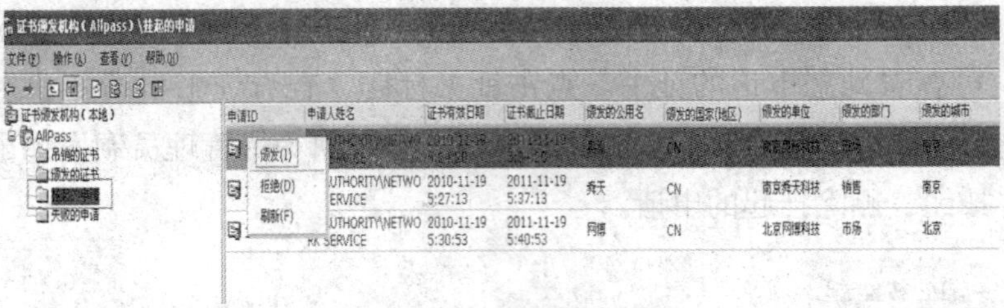

图 3–1–4　选择“挂起的申请”

（3）CA 证书颁发机构吊销证书。选择“颁发的证书”可查看到所有已经颁发的证书。鼠标放在记录上，右击选择“吊销证书”，如图 3–1–5 所示。

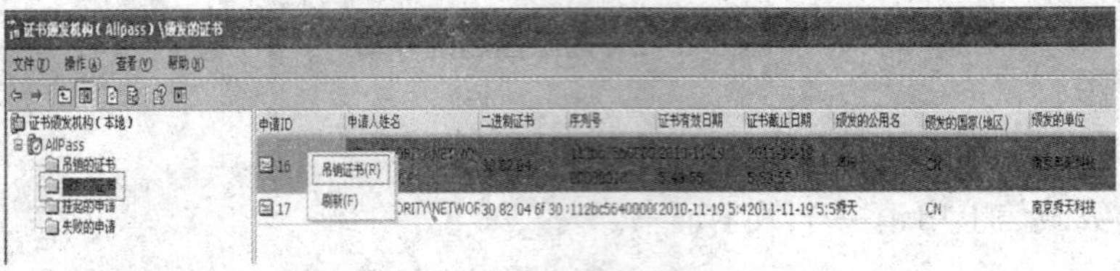

图 3–1–5　右击选择“吊销证书”

系统弹出“吊销原因”对话框（见图 3–1–6），选择吊销的原因，点击【是】。这样证书就被吊销了。

注意：只有在吊销证书时选择原因为“证书待定”，接下来才能解除吊销。

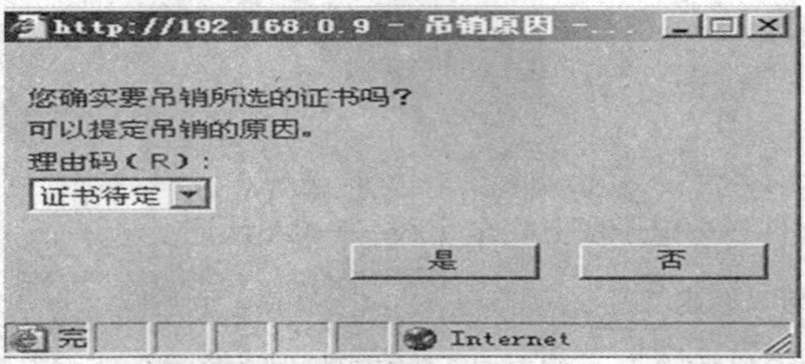

图 3–1–6　选择“吊销原因”

（4）在用户端查看证书状态，并下载已颁发的证书。进入 CA 认证平台，选择“查看挂起证书申请的状态”（见图 3–1–7），点击【进入】，进入查看挂起的证书申请的状态。

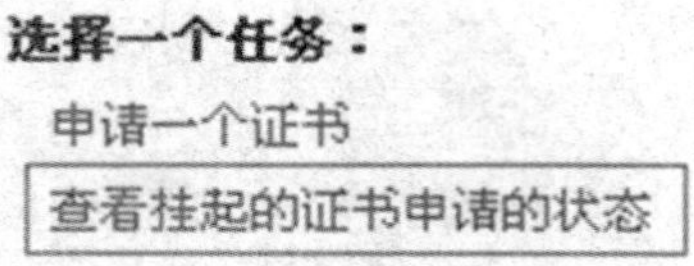

图 3–1–7　选择“查看挂起的证书申请的状态”

点击证书标题（见图 3–1–8），查看证书申请的状态详情。

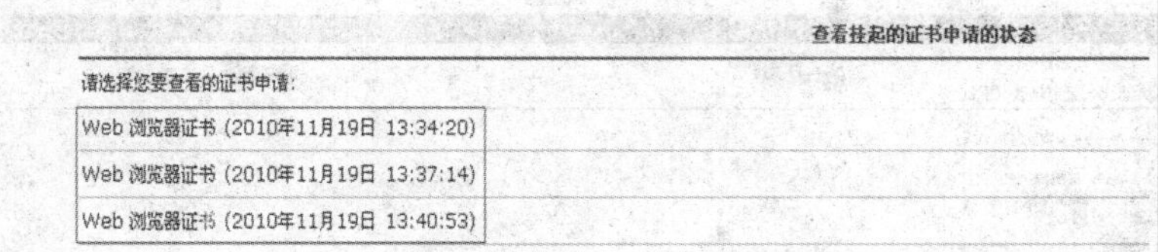

图 3–1–8　点击证书标题

对于已颁发的证书，点击【下载证书】，如图 3–1–9 所示。

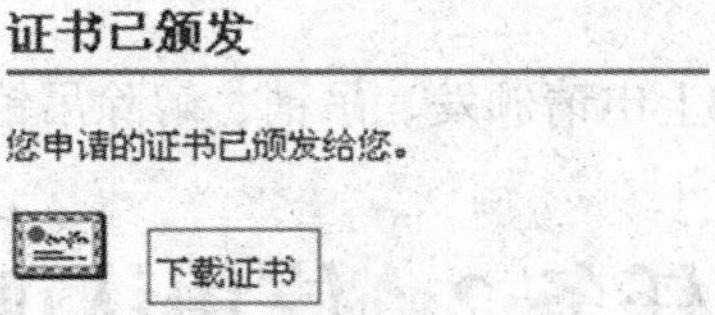

图 3–1–9　点击【下载证书】

在弹出的页面中，设置证书密码（见图 3–1–10），点击【下载】按钮即可。

图 3–1–10　设置证书密码

（5）CA 证书颁发机构解除吊销证书。进入 CA 证书颁发机构平台，选择“吊销的证书”。将鼠标放在记录上右击，选择“解除吊销证书”，如图 3–1–11 所示。证书解除吊销后，选择“颁发的证书”将看到该条记录。（只有在吊销证书时选择原因为“证书待定”的才能解除吊销。）

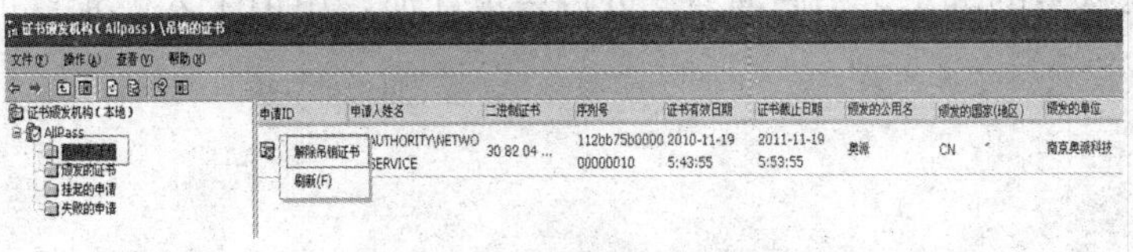

图 3–1–11　选择“解除吊销证书”

（6）CA 证书颁发机构颁发“失败的申请”。进入 CA 证书颁发机构平台，选择“失败的申请”，如图 3–1–12 所示，鼠标放在记录上，右击选择“颁发”。证书颁发后，选择“颁发的证书”，将看到该条记录。

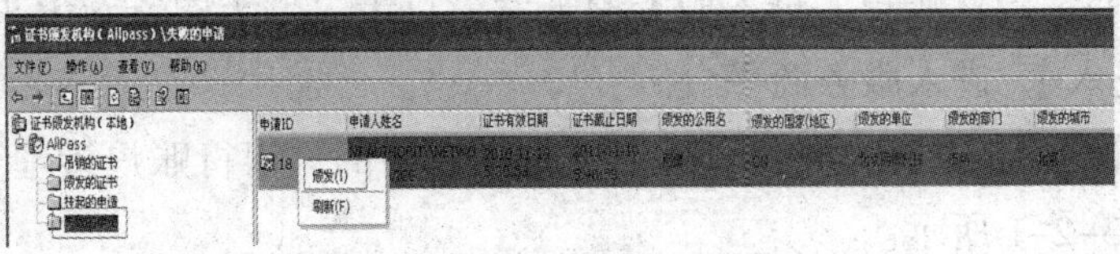

图 3–1–12　选择“失败的申请”

（7）用户端下载 CA 证书、证书链或 CRL。进入 CA 认证平台，点击右上角的“证书下载”，单击页面中显示的所要下载的证书，如图 3–1–13 所示。

图 3–1–13　单击所要下载的证书

拓展练习：

学生在“天威诚信”网站上申请颁发、吊销、解除吊销证书。

任务 2　信用认证

【实践情境】

南京奥派科技企业是信用认证平台的服务商，会员（李明）想在该平台中申请个人信用和企业信用，服务商进行信用认证。审核之后，李明要对南京舜天科技企业就招商信息夸大的问题，提出投诉。服务商处理相关投诉。

任务 2.1　企业申请信用认证流程

实训目的：

完成服务商账号的绑定，后台管理；进行会员注册，申请个人、企业信用档案。

实训课时安排：

3 课时。

实训准备：

奥派电子商务软件——电子商务安全实践——信用认证。

实训内容、步骤与指导：

1. 服务商绑定银行账号，进行后台管理

（1）服务商绑定银行账户。进入服务商平台，点击“电子商务安全实践”中的“信用认证”。点击【进入】，进入服务商平台。

点击“支付管理”，选择“支付管理”下拉列表中的“银行账户管理”，点击【新增账户】按钮，如图 3–2–1 所示。

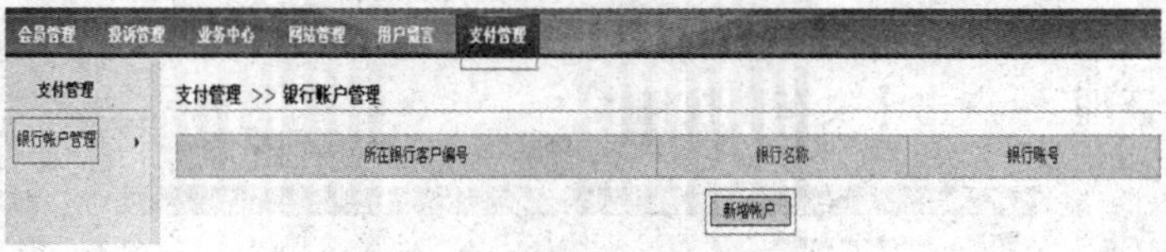

图 3-2-1　点击【新增账户】

进入“银行账户管理”页面（见图 3-2-2），输入正确的银行账号、企业名称，点击【提交】按钮，则服务商银行账户绑定成功。

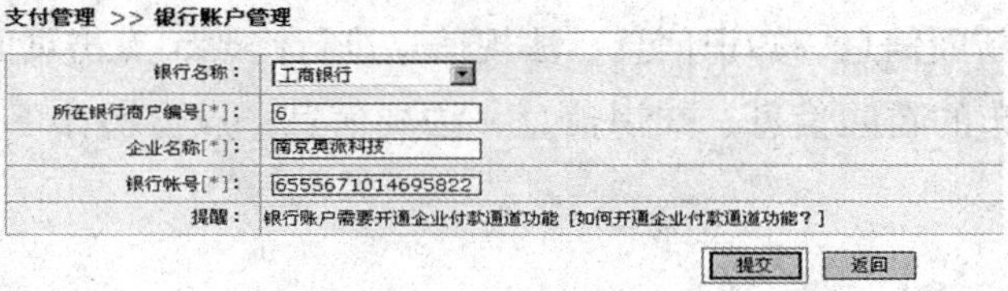

图 3-2-2　进入“银行账户管理”页面

如需要修改银行账户的信息，点击操作下方的【编辑】即可，如图 3-2-3 所示。

图 3-2-3　修改银行账户信息

（2）服务商进行网站管理。

①服务商发布新闻信息（见图 3-2-4），进入服务商平台，点击“网站管理”下拉列表中的“新闻管理”，点击【发布】按钮。

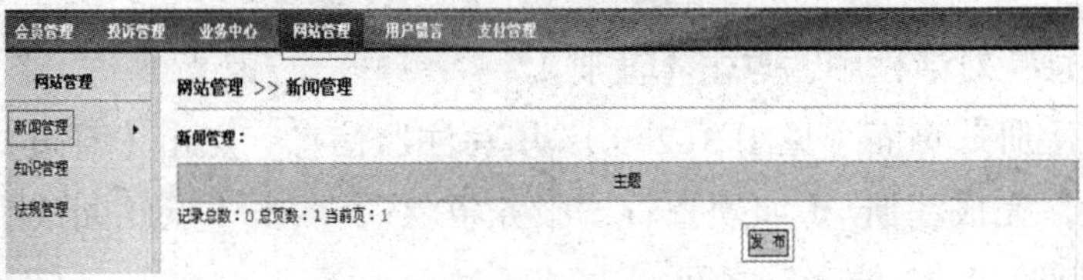

图 3-2-4　服务商发布新闻信息

在弹出的发布新闻信息页面中，输入新闻的主题和内容，点击【发布】按钮即可。

②服务商发布知识信息，如图 3-2-5 所示。进入服务商平台，选择“网站管理”下拉列表中的“知识管理”，点击【发布】按钮。

图 3-2-5　服务商发布知识信息

在弹出的发布知识信息页面中，输入知识的主题和内容，点击【发布】按钮即可。

③服务商发布法规信息，如图 3–2–6 所示。进入服务商平台，选择“网站管理”下拉列表中的“法规管理”，点击【发布】按钮。

图 3–2–6　服务商发布法规信息

在弹出的发布法规信息页面中，输入法规的主题和内容，点击【发布】按钮即可。

如须对发布的新闻信息、知识信息、法规信息进行修改，点击页面下方的【编辑】按钮；如需删除已发布的新闻信息、知识信息、法规信息，点击操作下方的【删除】按钮，如图 3–2–7 所示。

图 3–2–7　修改信息

2. 进行会员注册，申请个人、企业信用档案

（1）会员注册。

①注册为信用认证用户并修改个人信息。点击“信用认证平台”选项后的【进入】，进入信用认证平台，如图 3–2–8 所示。

图 3–2–8　“信用认证平台”

在“用户登录”对话框中，点击【注册】。

进入“用户注册”页面（见图 3–2–9），填写注册信息，点击【看过并同意服务条款，确认提交】按钮，完成注册。（如须查看“服务条款”，点击【点此阅读服务条款】。注意填写的用户名应该在 4~13 位字符之间。）

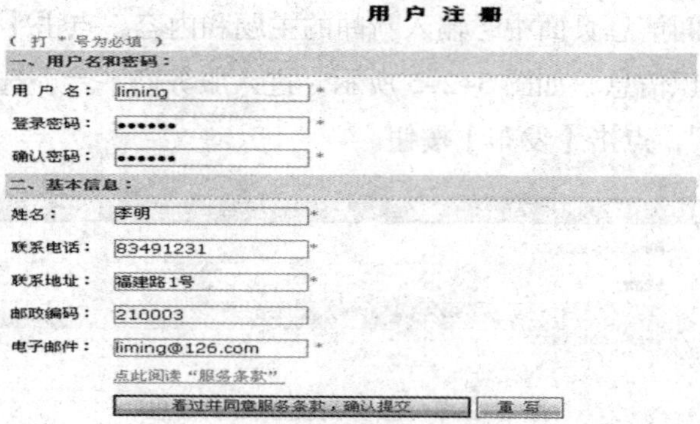

图 3–2–9　“用户注册”页面

②信用认证用户个人信息修改。注册完成之后，系统自动导航到“liming（李明）”的页面。点击个人资料旁的【查看】（见图3–2–10），文字链接，查看并修改个人资料。

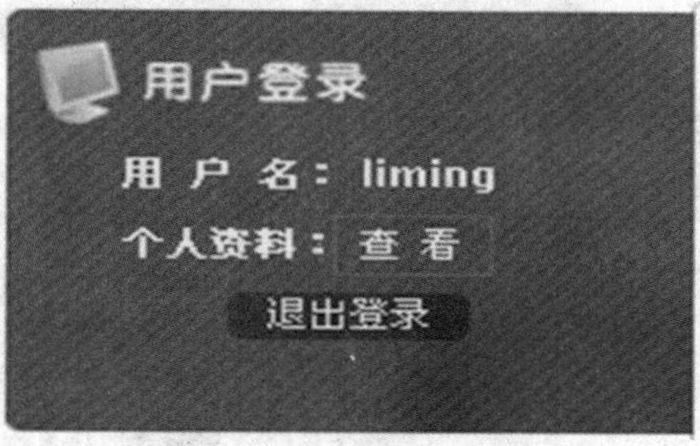

图3–2–10 点击【查看】

在弹出的个人信息修改页面中，修改个人信息（见图3–2–11），点击【确认提交】按钮。如须修改密码，点击“密码修改”后的【修改】按钮，在弹出的页面中输入原始密码和新密码，点击【确认提交】按钮即可。

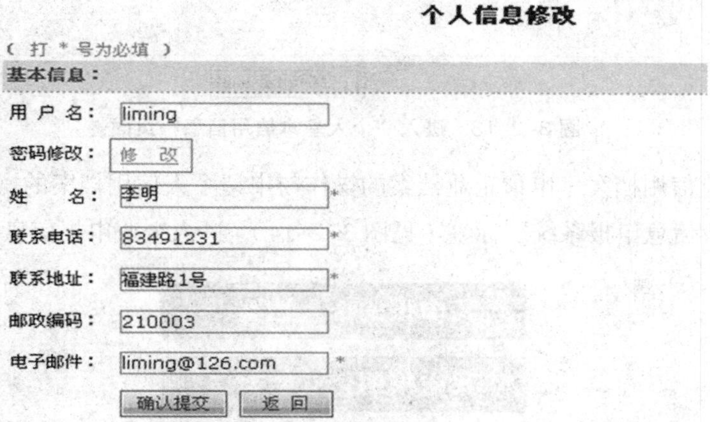

图3–2–11 修改个人信息

（2）认证用户申请个人、企业信用档案。进入信用认证用户平台，点击首页上方的“认证中心”（见图3–2–12），进入认证中心页面。

图3–2–12 点击【认正中心】

点击页面上方的【认证流程】，了解信用认证的实施流程。

①申请个人信用档案。点击页面左边“个人信息申报系统”标签，进入“个人信息”页面，如图3–2–13所示。

按照要求填写相关内容，点击【保存信用档案】按钮，系统会提示“恭喜，申报成功，请耐心等待审核！”

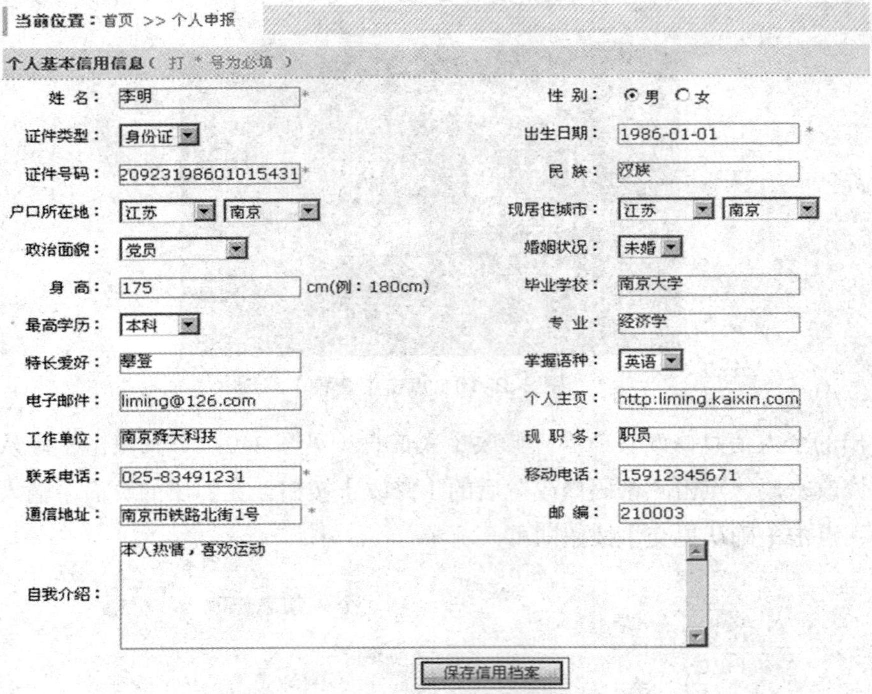

图 3–2–13 进入“个人基本信用信息”页面

②申请企业信用档案。申请企业档案的操作与申请个人信用档案的操作类似。点击页面左边的“企业信息申报系统”标签（见图 3–2–14），进入企业申报信息填写页面。

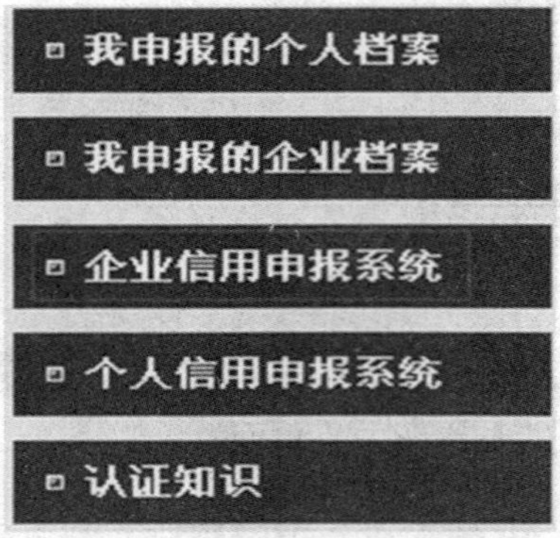

图 3–2–14 点击“企业信用申报”系统

进入企业信用申请页面（见图 3–2–15），选择认证类型。系统中提供的类型包括“E-315:9000 国际信用管理体系认证、AAA 级信用企业、AA 级信用企业、A 级信用企业、诚信经营示范单位及重合同守信用企业”。点击【认证标准及收费】文字链接，查看认证要求。正确填写联系人信息及企业信息，确认无误之后，点击【看过并同意服务条款，确认提交】按钮，系统导航到“认证合同”页面，如图 3–2–15 所示。

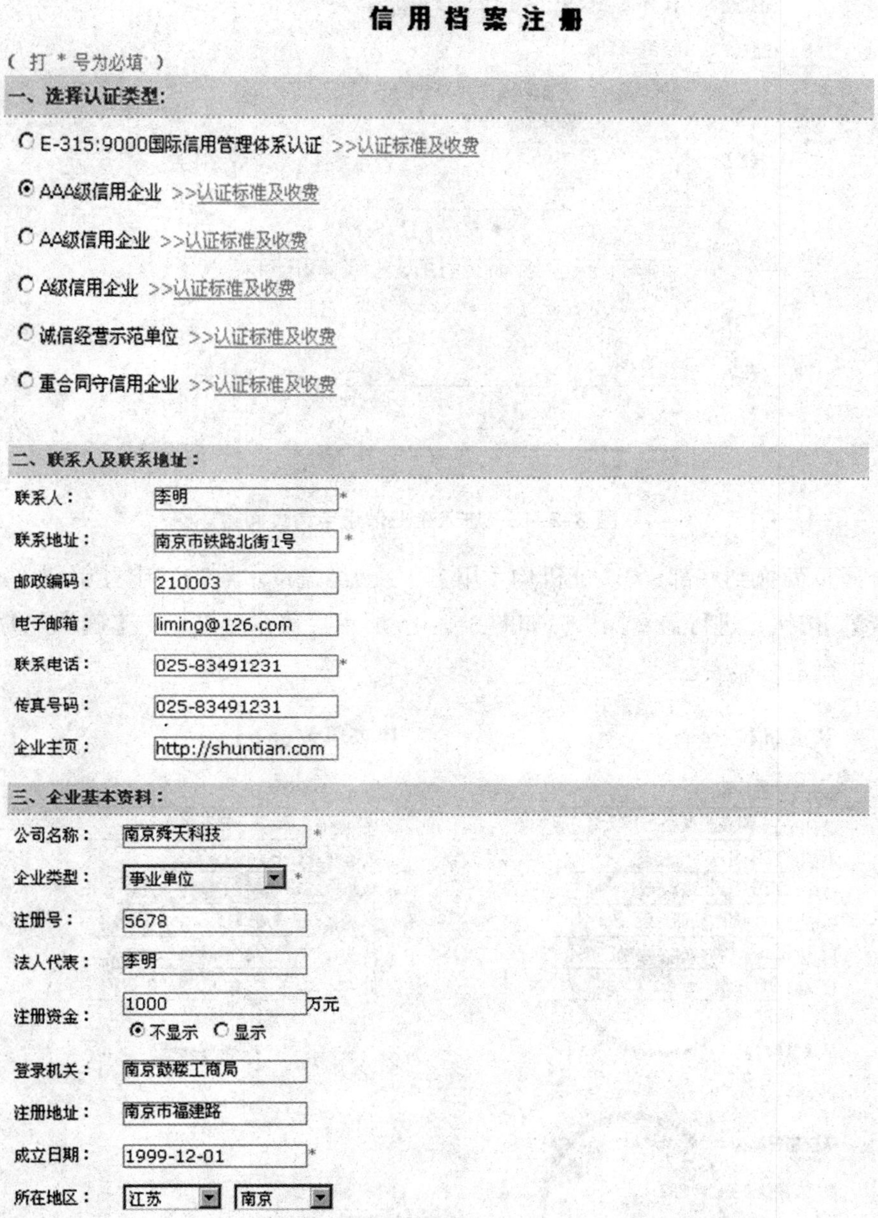

信用档案注册

（打 * 号为必填）

一、选择认证类型：

○ E-315:9000国际信用管理体系认证 >>认证标准及收费

◉ AAA级信用企业 >>认证标准及收费

○ AA级信用企业 >>认证标准及收费

○ A级信用企业 >>认证标准及收费

○ 诚信经营示范单位 >>认证标准及收费

○ 重合同守信用企业 >>认证标准及收费

二、联系人及联系地址：

联系人：李明 *

联系地址：南京市铁路北街1号 *

邮政编码：210003

电子邮箱：liming@126.com

联系电话：025-83491231 *

传真号码：025-83491231

企业主页：http://shuntian.com

三、企业基本资料：

公司名称：南京舜天科技 *

企业类型：事业单位 *

注册号：5678

法人代表：李明

注册资金：1000 万元 ◉不显示 ○显示

登录机关：南京鼓楼工商局

注册地址：南京市福建路

成立日期：1999-12-01 *

所在地区：江苏 南京

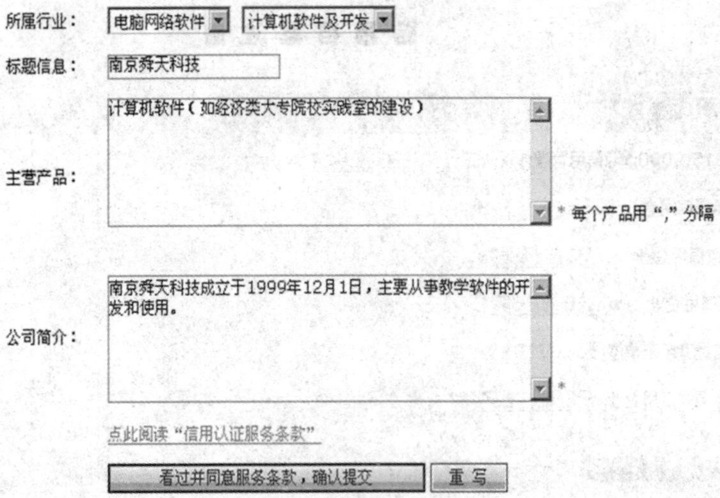

图 3–2–15　进入企业信用申请页面

将合同页面拖到底部，“认证机构（甲方）”已经盖章。点击“申办单位（乙方）”下方的【盖章】按钮，进行盖章操作，如图 3–2–16 所示。盖章后，点击【确认并缴费】按钮，进入网上银行进行缴费。

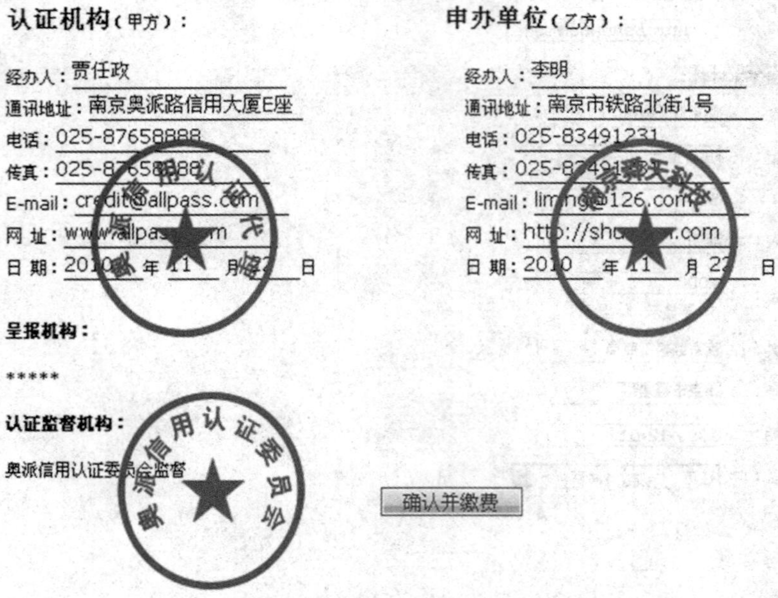

图 3–2–16　点击【确认并缴费】

选择银行，点击【支付】→【在线支付】，进入“网上银行支付”页面，如图 3–2–17 所示，输入银行账号、密码及附加码，点击【确定】按钮。付费后系统会提示“恭喜，申报成功，请等待审核！”

注意：这里输入的网上银行账户即为实践前在“网上银行”模块申请并存钱的个人账户。

图 3-2-17 “网上银行支付”页面

个人、企业信用档案申请成功之后，点击“我申报的个人档案”和“我申报的企业档案”，进入查询页面，点击“查看信用档案”，即可查询我申报的个人档案和企业档案的详细情况。

拓展练习：

在上海市数字证书认证网中，申请个人、企业的信用档案。

任务 2.2　审核个人及企业的信用认证，处理用户的投诉

实训目的：

掌握审核个人、企业的信用认证，并处理用户投诉的方法。

实训课时安排：

2 课时。

实训准备：

奥派电子商务软件——电子商务安全实践——信用认证。

实训内容、步骤与指导：

1. 审核个人信用认证和企业信用认证

（1）服务商审核个人信用认证。进入服务商平台，点击“业务中心”下拉列表中的“个人信用认证”，点击页面下方的【审核】。在弹出的申报信息中（见图 3-2-18），选择“审核通过”，点击【审核】按钮。系统会提示“恭喜，个人信用审核成功”，点击【确认】按钮即可。

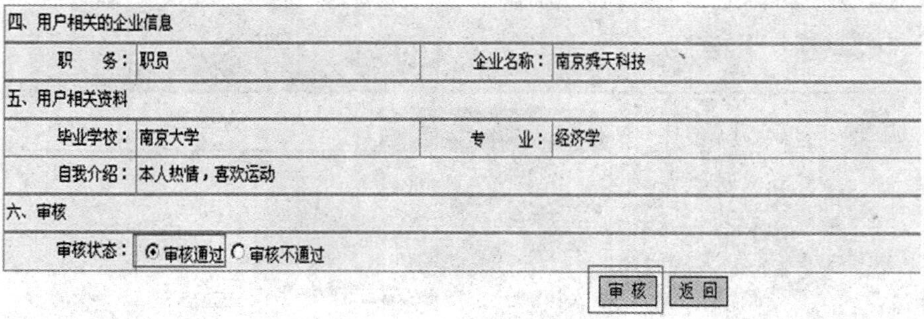
四、用户相关的企业信息

职　　务：	职员	企业名称：	南京舜天科技

五、用户相关资料

毕业学校：	南京大学	专　　业：	经济学
自我介绍：	本人热情，喜欢运动		

六、审核

审核状态：	⦿审核通过 ○审核不通过

【审核】【返回】

图 3–2–18　申报信息

（2）服务商审核企业信用认证。点击“业务中心”下拉列表中的“未审核的认证企业”（见图 3–2–19）点击操作下方的【审核】。

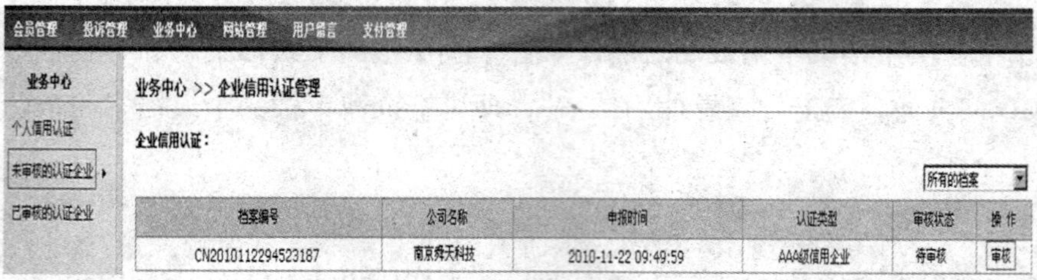

档案编号	公司名称	申报时间	认证类型	审核状态	操作
CN2010112294523187	南京舜天科技	2010-11-22 09:49:59	AAA级信用企业	待审核	审核

图 3–2–19　“未审核的认证企业”

在弹出的“企业信用认证管理”页面中（见图 3–2–20），选择“已年检”，填写“信用审核指标信息”，点击【审核】按钮。系统提示“企业信用审核成功”，点击【确认】按钮即可。

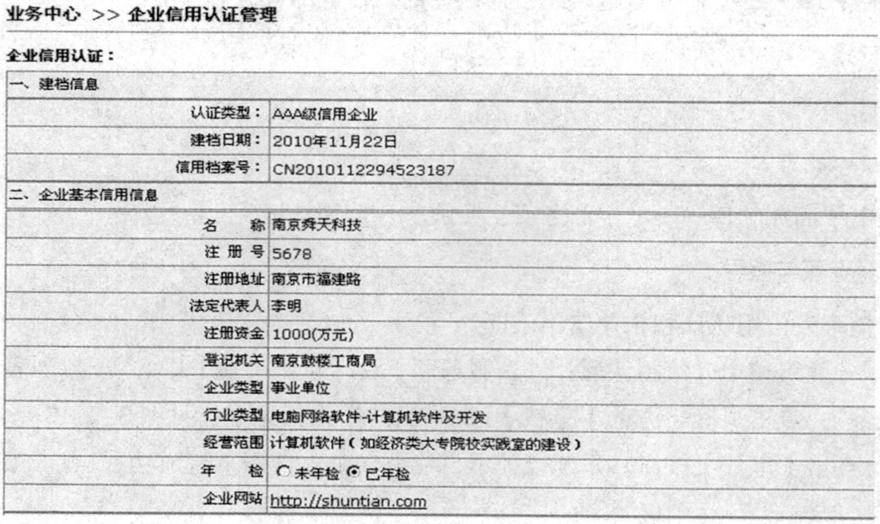
业务中心 >> 企业信用认证管理

企业信用认证：

一、建档信息

认证类型：	AAA级信用企业
建档日期：	2010年11月22日
信用档案号：	CN2010112294523187

二、企业基本信用信息

名　　称	南京舜天科技
注 册 号	5678
注册地址	南京市福建路
法定代表人	李明
注册资金	1000(万元)
登记机关	南京鼓楼工商局
企业类型	事业单位
行业类型	电脑网络软件-计算机软件及开发
经营范围	计算机软件（如经济类大专院校实践室的建设）
年　　检	○未年检 ⦿已年检
企业网站	http://shuntian.com

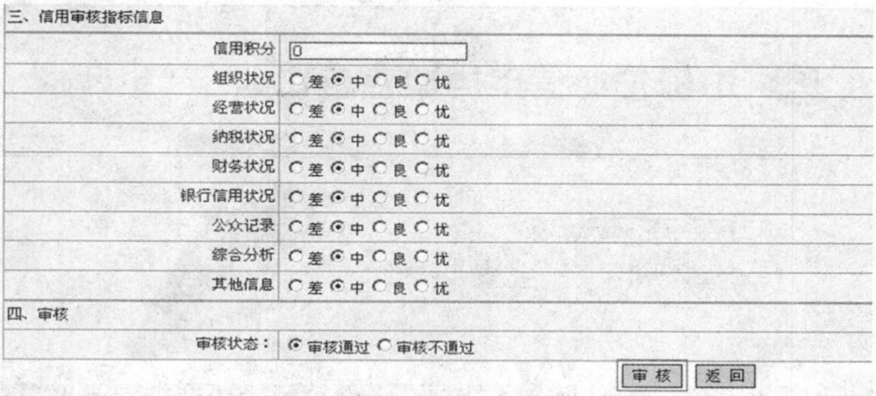

图 3–2–20 “企业信用认证管理”页面

通过审核后，点击“业务中心”下拉列表中“已审核的认证企业”(见图 3–2–21)，即可查看到该条记录。在这里还可进行“重审”的操作，即点击操作下方的【重审】。

图 3–2–21 “已审核的认证企业”

2. 处理用户投诉

（1）会员进行投诉。点击“liming”后的【进入】，进入信用认证平台。点击首页上方的“公开投诉”(见图 3–2–22)，系统提示“请选择您要投诉的企业，谢谢！”，点击【确定】按钮。

图 3–2–22 点击【公开投诉】

系统自动导航到“中国企业信用档案查询中心”页面 (见图 3–2–23)。选择要投诉的企业，点击后面的【GO】，进入“认证中心”。(或点击下方的【认证中心】按钮也可。)

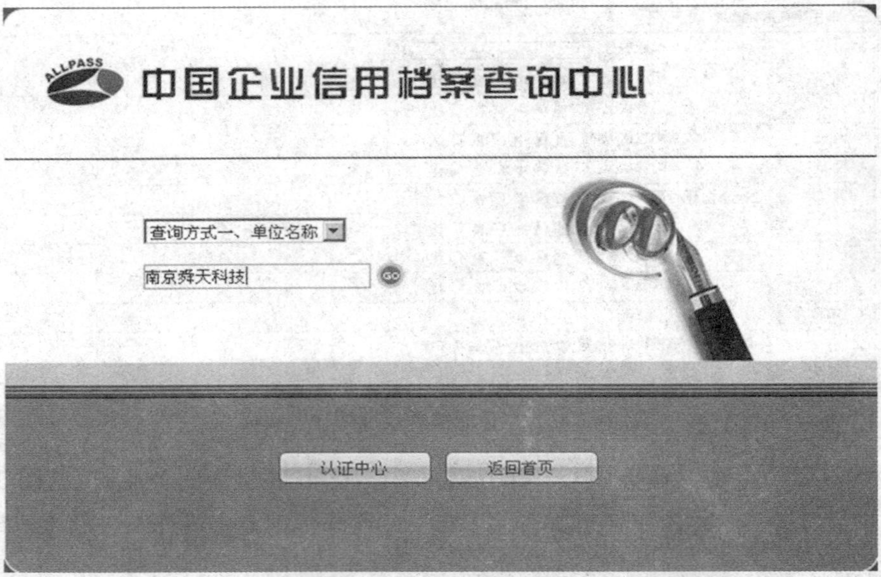

图 3–2–23 “企业信用档案查询中心”

查询到要投诉的企业后，点击【查看信用档案】(见图 3–2–24)，即可查看档案详情。

以下为查询结果

企业名称	信用档案编号	信用类型	创建日期	审核状态	查看信用档案
南京舜天科技	CN2010112294523187	AAA级信用企业	2010年11月22日	通过审核	查看信用档案

图 3–2–24 点击“查看信用档案”

将弹出的页面拖到底部，我们可以看到【公开投诉】的文字链接，点击即可进入“企业投诉曝光台”，如图 3–2–25 和图 3–2–26 所示。

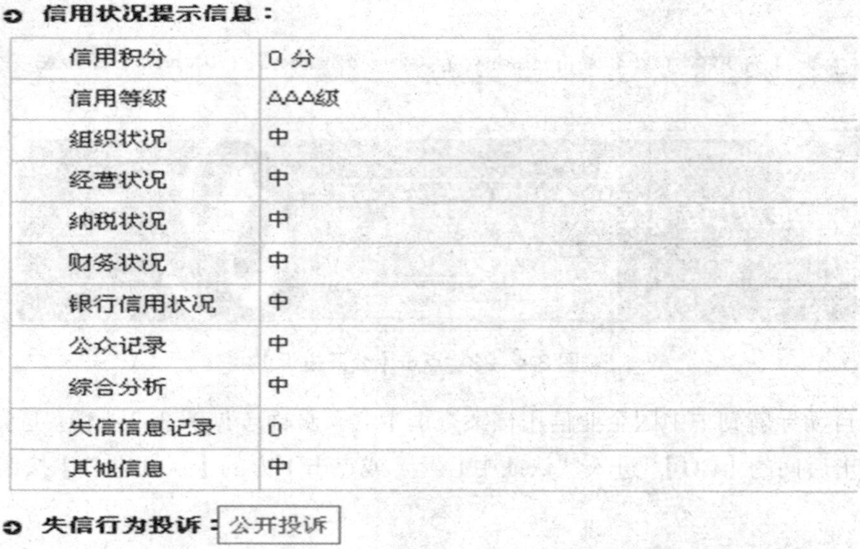

信用状况提示信息：

信用积分	0 分
信用等级	AAA级
组织状况	中
经营状况	中
纳税状况	中
财务状况	中
银行信用状况	中
公众记录	中
综合分析	中
失信信息记录	0
其他信息	中

失信行为投诉：公开投诉

图 3–2–25 点击【公开投诉】文字链接

选择投诉类型，填写投诉主题和投诉内容，点击【提交】按钮。系统提示“投诉成功，耐心等待调查核实！”，点击【确定】，则会员投诉成功。

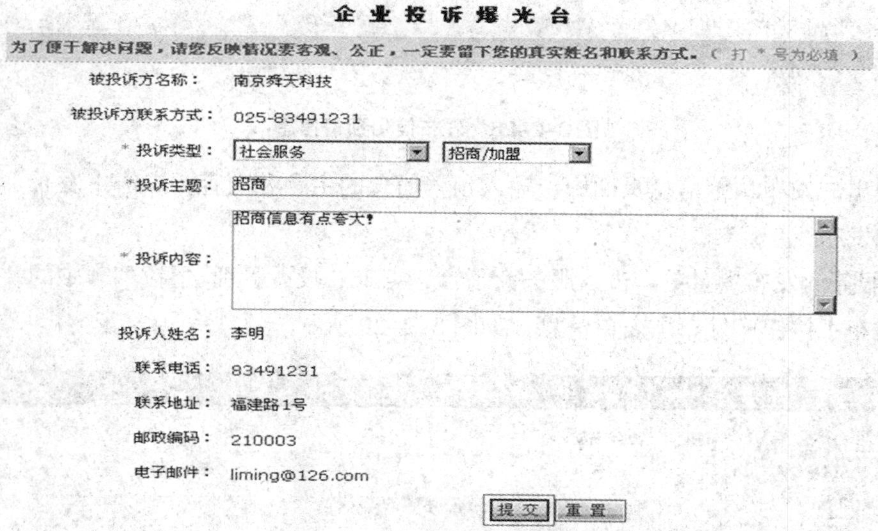

图 3-2-26　进入“企业投诉爆光台”

（2）服务商处理投诉。点击服务商平台后的【进入】，进入服务商平台。选择“投诉管理”，查看投诉记录。点击记录后的【处理】，进入“投诉处理”页面，如图 3-2-27 所示。点击【投诉情况属实，被投诉企业将接受重新审核】或者【删除该条投诉】进行投诉处理。

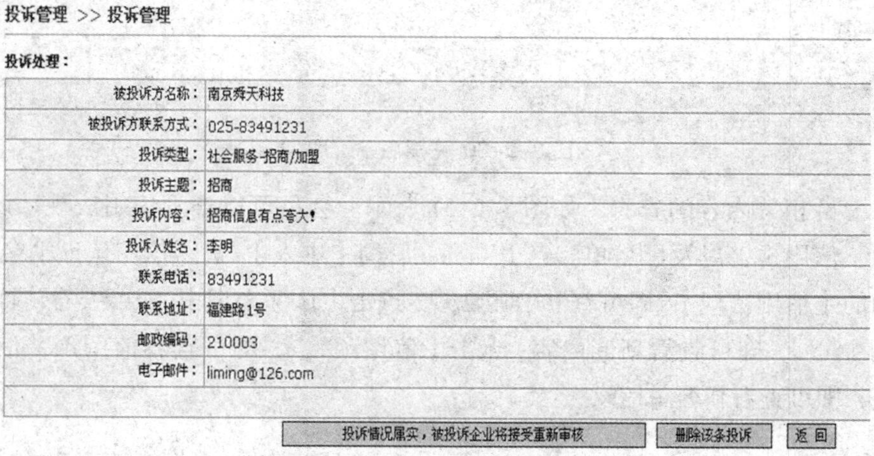

图 3-2-27　“投诉处理”页面

（3）服务商发布信用预警。进入服务商平台，点击“投诉管理”下拉列表中的“信用预警”，点击【发布】按钮，发布信用预警信息，如图 3-2-28 所示。

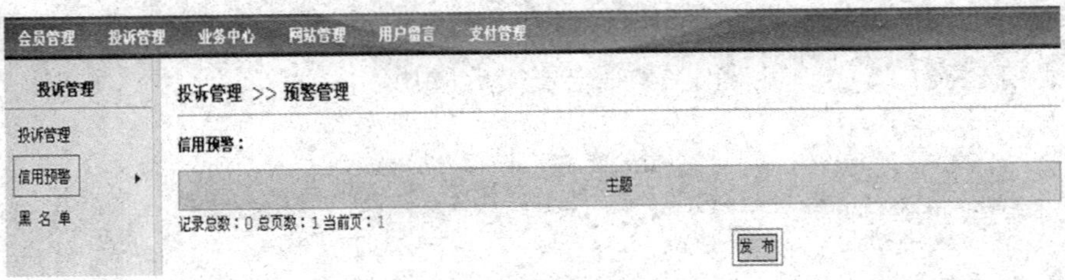

图 3-2-28 发布信用预警信息

在弹出的发布预警信息页面中，输入预警信息的主题和内容，点击【发布】按钮，则预警信息发布成功。

(4)服务商发布黑名单。进入服务商平台，点击“投诉管理”下拉列表中的“黑名单”，点击【发布】按钮，发布黑名单信息，如图 3-2-29 所示。

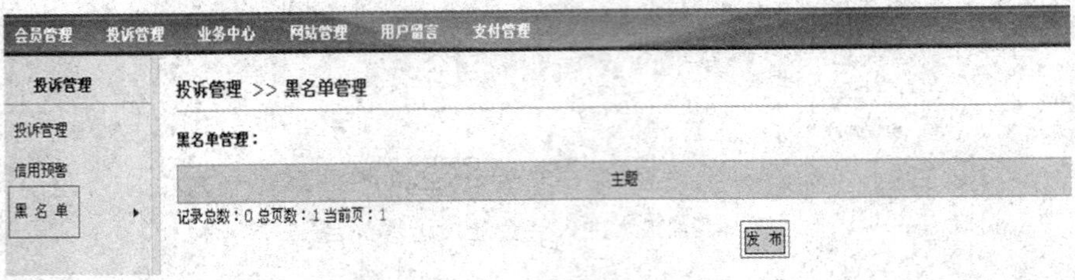

图 3-2-29 发布黑名单信息

在弹出的“黑名单管理”页面中，输入黑名单信息的主题和内容，点击【发布】按钮，则黑名单发布成功。如须重新编辑黑名单信息，点击操作下方的【编辑】；如须删除黑名单信息，点击操作下方的【删除】，如图 3-2-30 所示。

图 3-2-30 “黑名单管理”

（5）会员相关内容的查看，如图 3-2-31 所示。会员可以查看信用法规、认证知识、新闻信息、信用预警以及黑名单。点击 liming 后的【进入】，进入信用认证平台首页，点击右上角的【信用法规】，即可查看信用法规；点击【认证知识】，即可查看认证知识；点击【新闻中心】，即可查看新闻内容；点击【信用预警】，即可查看信用预警信息；点击【黑名单】，即可查看新名单信息。

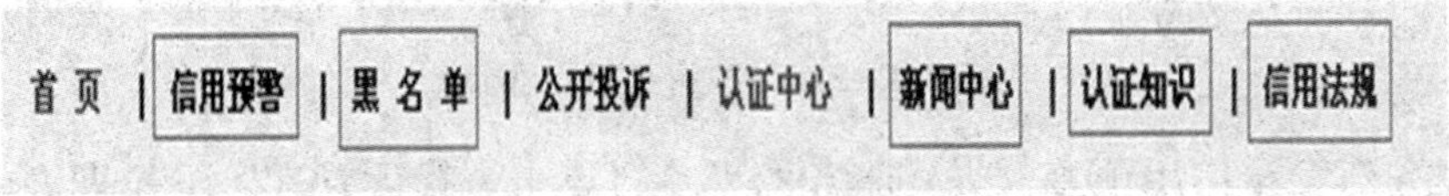

图 3-2-31 会员相关内容的查看

（6）会员给服务商留言，服务商给予回复。

①会员给服务商留言。进入信用认证平台首页，点击“认证中心”，进入“认证中心”

页面（见图3-2-32）点击右上角的“服务留言”，进入“给服务商留言”页面，如图3-2-33所示。填写留言主题及内容，点击【发送留言】按钮，系统提示“发送留言成功”。

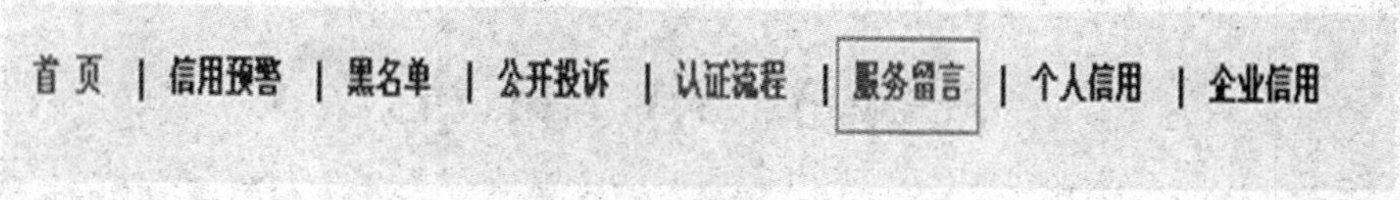

图3-2-32 “认证中心”页面

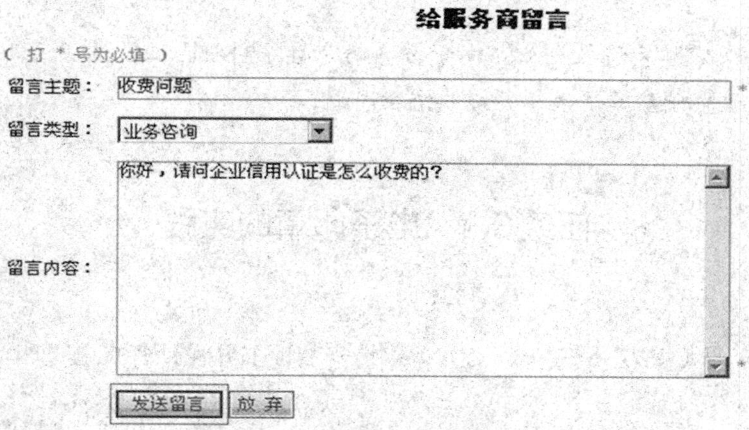

图3-2-33 “给服务商留言”页面

②服务商留言管理。点击服务商平台后的【进入】，进入服务商平台。点击“用户留言”下拉列表中的“用户留言管理”（见图3-2-24），点击操作下方的【回复】。

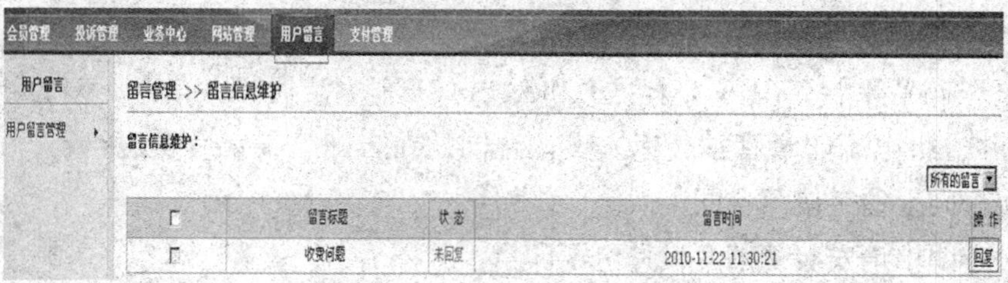

图3-2-34 “用户留言管理”

在弹出的“留言信息维护”页面中（见图3-2-35），查看留言的详细内容。输入回复的内容，点击【回复】按钮，系统提示“回复成功！”。

服务商如须删除留言信息，选择所要删除的留言，点击【删除】按钮即可。

图3-2-35 “留言信息维护”页面

拓展练习：

学生在上海市“数学证书认证网”查看个人、企业信用认证的审核流程。

任务 3　电子印章

【实践情境】

乙方（南京舜天科技企业）向甲方（南京奥派科技企业）购买了 100 台电脑，现双方将通过电子签章平台，签订购销合同。

任务 3.1　电子印章的实践

实训目的：

掌握作为李明（甲方）、王军（乙方）申请安装证书并设计各自电子印章的方法。

实训课时安排：

2 课时。

实训准备：

奥派电子商务软件——电子商务安全实践——电子印章。

实训内容、步骤与指导：

进入电子印章平台，甲方（李明）和乙方（王军）注册相关信息，双方申请并安装 CA 证书，并进行电子印章管理。甲方设计合同，在合同上签字后发送给乙方；乙方接受合同，并在合同上签字使得合同生效。

1. 用户李明申请安装证书并设计电子印章

选择“电子商务安全实践”中的“电子印章”图标，点击电子印章平台后的【进入】，进入电子印章平台。在用户登录窗口中，点击【注册】按钮，进入“用户注册”页面（见图 3–3–1）。在“用户注册”页面中，填写账号、密码、E–mail 等信息，点击【提交】按钮，系统将自动进入“我的操作台”。

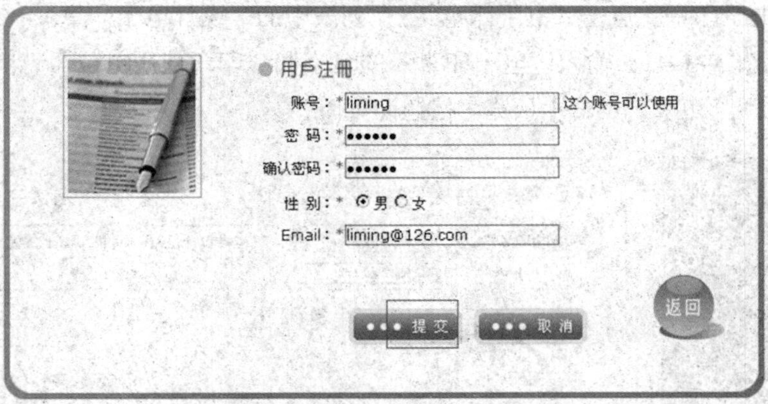

图 3–3–1　“用户注册”页面

（1）在“我的操作台”申请并安装 CA 证书。点击“数字证书”下拉列表中的“证书申请”（见图 3–3–2），填写相关信息之后，点击【申请】按钮即可。

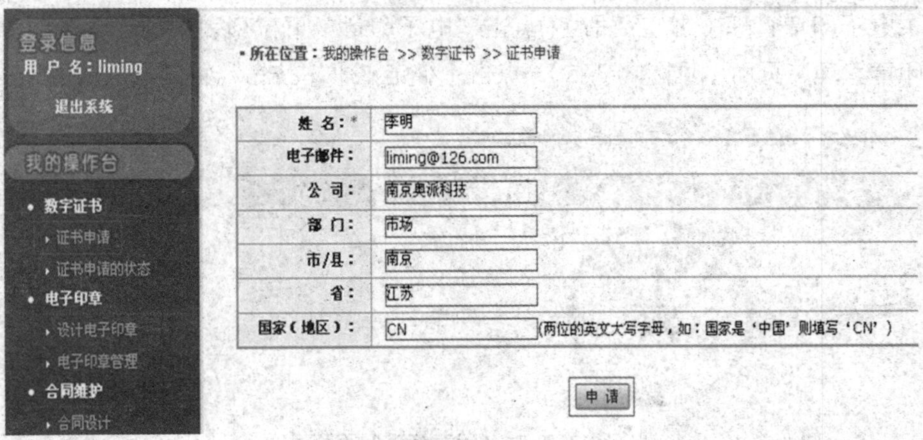

图 3–3–2　“证书申请”

提交证书申请后，点击“证书申请的状态”标签可查看到申请的证书。点击证书标题，可查看证书申请的状态详情。如图 3–3–3 所示，系统提示“您的证书申请仍然挂起。您必须等待管理员颁发您申请的证书……”（注意：证书申请后，必须到“CA 认证”模块查看服务商平台是否颁发申请的证书。）

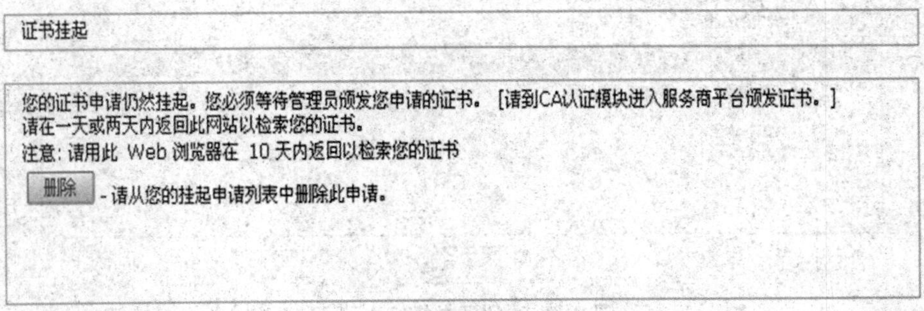

图 3–3–3　系统提示

（2）设计电子印章。点击“电子印章”下拉列表中的“设计电子印章”，在“印章设计”的页面中（见图 3–3–4），输入“电子印章”的名字和“印章使用单位”，点击【保存】按钮即可。如须预览印章，点击【预览】按钮即可。

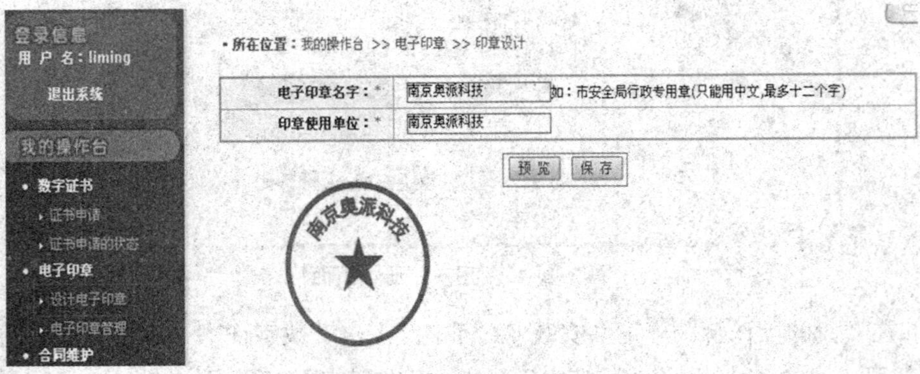

图 3–3–4 “印章设计”页面

（3）电子印章管理（绑定证书）。点击“电子印章”下拉列表中的“电子印章管理”，进入“印章管理”页面（见图 3–3–5），点击【绑定证书】按钮，将印章与数字证书绑定。

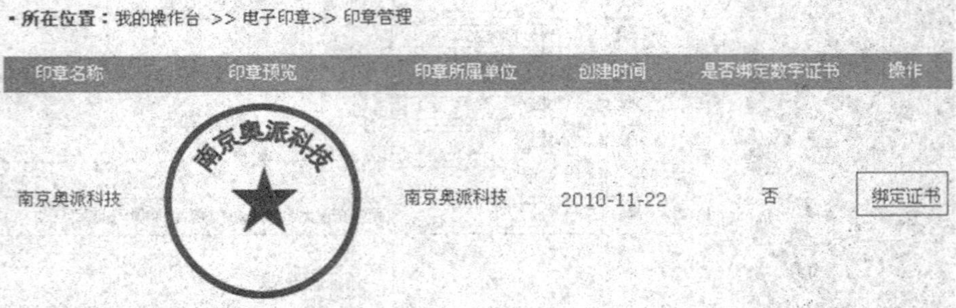

图 3–3–5 “印章管理”页面

在弹出的“证书绑定”页面中（见图 3–3–6），选择要绑定的数字证书，点击【绑定】按钮即可。

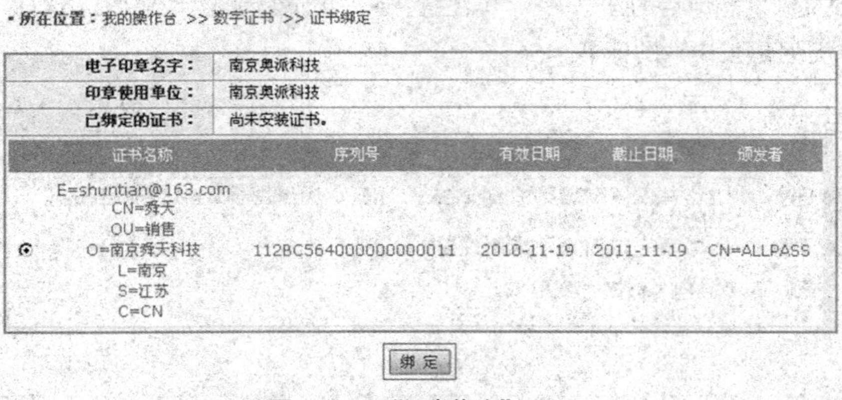

图 3–3–6 “证书绑定”页面

2. 用户王军申请安装证书并设计电子印章

（1）申请安装证书。王军注册为电子印章平台用户（见图 3–3–7），填写相关信息之后，点击【提交】按钮即可。

图 3–3–7　用户注册

点击“数字证书”下拉列表中的“证书申请”，填写相关信息之后，点击【申请】按钮，即可申请 CA 证书，如图 3–3–8 所示。证书申请后，必须到“CA 认证”模块查看服务商平台是否颁发申请的证书。

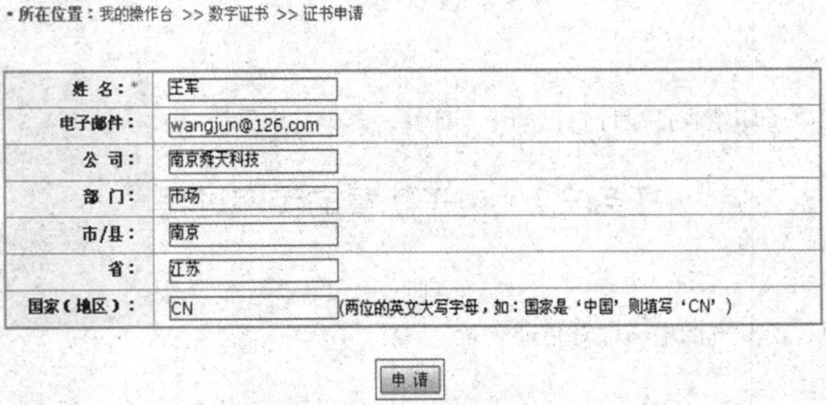

图 3–3–8　申请证书

（2）设计电子印章。点击“电子印章”下拉列表中的“设计电子印章”，在“印章设计”的页面中（见图 3–3–9），输入印章的名字和印章使用单位，点击【保存】按钮即可。如须预览印章，点击【预览】按钮即可。

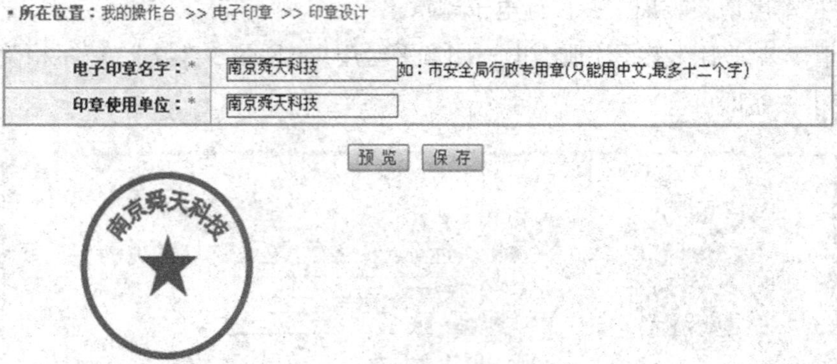

图 3-3-9 “印章设计”页面

（3）电子印章管理，将电子印章绑定证书，如图 3-3-10 所示。

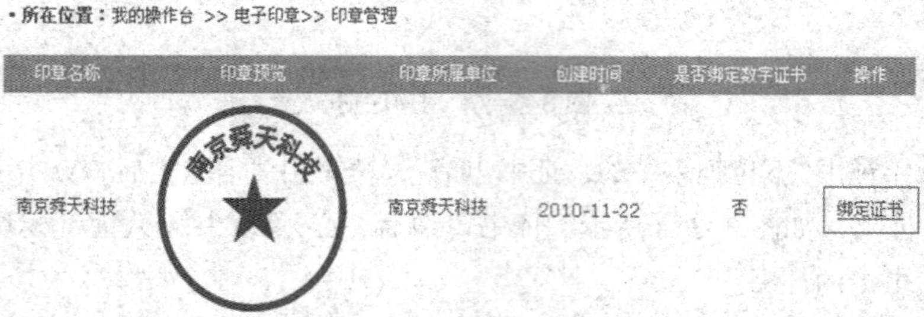

图 3-3-10 绑定证书

拓展练习：

学生用电子印章软件设计自己的电子印章。

任务 3.2 电子签章的传递过程

实训目的：

完成甲、乙双方的电子印章传递。

实训课时安排：

2 课时。

实训准备：

奥派电子商务软件——电子商务安全实践——电子印章。

实训内容、步骤与指导：

1. 甲方设计合同，签章和签字后发送给乙方

点击 liming 后的【进入】，进入李明的操作平台。点击“合同维护”下拉列表中的“合同设计”，进入“合同设计”页面（见图 3-3-11）。按照提示输入合同相关内容，点击【保存】。系统提示“合同设计成功！”

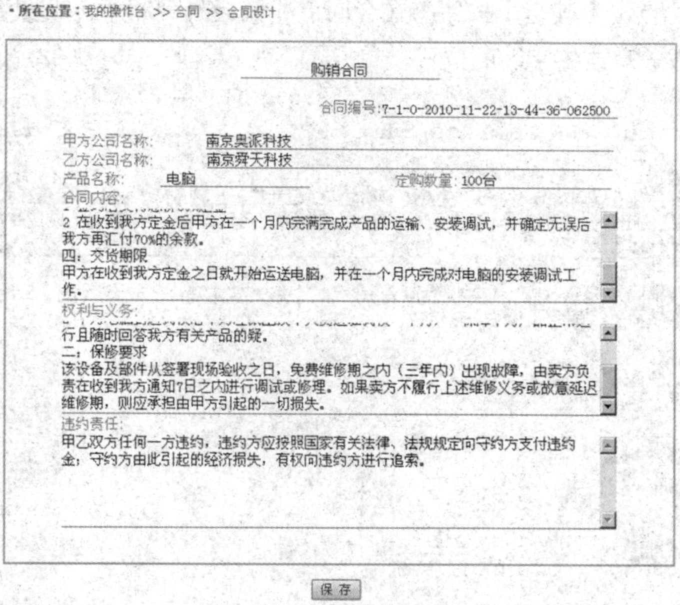

图 3–3–11 “合同设计”页面

（1）在合同上盖章。点击“合同维护”下拉列表中的“管理”，进入合同“管理”页面（见图 3–3–12），点击操作下方的【盖章签字】，进入“盖章签字”页面，如图 3–3–13 所示。

图 3–3–12 合同“管理”页面

点击【盖章】，选择已经设计好并绑定证书的印章。

图 3–3–13 “盖章签字”页面

选择印章后，点击【确定】按钮。在合同上我们会看到印章（见图 3–3–14）。可将该印章拖放在“甲方盖章或签字”的位置。

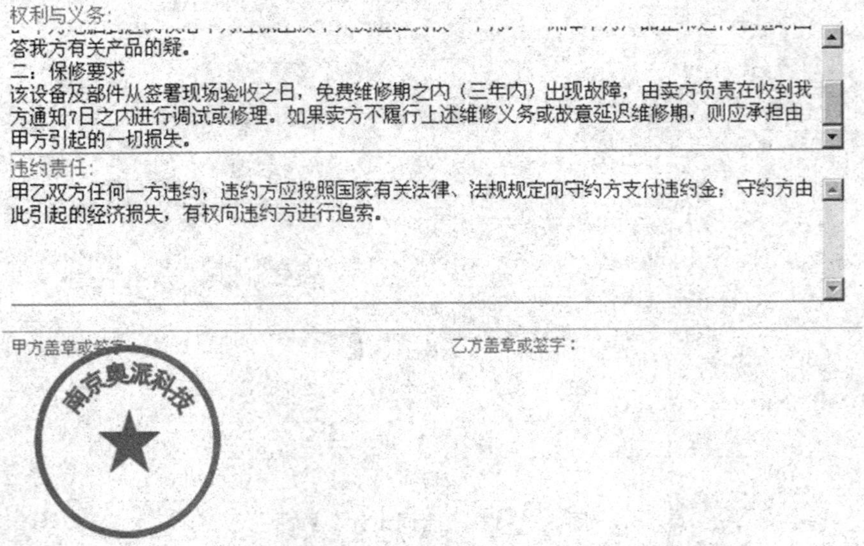

图 3–3–14　合同上的印章

在该印章上右击，可进行“文档验证”“数字证书”“查看证书”“禁止移动”和“撤销签章”的操作，如图 3–3–15 所示。

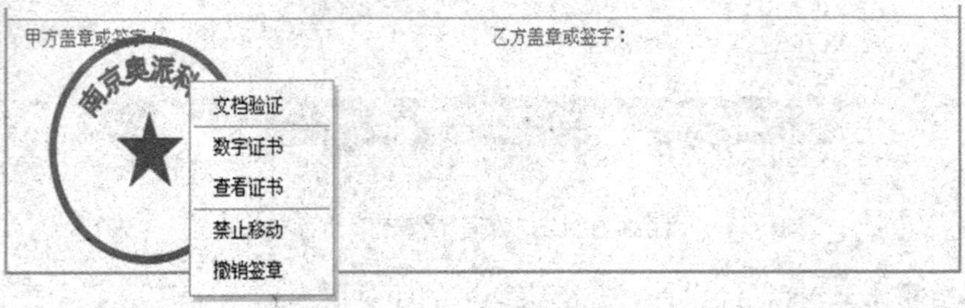

图 3–3–15　印章上的操作内容

①点击“文档验证”（见图 3–3–16），查看文件信息。

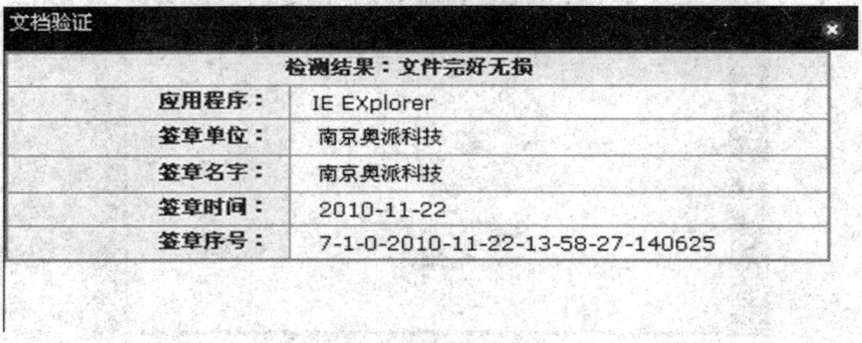
文档验证

检测结果：文件完好无损	
应用程序：	IE EXplorer
签章单位：	南京奥派科技
签章名字：	南京奥派科技
签章时间：	2010-11-22
签章序号：	7-1-0-2010-11-22-13-58-27-140625

图 3–3–16　“文档验证”

②点击“数字证书”（见图 3–3–17），查看印章所绑定的证书详情。若该印章尚未绑定数字证书，则进行绑定数字证书的操作。

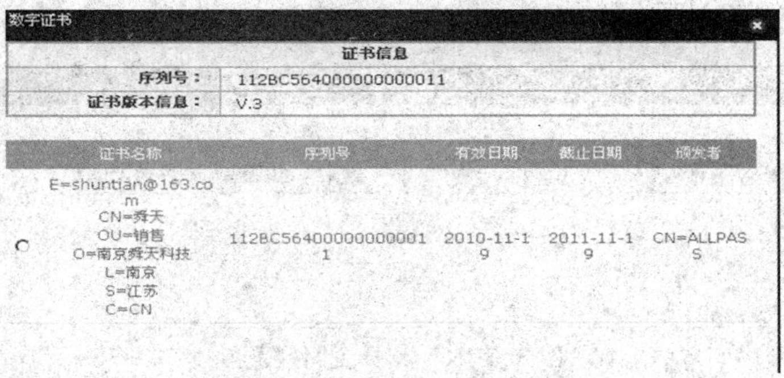

图 3–3–17 “数字证书”

③点击“查看证书”（见图 3–3–18），即可查看证书详细信息。

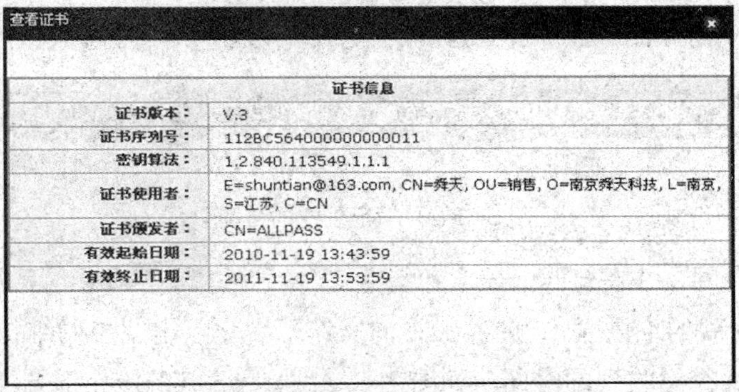

图 3–3–18 “查看证书”

④点击“禁止移动”后，该证书将不能被拖动。

⑤点击“撤销签章”后，该签章被撤销。

（2）在合同上签字。在上述的“盖章 / 签字”页面中，点击【签字】按钮，在“请和签字”页面进行签字操作（见图 3–3–19），点击【保存】。将所签的字拖放到“甲方盖章或签字”的位置。

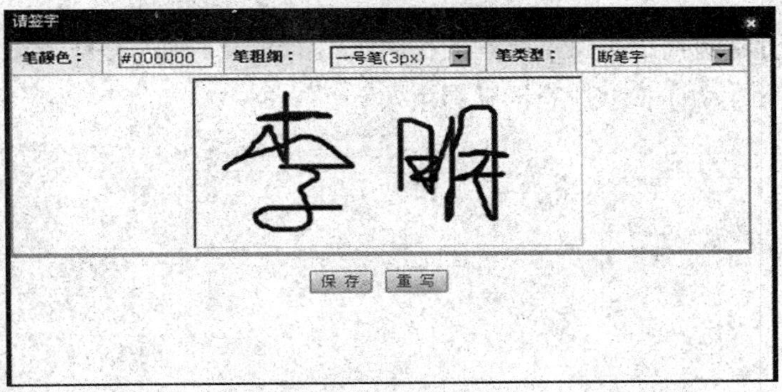

图 3–3–19 签字操作

（3）发送合同。在上述的“盖章 / 签字”页面中，点击【发送】按钮，在弹出的页面中选择合同的接受者，如图 3–3–20 所示。点击【确定】按钮。注意若没有合同接受者，须注册其他账户作为合同接受者。

图 3–3–20　选择合同接受者

合同发送成功后，在“已发送的合同”中可查看到该记录，如图 3–3–21 所示。但此时合同尚未生效。点击【查看详细】文字链接，可查看合同详细内容。

▪ 所在位置：我的操作台 >> 合同>> 已发送的合同

合同名称	甲方签章时间	乙方签章时间	状态	操作
购销合同	2010-11-22	乙方未签章	未生效	查看详细

图 3–3–21　“已发送的合同”

2. 乙方查阅合同，并在合同上盖章和签字

点击 wangjun 后的【进入】，进入王军的操作平台。点击“合同维护”下拉列表中的“已收到的合同”，查看收到的合同，如图 3–3–22 所示。点击操作下方的【盖章签字】文字链接，进入“盖章签字”页面。

▪ 所在位置：我的操作台 >> 合同>> 已收到的合同

合同名称	甲方签章时间	乙方签章时间	状态	操作
购销合同	2010-11-22	乙方未签章	未生效	盖章签字

图 3–3–22　查看收到的合同

在“盖章签字”页面进行盖章或者签字操作后，进入“合同管理”页面，如图 3–3–23 所示。点击【合同生效】按钮，合同随即生效。

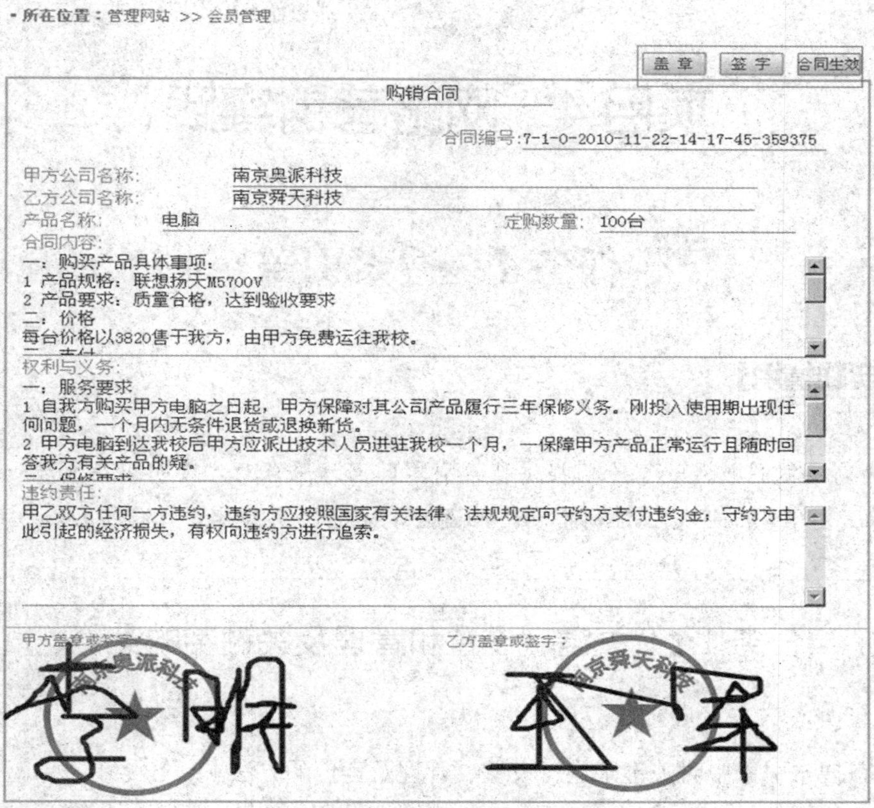

图 3-3-23 “合同管理”页面

这时，在“已收到的合同”标签中（见图 3-3-24），可查看已生效的合同。点击【查看详细】文字链接即可查看合同详情。

注意：合同接受者与发送者一样须进行证书申请、印章设计、证书绑定的操作。因此在接收合同前请做好准备。

▪所在位置：我的操作台 >> 合同>> 已收到的合同

合同名称	甲方签章时间	乙方签章时间	状态	操作
购销合同	2010-11-22	2010-11-22	已生效	查看详细

图 3-3-24 “已收到的合同”

拓展练习：

学生设计好自己的电子印章后，发送给邻桌的同学；邻桌同学签好后，再发送给自己。

项目 4　网络营销实践

任务 1　搜索引擎

【实践情境】

南京奥派科技是一家专门提供搜索引擎的网站服务商。李明正在代理一种 3G 的手机，想在奥派平台上注册信息。他设置“3G”为关键字，进行搜索。

任务 1.1　关键字设置和管理及关键字的竞价

实训目的：

掌握在搜索引擎中对关键字进行设置、管理及竞价的方法。

实训课时安排：

2 课时。

实训准备：

奥派电子商务软件——网络营销实践——搜索引擎。

实训内容、步骤与指导：

李明注册搜索平台会员，服务商审核会员信息且绑定账户。一方面，用户自己要对其信息进行维护并缴纳费用，添加关键字信息并对添加的关键字进行管理；另一方面，服务商要对其添加的关键字进行审核。

（1）服务商平台绑定银行账户。点击“网络营销实践”，选择“搜索引擎”，点击服务商平台后的【进入】，进入服务商平台。

点击“支付管理”，在弹出的“银行账号管理”页面（见图 4–1–1），输入已申请的南京奥派科技企业的网上银行账号，点击【提交】按钮。（这一步骤要先设置，不然用户无法交费。）

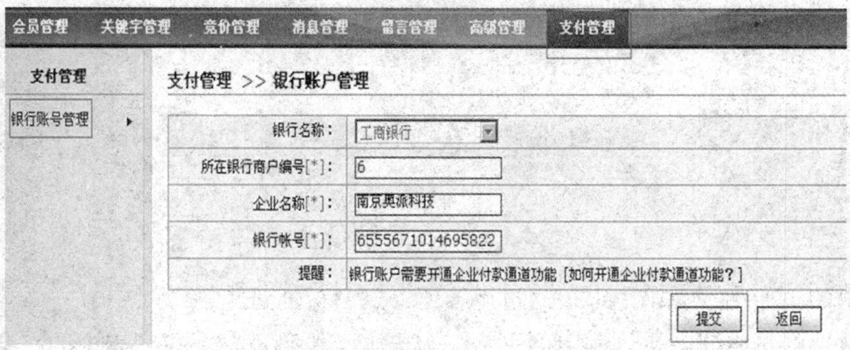

图 4–1–1 “银行账号管理”页面

（2）注册用户。点击“搜索引擎平台”后的【进入】，进入搜索引擎首页，如图 4–1–2 所示。

图 4–1–2 进入搜索引擎首页

点击右上角的【注册】，在弹出的页面中填写相关个人信息，点击【注册】按钮即可完成注册，如图 4–1–3 所示。

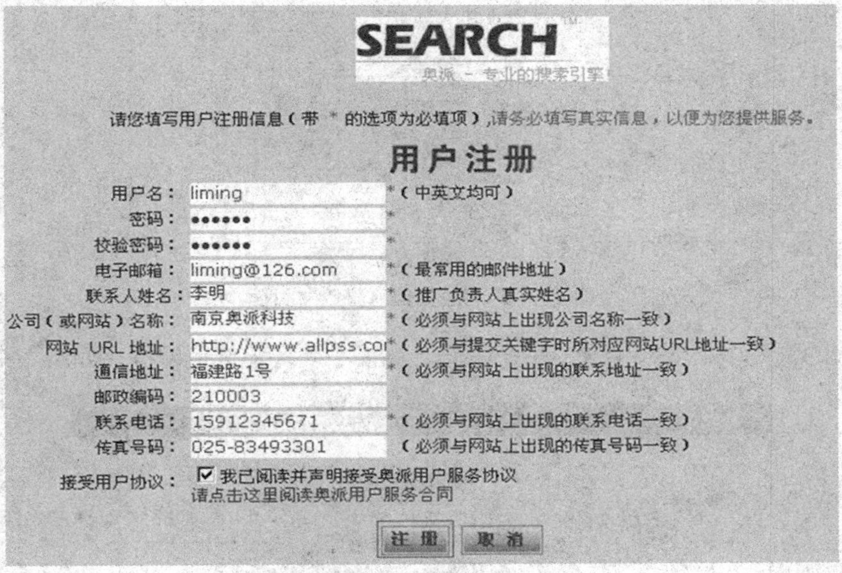

图 4–1–3 完成注册

（3）服务商会员资格审核，会员信息维护。进入服务商平台，点击“会员管理”下拉列表中的“会员资格审核”（见图 4–1–4），点击会员名称后面的【审核】。

图 4–1–4 “会员资格审核”

在弹出的页面中，点击【审核通过】按钮，则会员通过审核。

（4）重置会员密码。进入服务商平台，点击“会员管理”下拉列表中的“会员信息维护”，点击“会员名称”后的【编辑】按钮，（同样，如须查看会员详细信息，点击操作下方的【详细】按钮；如须删除会员，点击操作下方的【删除】按钮）即可，如图 4–1–5 所示。

图 4–1–5 “会员信息维护”

在弹出的“会员信息修改”页面中，单击【点击这里重设用户密码】，如图 4–1–6 所示。

图 4–1–6 “会员信息修改”页面

在弹出的页面中，输入重置的用户密码，点击【确定】按钮即可，如图 4–1–7 所示。

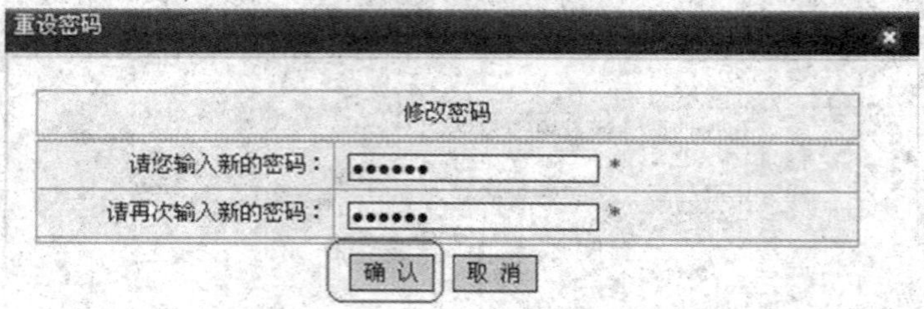

图 4–1–7 重设密码

（5）添加关键字。点击会员平台首页的“添加关键字”（见图 4–1–8），选择关键字分组，填写关键字、网页标题、URL 地址和网页描述信息后，点击【下一步】。（这里由于还未添加关键字分组，所以只有一个默认分组，即“我的关键字”）。

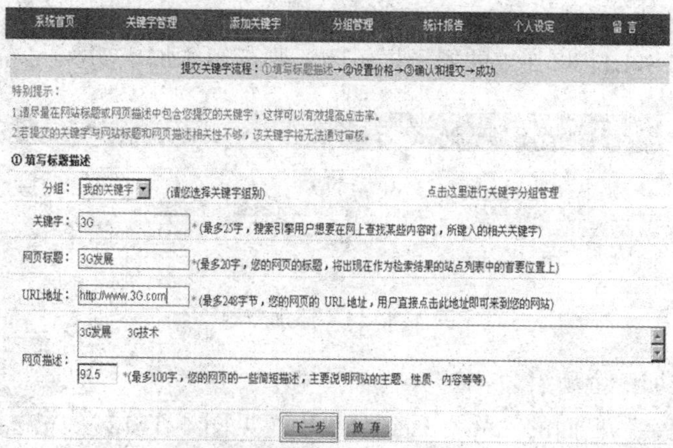

图 4-1-8 点击“添加关键字”

（6）选择竞价模式，设置竞价价格，点击【下一步】，如图 4-1-9 所示。

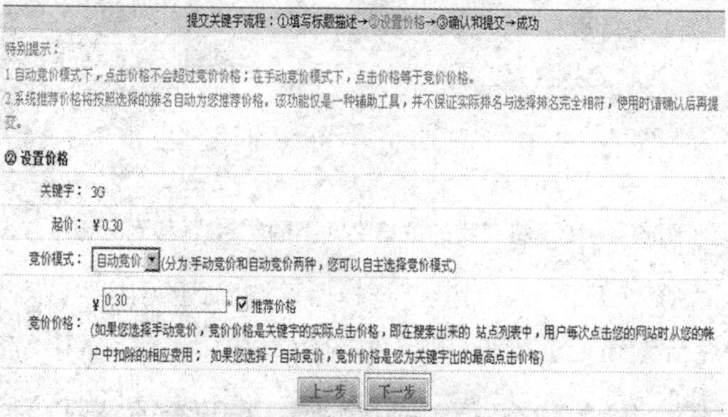

图 4-1-9 选择竞价模式，设置竞价价格

在弹出的页面中确认所提交关键字信息，点击【确认提交】按钮（见图 4-1-10），则关键字添加成功。

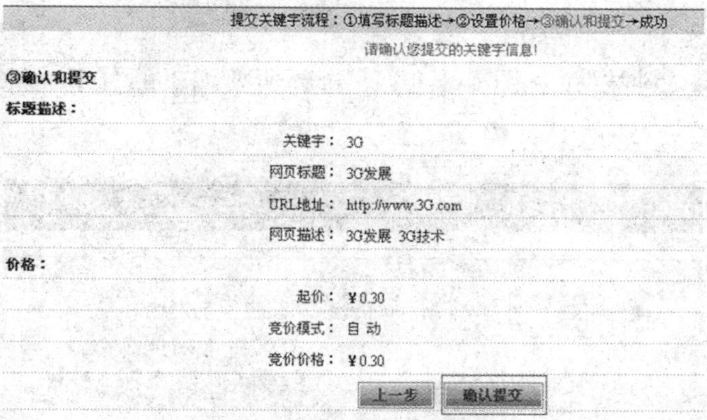

图 4-1-10 点击【确认提交】

同样也可以添加一些手动竞价的关键字，如手动竞价的“3G”。

（7）添加新组。点击会员平台首页面的“分组管理”，输入组别名称（科技），点击【添加新组】（见图 4-1-11）。将弹出的提示框关闭，则新组添加成功。

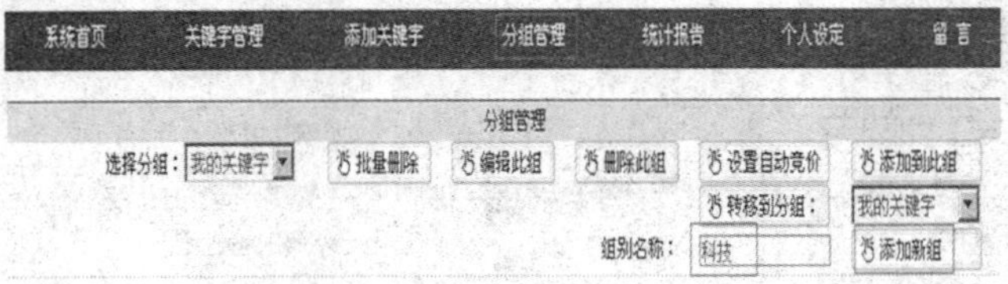

图 4-1-11　添加新组

同样也可以添加一个新组为“3G”。

将“我的关键字”下面的“3G”移到分组中（见图 4-1-12）。先选择分组“我的关键字”中的“3G”，再选择“转移到的分组”“科技”，点击【转移分组】按钮即可。

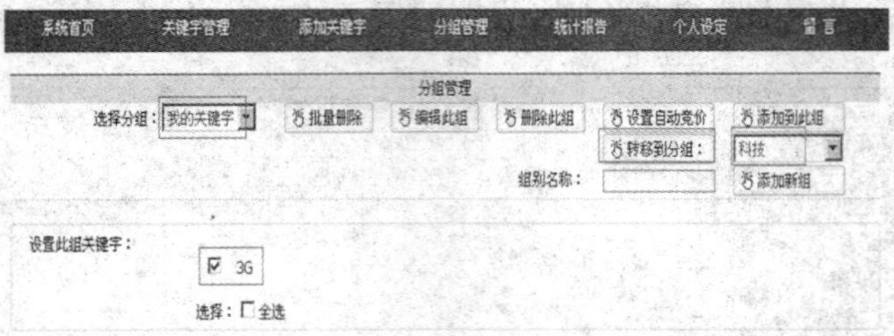

图 4-1-12　将“我的关键字”下的“3G”移到分组中

（8）删除分组“3G”（见图 4-1-13）。选择所要删除的分组“3G”，点击【删除此组】，在弹出的对话框中点击【确定】按钮，则删除分组成功。

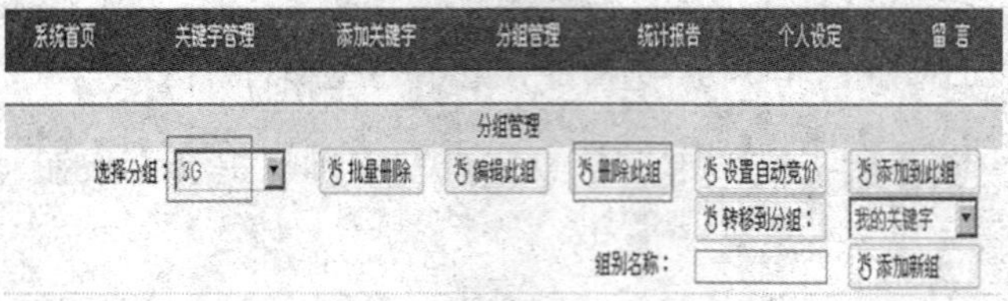

图 4-1-13　删除分组

（9）编辑分组“科技”（见图 4-1-14）。选择所要编辑的分组“科技”，点击【编辑此组】。

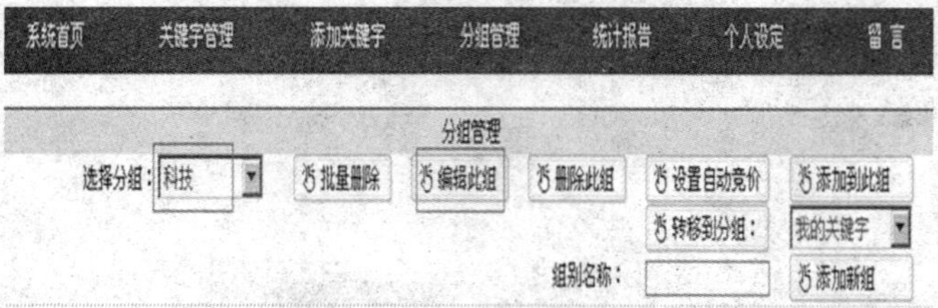

图 4-1-14　编辑分组“科技”

在弹出的“编辑分组信息”页面中（见图 4–1–15），输入所要编写的内容，点击【编辑】按钮。

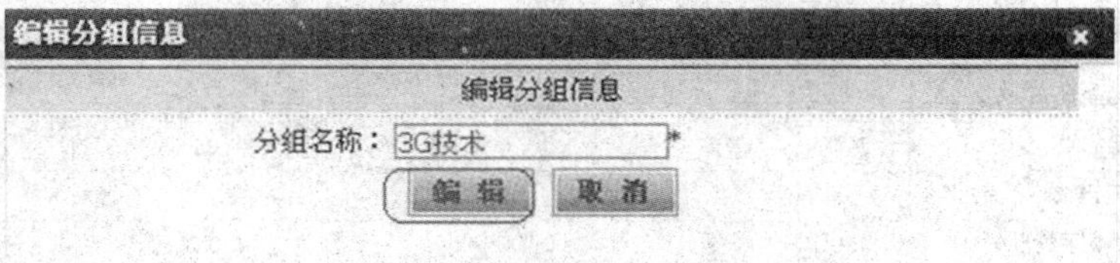

图 4–1–15　“编辑分组信息”页面

选择所要设置的关键字，点击【设置自动竞价】（见图 4–1–16），关闭弹出的对话框，则设置自动竞价成功。

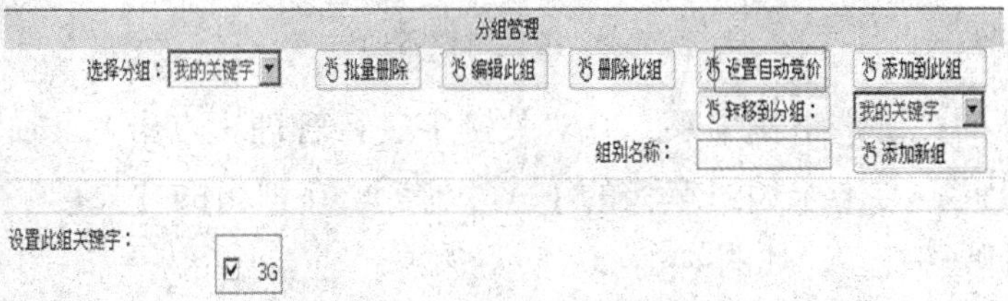

图 4–1–16　点击【设置自动竞价】

（10）批量删除。选择所要删除的关键字，点击【批量删除】，关闭弹出的对话框，则批量删除成功，如图 4–1–17 所示。批量删除的功能是对很多关键字而言的，你也可以先添加很多关键字，然后体现批量删除的功能。

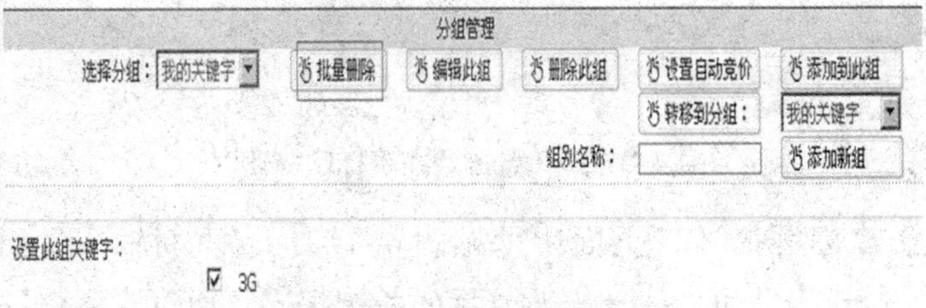

图 4–1–17　批量删除

（11）关键字审核（见图 4–1–18）。进入服务商平台，选择“关键字管理”，点击关键字后的【审核】，在弹出的页面中点击【审核通过】按钮即可。

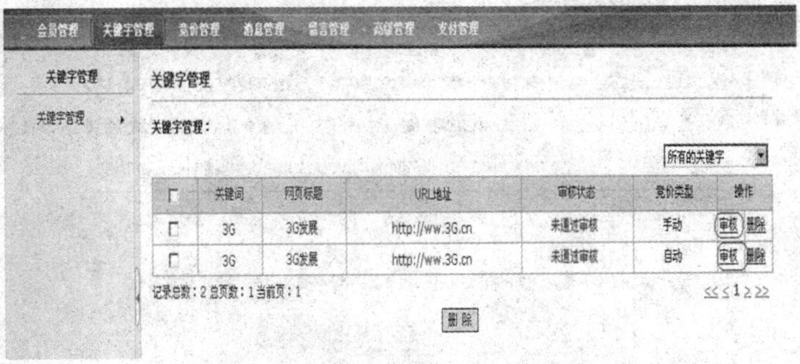

图 4–1–18　关键字审核

如要不通过审核，则在弹出的页面中点击【审核不通过】按钮即可，如图 4–1–19 所示。

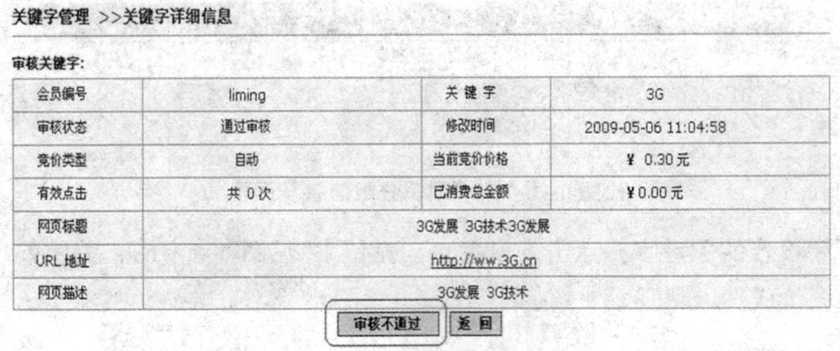

图 4–1–19 审核不通过

（12）会员查询关键字审核结果，并对关键字进行管理。点击 liming 后面的【进入】，选择“关键字管理”，点击未通过审核的【3G 发展】。在弹出的“关键字详细信息”页面中，点击“编辑标题描述”，如图 4–1–20 所示。

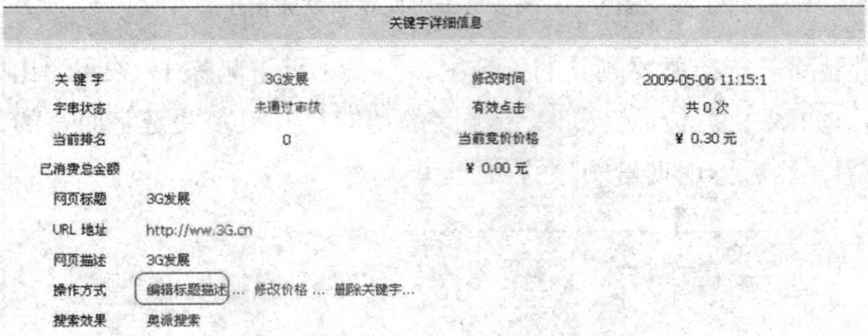

图 4–1–20 点击“编辑标题描述”

在弹出的“修改标题描述”页面中（见图 4–1–21），重新输入关键字、网页标题、URL 地址，点击【修改】即可。注意修改之后的关键字还要通过服务商的审核。

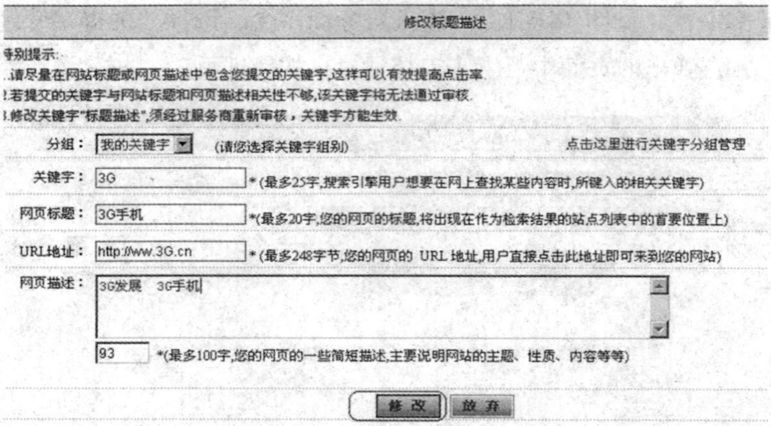

图 4–1–21 “修改标题描述”页面

同样，也可以对未通过审核的关键字修改其价格。点击“关键字详细信息”页面的“修改价格”（见图 4–1–22），在弹出的页面中输入要修改的价格，点击【修改】即可。

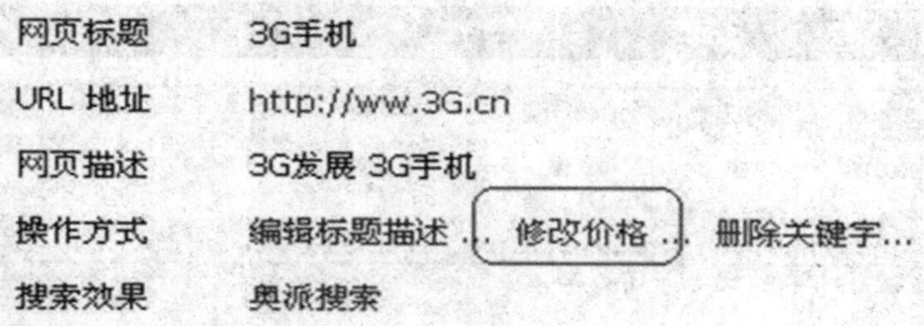

图 4–1–22　修改价格

另外，也可以删除未通过审核的关键字（见图 4–1–23）。点击“关键字详细信息”页面的“删除关键字”，在弹出的页面中点击【确定】按钮即可。

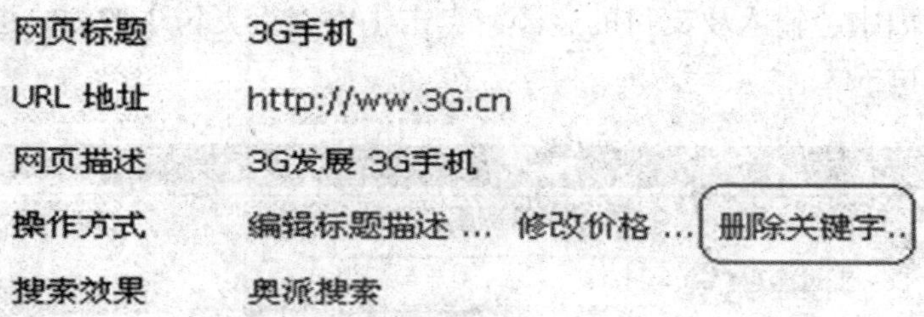

图 4–1–23　删除关键字

（13）搜索关键字。点击“搜索引擎平台”后的【进入】，进入搜索平台，如图 4–1–24 所示。

图 4–1–24　点击“搜索引擎平台”后的【进入】

进入搜索页面，输入要搜索的关键字“3G”（见图 4–1–25），点击【Allpass 搜索】按钮，即可进行关键字搜索。

图 4–1–25　输入“3G”

（14）查询统计报告（见图 4-1-26）。点击 liming 后的【进入】，选择“统计报告”，查看点击次数。

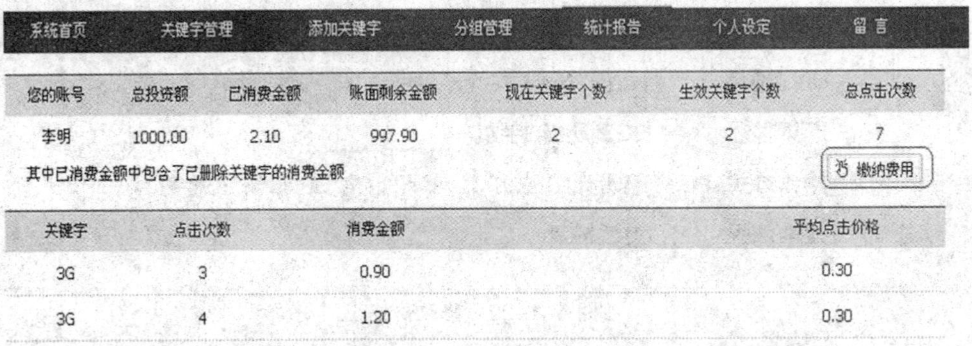

图 4-1-26　查询统计报告

此处也可以缴纳费用，点击【缴纳费用】按钮，进入缴纳费用页面，如图 4-1-27 所示。在弹出的页面中，输入要支付的金额，点击【去银行支付】按钮，选择银行，输入银行账号、密码即可。

图 4-1-27　“缴纳费用”页面

（15）选择支付银行，点击【支付】按钮，如图 4-1-28 所示。（由于服务商只绑定一个工商银行的账户，所以这里只显示工商银行。）

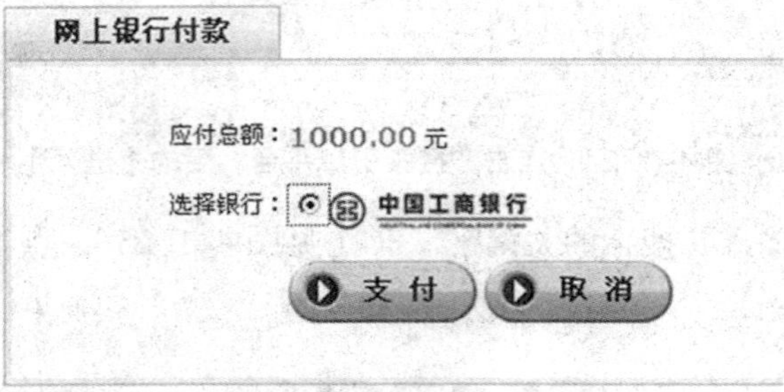

图 4-1-28　点击支付

进行在线确认支付，点击【在线支付】，在弹出的页面中，输入卡号、支付密码、附加码，点击【确定】按钮，支付成功。

（16）维护会员信息（见图 4-1-29）。点击 liming 后的【进入】，选择“个人设定”，修改资料之后，点击【修改】即可。

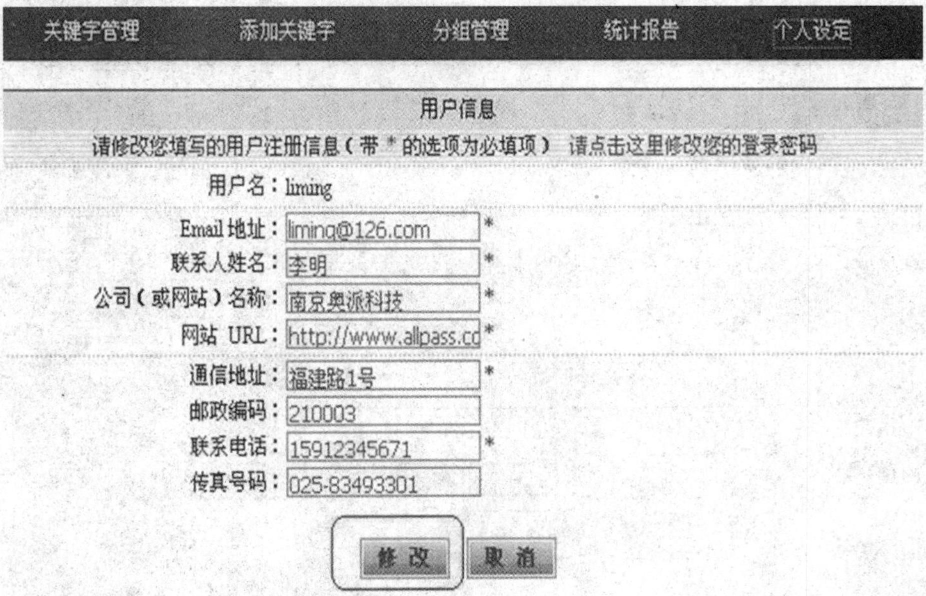

图 4-1-29　维护会员信息

也可以修改用户登录密码（见图 4-1-30）。点击【请点击这里修改您的登录密码】。

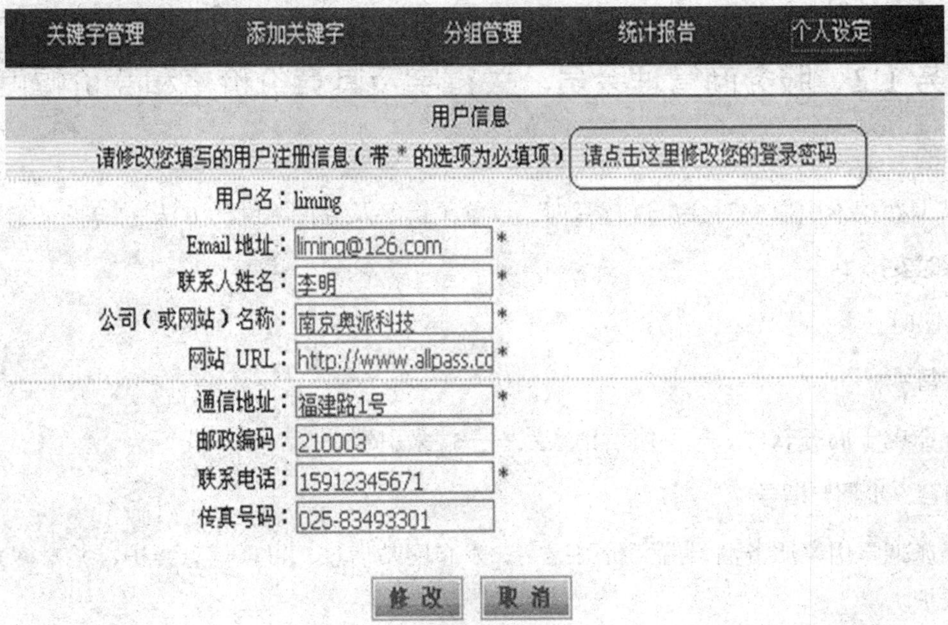

图 4-1-30　修改用户登录密码

在弹出的页面中输入新的登录密码，点击【确认】按钮即可。

（17）给服务商留言（见图 4-1-31）。点击 liming 后的【进入】，选择“留言”。输入留言标题和内容，点击【发送留言】。

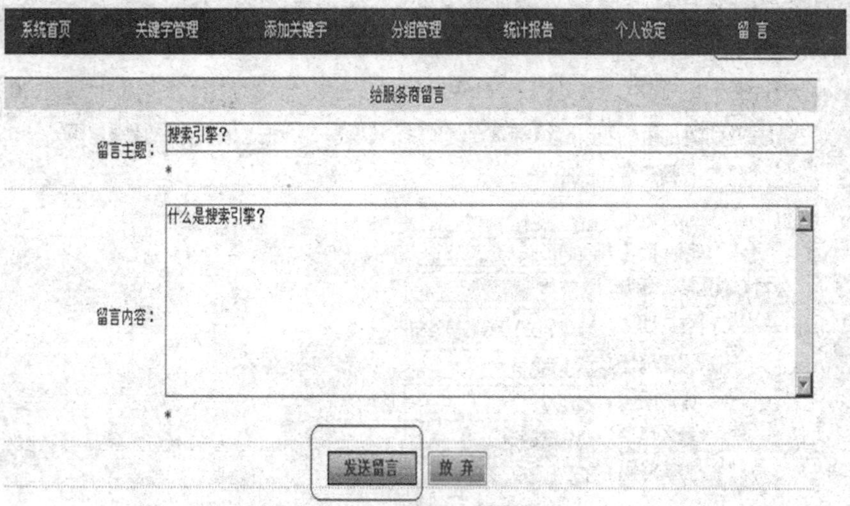

图 4-1-31　给服务商留言

拓展练习：

查看互联网中知名搜索引擎的介绍，了解搜索引擎的竞价排名知识，并在“百度推广”中免费注册。

任务 1.2　服务商管理会员、关键字及其竞价价格和竞价幅度等

实训目的：

掌握在搜索引擎中对会员进行管理，设置关键字及竞价幅度的方法。

实训课时安排：

3 课时。

实训准备：

奥派电子商务软件——网络营销实践——搜索引擎。

实训内容、步骤与指导：

奥派搜索引擎服务商设置竞价关键字，发布网站信息、置顶信息维护，并对搜索记录进行维护。

（1）竞价管理。设置进价关键字。进入服务商平台，点击“竞价管理”下拉列表中的“竞价信息维护”（见图 4-1-32），点击【添加竞价关键字】按钮。

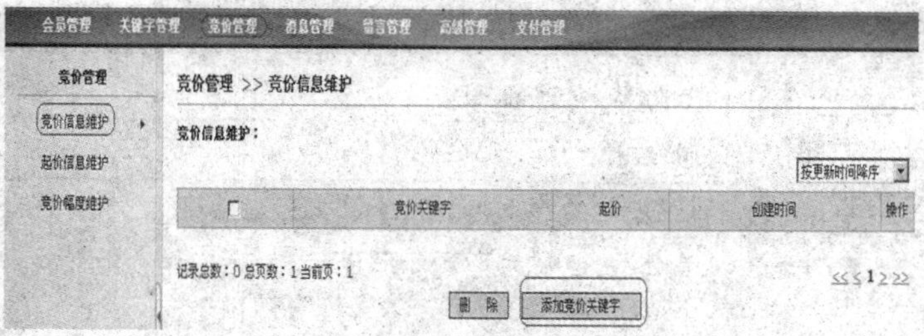

图 4–1–32　点击“竞价信息维护”

在弹出的页面中，输入竞价关键字和起步价，点击【添加】按钮即可，如图 4–1–33 所示。

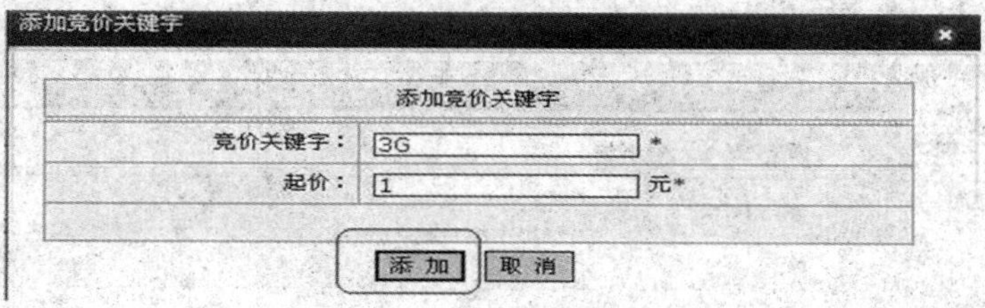

图 4–1–33　添加竞价关键字

如须对竞价关键字进行重新编辑，点击【编辑】按钮，在弹出的对话框中输入所要修改的内容，点击【编辑】即可。如要删除竞价的关键字，选择所要删除的关键字，点击【删除】按钮即可。修改竞价关键字，如图 4–1–34 所示。

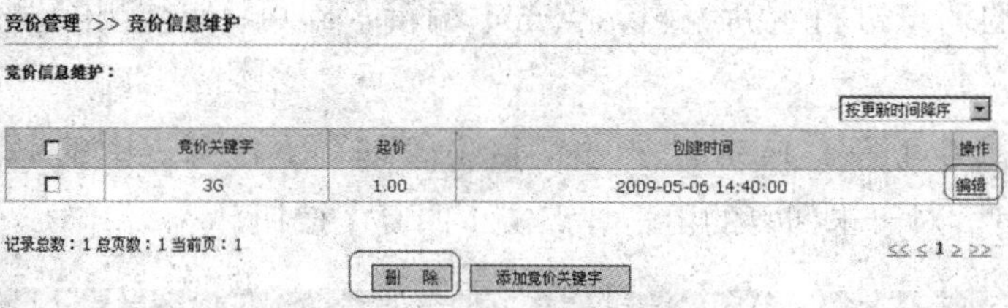

图 4–1–34　修改竞价关键字

（2）起价信息维护。点击“竞价管理”下拉列表中的“起价信息维护”，进入“起价信息维护页面”，输入新的起价价格，点击【编辑】按钮即可，如图 4–1–35 所示。

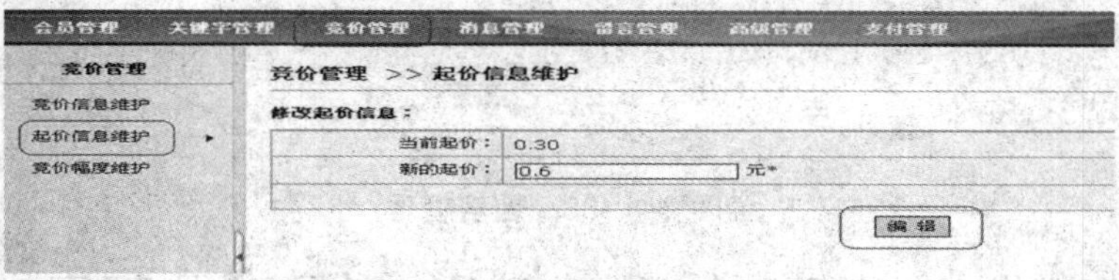

图 4–1–35　“起价信息维护”页面

（3）进价幅度维护。点击“竞价管理”下拉列表中的“竞价幅度维护”，进入“起价信息维护页面”（见图 4–1–36），输入新的起价价格，点击【编辑】按钮即可。

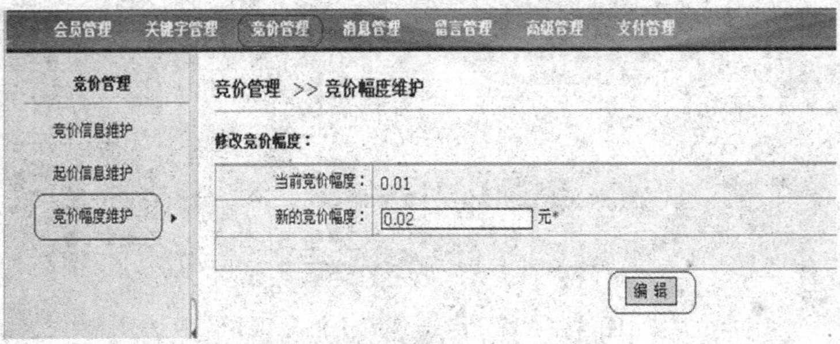

图 4–1–36 “起价信息维护”页面

（4）发布网站消息（见图 4–1–37）。点击“消息管理”下拉列表中的【消息维护】，点击【发布消息】，进入发布消息页面。

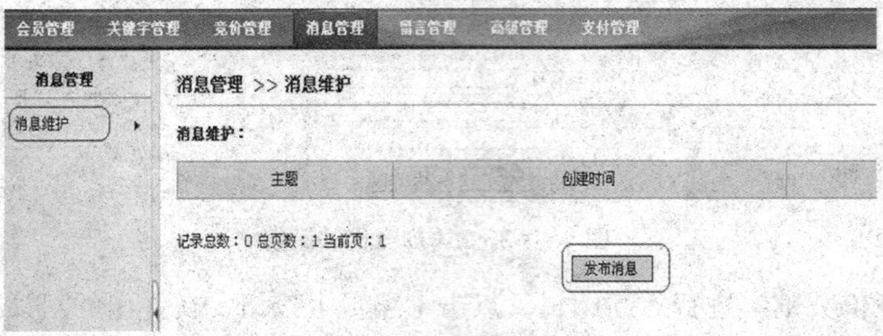

图 4–1–37 发布网站消息

在弹出的页面中，输入消息主题和内容，点击【发布消息】按钮即可。

如须对发布的消息进行重新编辑，点击【编辑】即可；如须删除发布的消息，点击【删除】即可。

（5）留言管理（见图 4–1–38）。点击“留言管理”下拉列表中的“留言信息维护”，查看会员留言信息。对于未回复的留言、点击【回复】按钮。

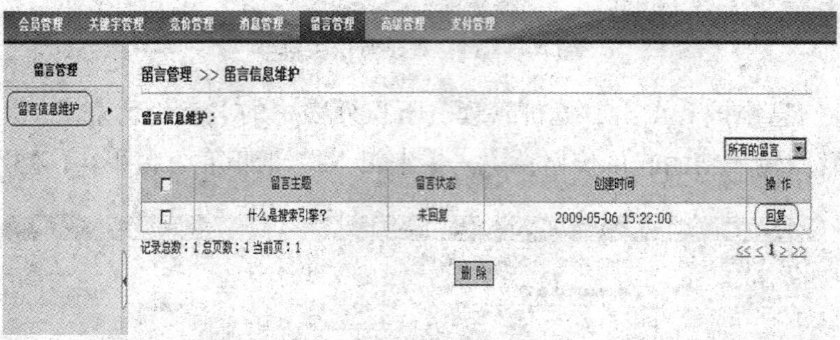

图 4–1–38 留言管理

在弹出的留言信息维护页面，输入回复内容，点击【回复】按钮即可。

如须查看回复的留言，点击操作下方的【查看】即可；如须删除留言信息，选择要删除的留言，点击【删除】按钮即可。

（6）会员查看留言。进入会员平台，点击右下角的【留言管理】，如图 4–1–39 所示。

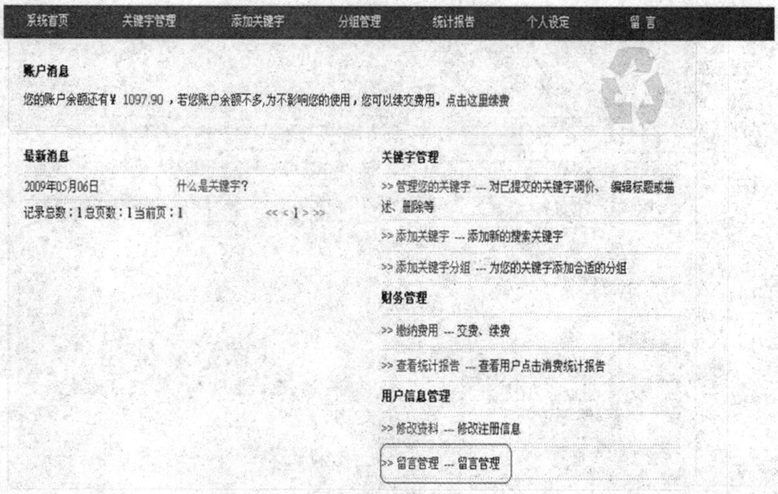

图 4–1–39　点击【留言管理】

在弹出的“留言管理”页面中（见图 4–1–40），点击操作下方的【阅读】，查看服务商的留言。如须删除留言，先选择所要删除的留言，再点击【删除】按钮即可。

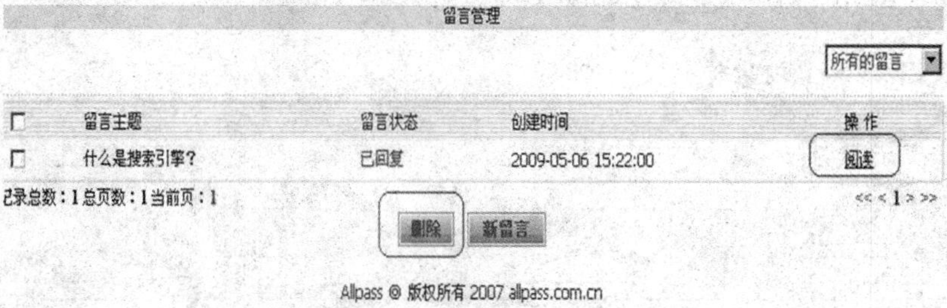

图 4–1–40　“留言管理”页面

（7）置顶信息维护（见图 4–1–41）。点击“高级管理”下拉列表中的“置顶信息维护”，点击【添加置顶关键字】。

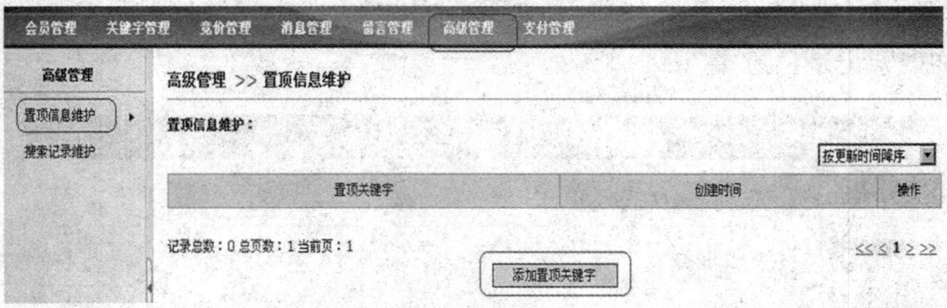

图 4–1–41　置顶信息维护

在弹出的“置顶信息维护”页面中（见图 4–1–42），输入关键字、网页标题、URL 地址和网页描述，点击【发布置顶信息】按钮。

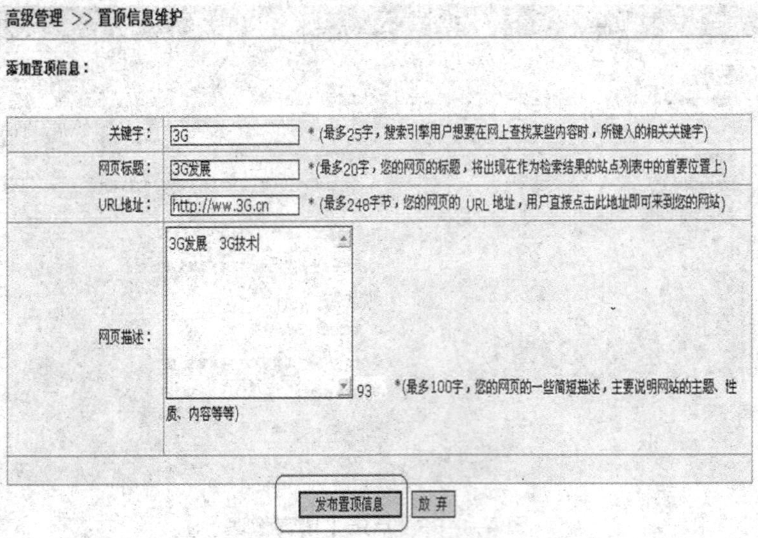

图 4-1-42 发布置顶信息

如须重新编辑已添加的置顶关键字，点击操作下方的【编辑】即可；如须删除已添加的置顶关键字，点击操作下方的【删除】即可，如图 4-1-43 所示。

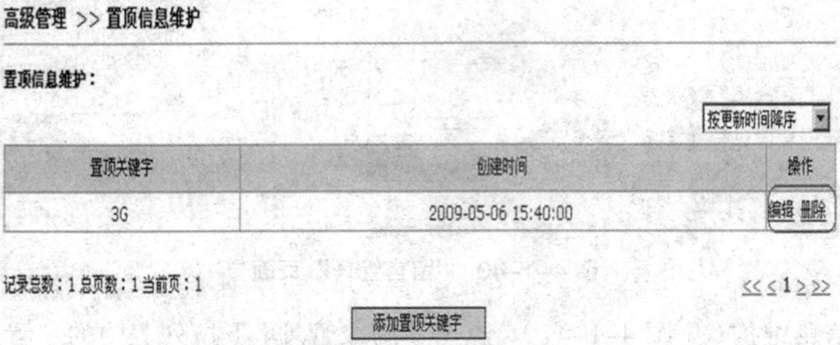

图 4-1-43 编辑、删除关键字

（8）搜索记录维护（见图 4-1-44）。点击“高级管理”下拉列表中的【搜索记录维护】，点击【添加搜索记录信息】。

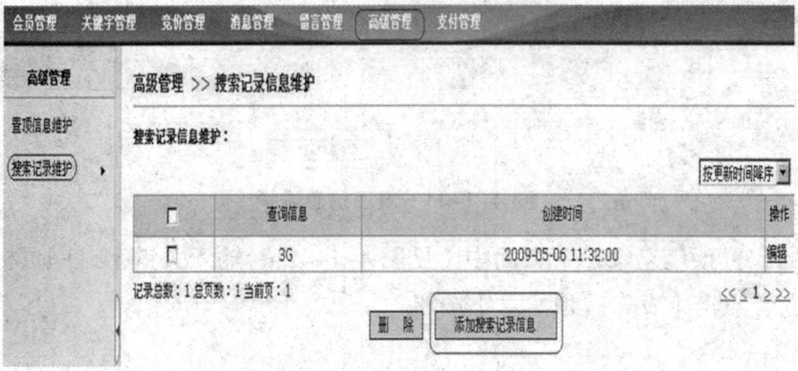

图 4-1-44 搜索记录维护

在弹出的页面中，输入查询信息，点击【添加】按钮，如图 4–1–45 所示。

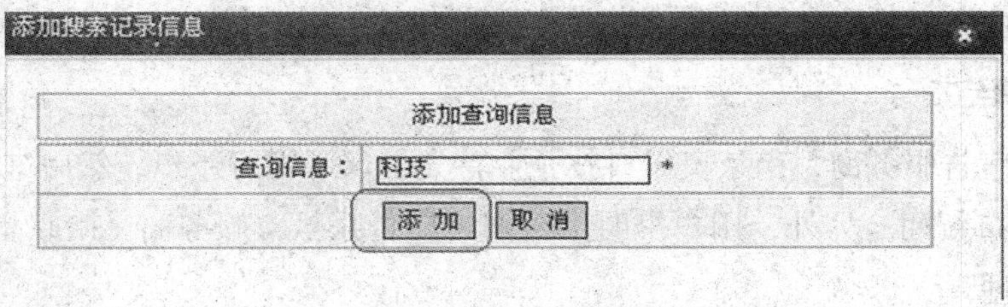

图 4–1–45　添加查询信息

如须删除搜索记录，选择所要删除的信息，点击【删除】按钮；如须编辑搜索记录，选择所要编辑的信息，点击操作下方的【编辑】即可，如图 4–1–46 所示。

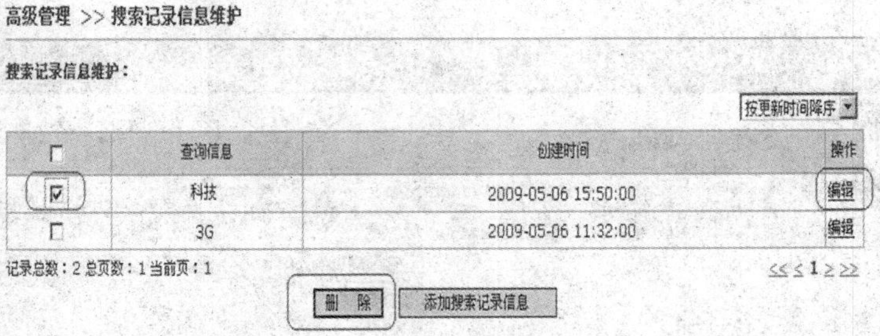

图 4–1–46　删除、编辑搜索记录

拓展练习：

在“百度推广”中进行关键字的设置及竞价。

任务 2　网络广告

【实践情境】

南京奥派科技企业是一家网络广告的提供商。李明是南京舜天科技的一名职员，主要负责公司的业务推广，现想在奥派科技企业的网络广告平台上申请发布网络广告。

任务 2.1　作为网络广告的发布商需要设置的初始数据

实训目的：

学会任务为网络广告发布商设置初始数据的方法。

实训课时安排：

2 课时。

实训准备：

奥派电子商务软件——网络营销实践——网络广告。

实训内容、步骤与指导：

作为网络广告服务商，南京奥派科技企业首先绑定了银行账户，然后进行网络广告报价的设置及发布新闻。另外，用户李明申请网络广告账号，服务商（南京奥派科技企业）对会员进行管理。

（1）进入服务商平台。点击“网络营销实践”，选择“网络广告”，点击服务商平台后的【进入】。

（2）服务商绑定银行账号。点击“支付管理”，进入“银行账户管理”页面（见图4-2-1），点击【新增账户】按钮。

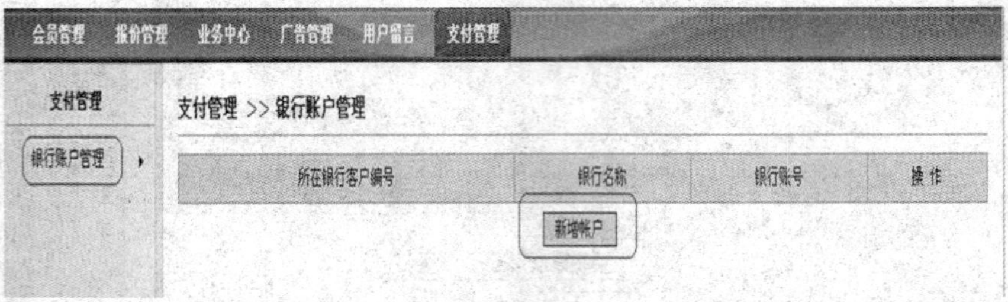

图 4-2-1 “银行账户管理”页面

在弹出的“银行账号管理”页面中，输入已申请的南京奥派科技企业的网上银行账号，点击【提交】按钮，则服务商银行账号绑定成功，如图 4-2-2 所示。

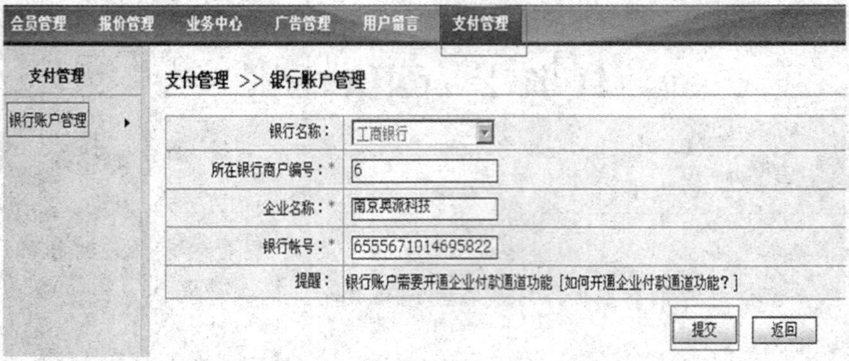

图 4-2-2 输入网上银行账号

（3）服务商广告报价管理。进入服务商平台，点击“报价管理”，进入“报价管理”页面，如图 4-2-3 所示。对不同频道的不同广告位报价，只须输入新的报价，点击【修改】按钮，即可成功修改广告位报价。

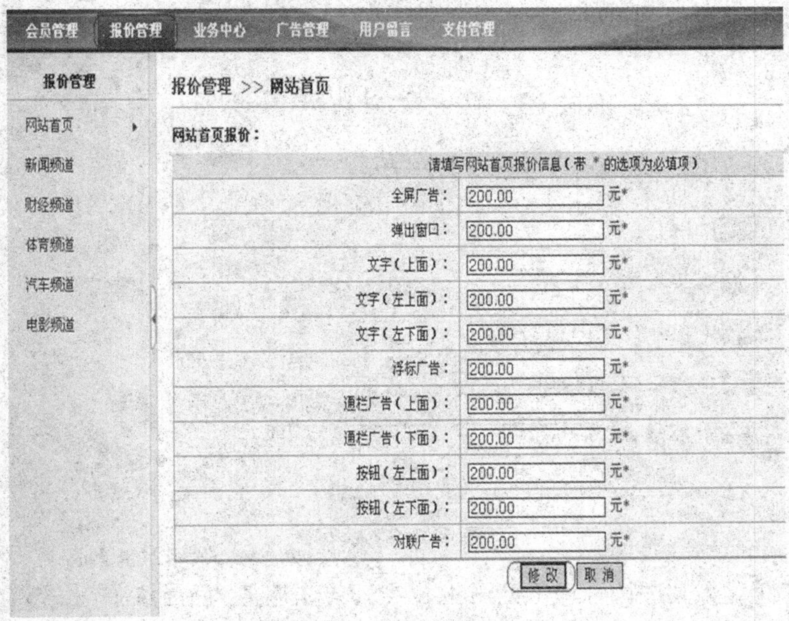

图 4–2–3 “报价管理”页面

（4）用户申请网络广告账号。点击网络广告平台后的【进入】，进入网络广告平台首页。

点击左下角的“网络广告——让你的企业一夜成名”图标，如图 4–2–4 所示，进入用户页面。

图 4–2–4 点击网络广告图标

点击左上角的【注册】按钮（见图 4–2–5），进入注册页面。

图 4–2–5 点击【注册】按钮

在注册页面中填写详细注册信息，点击【确定】按钮，会员注册成功，如图 4–2–6 所示。

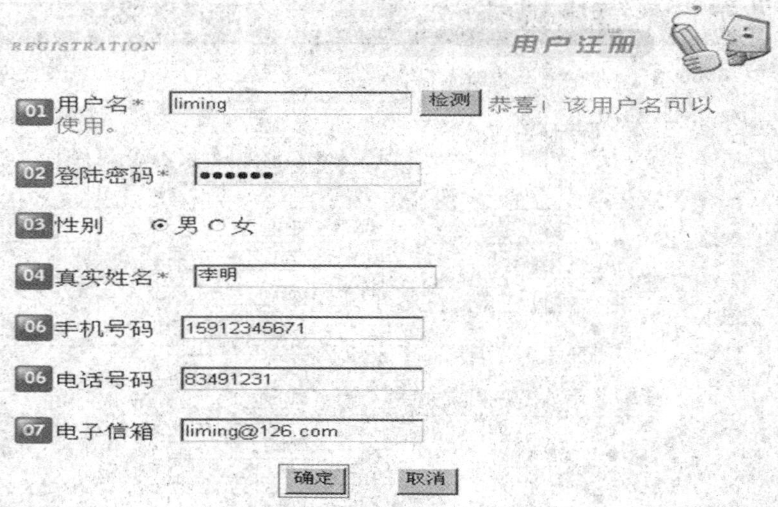

图 4-2-6 填写

（5）服务商对会员进行管理（见图 4-2-7）。点击服务商平台后的【进入】，进入服务商平台，点击“会员管理”下拉列表中的“会员资料管理”，进入会员资料管理页面。点击操作下方的【详细】，可查看会员详细信息，点击【编辑】，可管理会员资料信息。

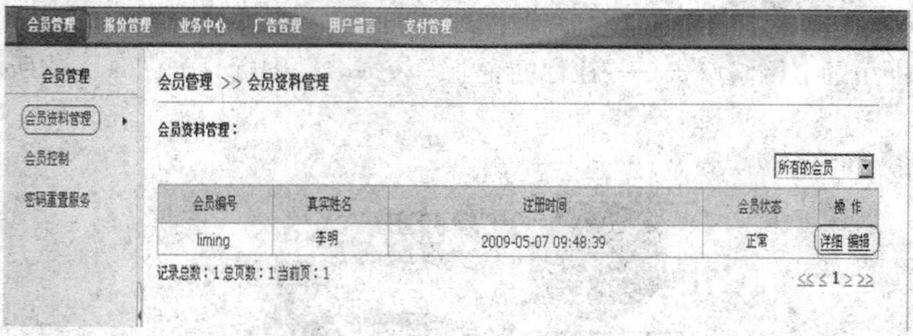

图 4-2-7 对会员进行管理

点击“会员管理”下拉列表中的“会员控制”，进入“会员控制”页面（见图 4-2-8），点击【控制】按钮。

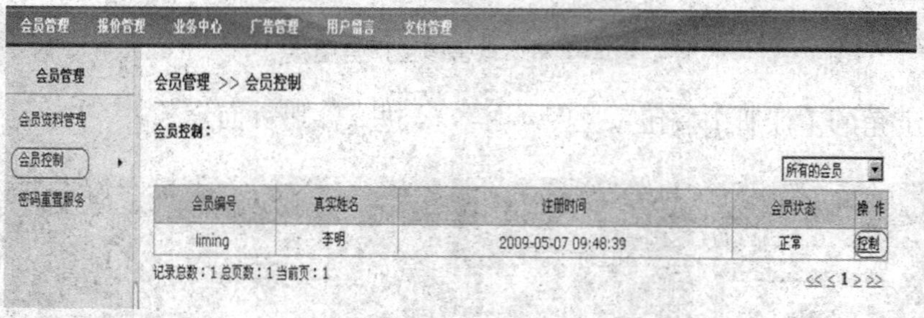

图 4-2-8 “会员控制”页面

在弹出的“会员信息控制”页面中，选择会员状态，点击【修改】即可，如图 4-2-9 所示。

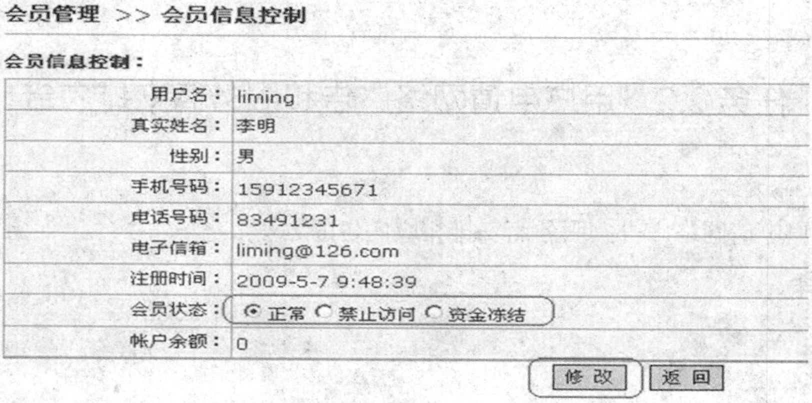

图 4–2–9　选择会员状态

点击“会员管理”下拉列表中的“密码重置服务”，进入“会员密码重置”页面，点击【密码重置】按钮，如图 4–2–10 所示。

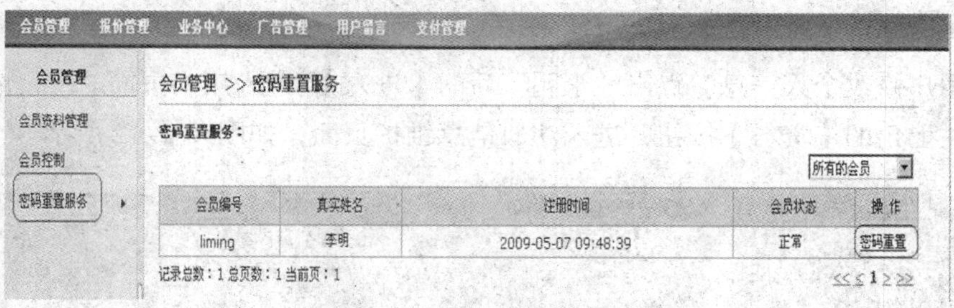

图 4–2–10　密码重置

在弹出的“密码重置页面”中，填写重置原因，输入新密码和校对密码，点击【重置】按钮即可，如图 4–2–11 所示。

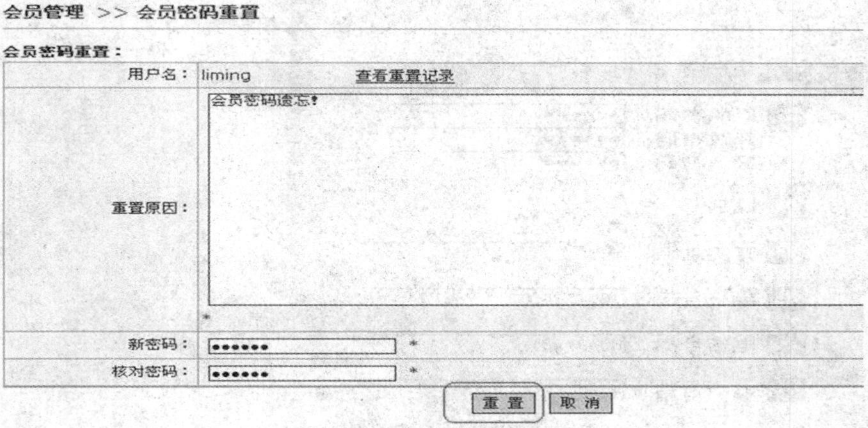

图 4–2–11　填写重置原因

拓展练习：

在腾讯社交广告中了解腾讯平台的广告资源，并注册账号。

任务 2.2　用户申请网络广告和服务商安排广告

实训目的：

掌握用户申请网络广告，服务商安排相应广告的方法。

实训课时安排：

2 课时。

实训准备：

奥派电子商务软件——网络营销实践——网络广告。

实训内容、步骤与指导：

作为会员的李明首先要给账户充值，并选择广告类型和发布时间，申请广告位。另一方面，服务商要审核该会员的广告申请。

（1）用户修改个人信息。点击“李明”后的【进入】，进入用户页面。

点击左上角的【资料】按钮，进入注册信息维护页面，如图 4–2–12 所示。

图 4–2–12　点击【资料】

注册信息维护之后，点击【修改】按钮即可，如图 4–2–13 所示。

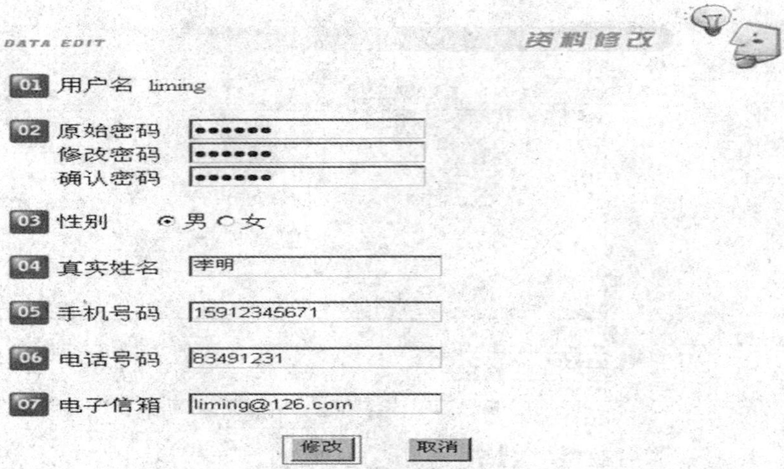

图 4–2–13　修改信息

（2）用户进行账户充值（见图 4–2–14）。点击左上角的【在线充值】，进入在线充值页面。

图 4–2–14　账户充值

输入充值金额，选择支付银行，点击【去银行充值】按钮，如图 4–2–15 所示。

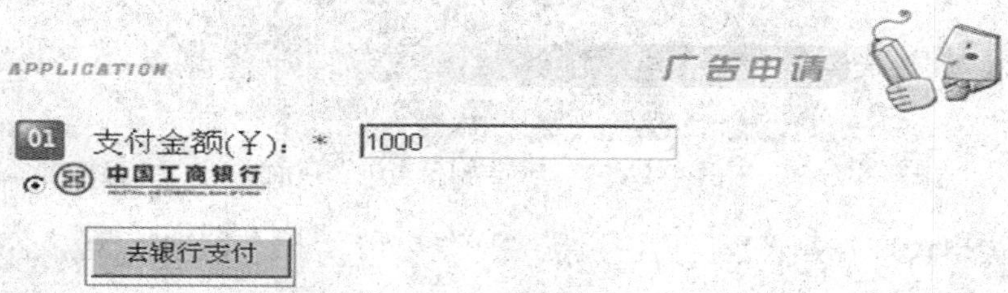

图 4–2–15　点击【去银行支付】

进行在线确认，点击【在线支付】按钮，如图 4–2–16 所示。

图 4–2–16　进行在线确认

输入卡号、支付密码、附加码，点击【确认】按钮，则支付成功，如图 4–2–17 所示。。

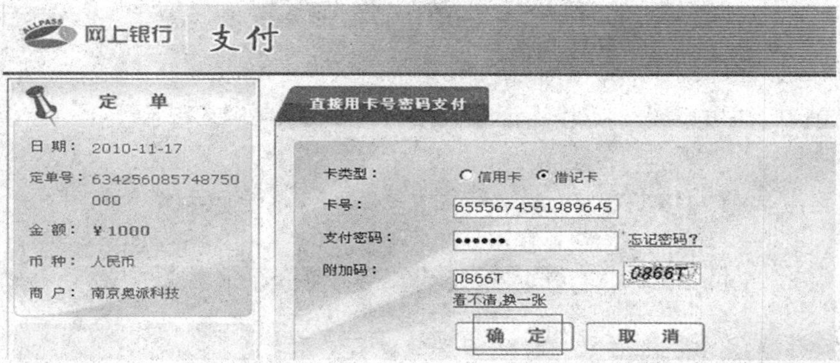

图 4–2–17　输入卡号、支付密码、附加码

（3）用户广告报价查询。点击“广告报价”下的【GO】，进入“广告报价查询”页面（见图 4–2–18）。

把鼠标放到相应的广告上，就显示广告的相应信息。

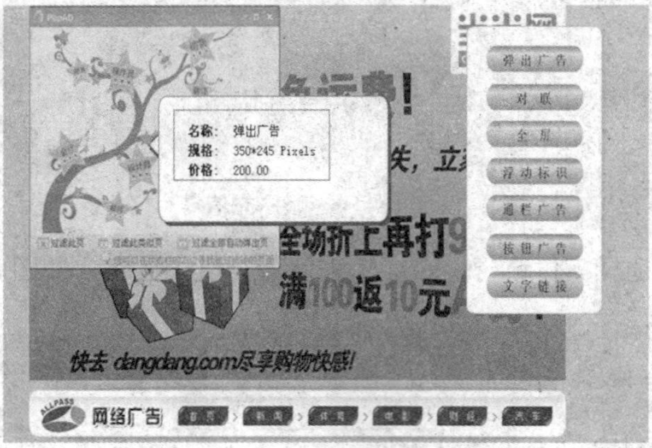

图 4-2-18 “广告报价查询”页面

（4）会员申请广告并管理广告。点击“广告申请”下的【GO】，进入广告申请页面，填写广告申请详细信息，点击【确定】按钮，如图 4-2-19 所示。

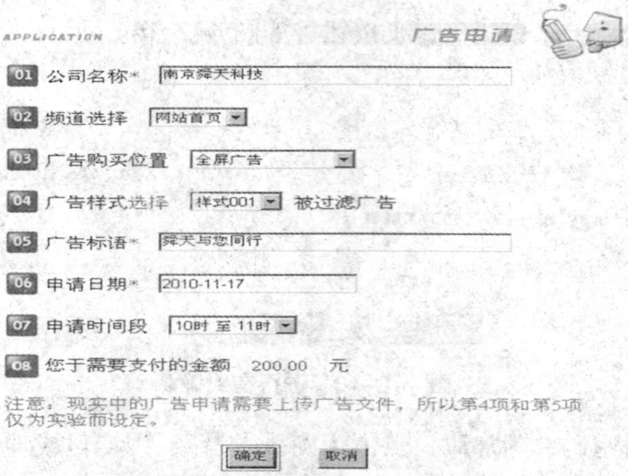

图 4-2-19 填写广告申请信息

也可以在别的页面申请该广告。

如须撤销申请中的广告，点击【详细】按钮，如图 4-2-20 所示。

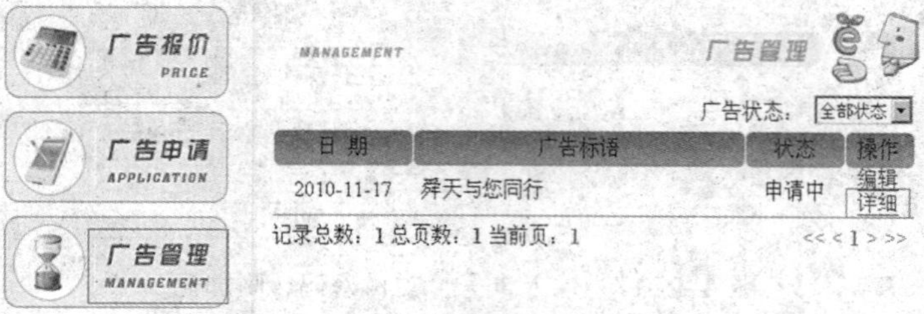

图 4-2-20 点击【详细】按钮

在弹出的页面中，如果需要撤销广告，就可以点击【撤销申请】按钮，如图 4-2-21 所示。

注意：如果点击了【撤销申请】，接下来的步骤就操作不了了，需要重新申请广告。

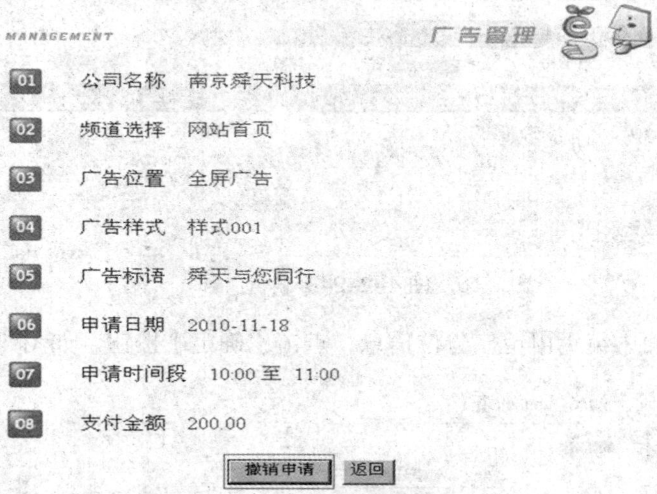

图 4-2-21 点击【撤销申请】

如须修改申请中广告的信息，点击【编辑】按钮，如图 4-2-22 所示。

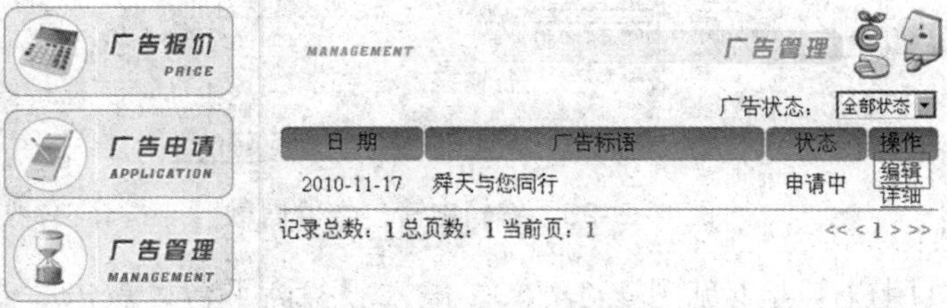

图 4-2-22 修改申请中广告的信息

在弹出的页面中，填写修改的资料，点击【确定】按钮，如图 4-2-23 所示。。

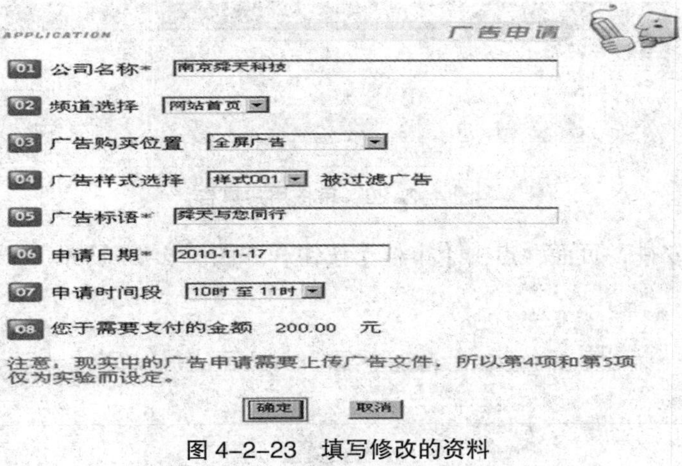

图 4-2-23 填写修改的资料

（5）服务商广告业务管理。

①服务商对用户广告进行编辑。进入服务商平台，点击“业务中心”下拉列表中的

“广告编辑”，点击“编辑”按钮，如图 4–2–24 所示。

注意：如果广告已经安排了，这里就看不到广告信息。申请过广告后这里就能体现。必须要在编辑的时间段。超出时间就无法编辑。

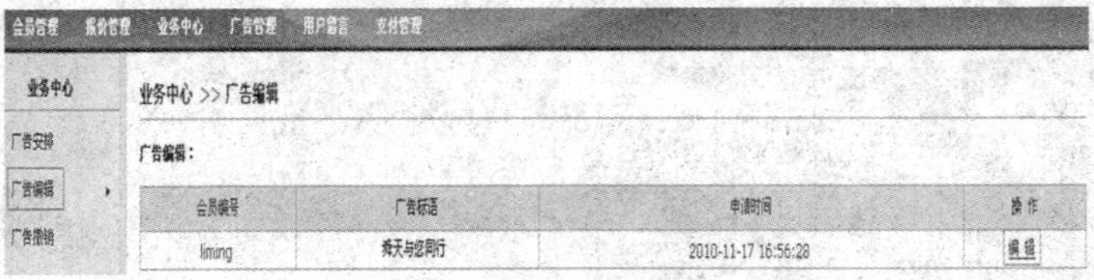

图 4–2–24　编辑广告

在弹出的页面中编辑申请广告位信息，点击【确定】按钮，如图 4–2–25 所示。

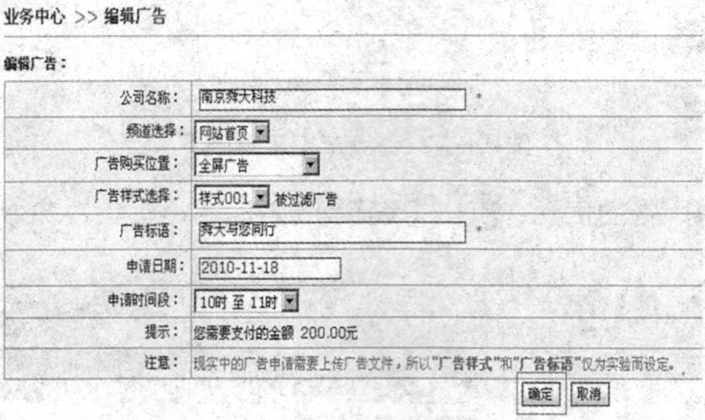

图 4–2–25　编辑申请广告位信息

②服务商审核用户广告（见图 4–2–26）。进入服务商平台，点击“业务中心”下拉列表中的“广告安排”，点击【审核】按钮。

注意：必须要在审核的时间段。超出时间就无法审核。

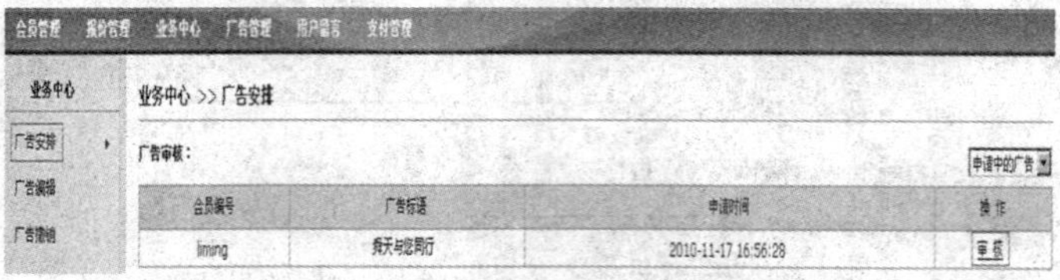

图 4–2–26　审核用户广告

进入“广告安排”页面，点击【审核】按钮，如图 4–2–27 所示。

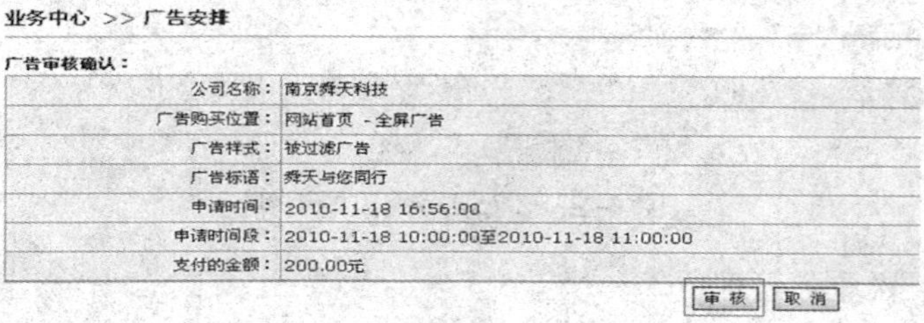

图 4–2–27　“广告安排”页面

拓展练习：

登录腾讯社交平台，查看腾讯广告的购买步骤，并试着购买最便宜的广告。

任务 2.3 广告效果管理和其他功能

实训目的：

学会作为服务商在广告管理中设置广告位促销信息的方法。

实训课时安排：

2 课时。

实训准备：

奥派电子商务软件——网络营销实践——网络广告。

实训内容、步骤与指导：

服务商发布新闻，设置促销价；用户查看已发布的广告，对服务商提问留言，服务商对其进行回复。

（1）服务商广告管理。

①服务商发布新闻，如图 4-2-28 所示。进入服务商平台，点击“广告管理”下拉列表中的“新闻管理”，进入新闻管理页面点击【发布新闻】按钮。

输入新闻主题和内容，点击【发布新闻】按钮，则新闻发布成功。

如须查看新闻内容，点击操作下方的【查看】；如须编辑新闻内容，点击操作下方的【编辑】；如需删除新闻内容，点击操作下方的【删除】。

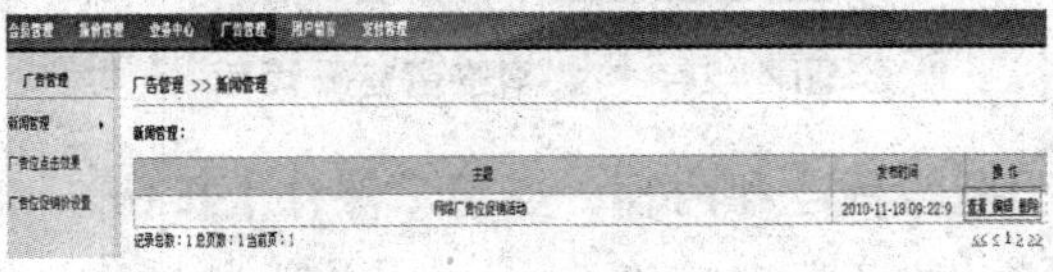

图 4-2-28 发布新闻

②服务商查看广告位点击效果。点击“广告管理”下拉列表中的“广告位点击效果”，进入“广告位点击效果”页面查看（见图 4-2-29）。选择所要查看频道的广告位，即可查看到点击效果。

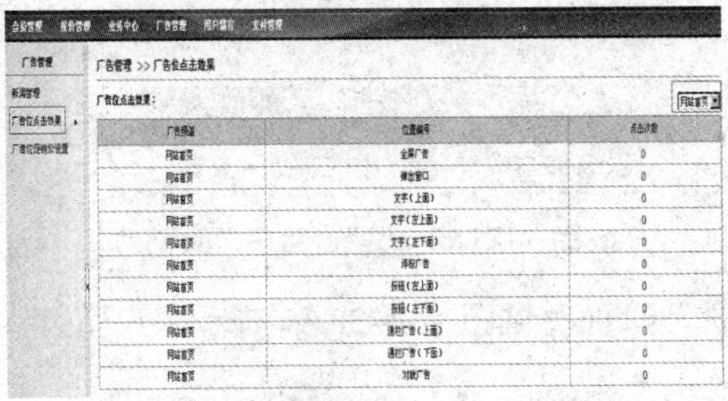

图 4-2-29 “广告位点击效果”页面

③服务商设置广告位促销信息。点击“广告管理”下拉列表中的【广告位促销价设置】，进入“广告位促销价设置”页面，如图 4–2–30 所示。选择促销频道、促销广告位置和促销价格，点击【确定】按钮。

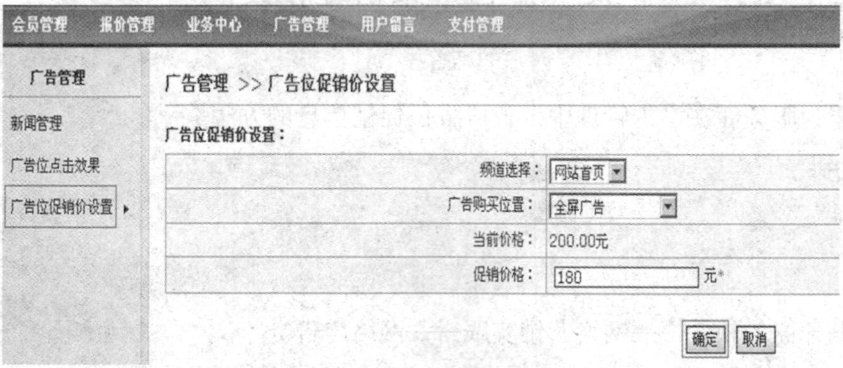

图 4–2–30 “广告位促销设置”页面

（2）会员提问。点击 Liming 后的【进入】按钮，进入会员平台。点击“网络留言”下的【GO】，进入“网络留言”页面（见图 4–3–31），点击【我要留言】按钮，进入留言页面。

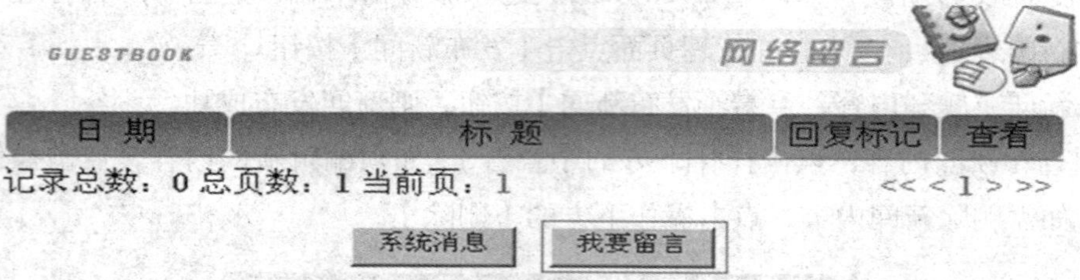

图 4–2–31 “网络留言”页面

选择留言类型，填写留言标题和内容，点击【保存】按钮。

（3）服务商回复留言。进入服务商平台，点击“用户留言”下拉列表中的“用户留言管理”，进入“用户留言管理”页面（见图 4–2–32），点击操作下面的【回复】。

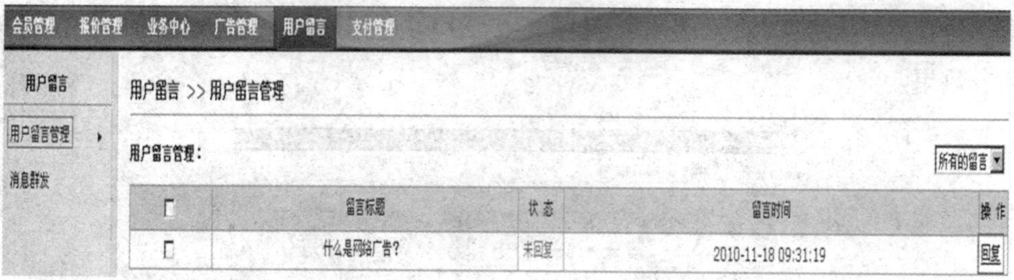

图 4–2–32 “留言管理”页面

进入“留言信息维护”页面（见图 4–2–33），查看用户留言内容，输入回复内容，点击【回复】按钮。

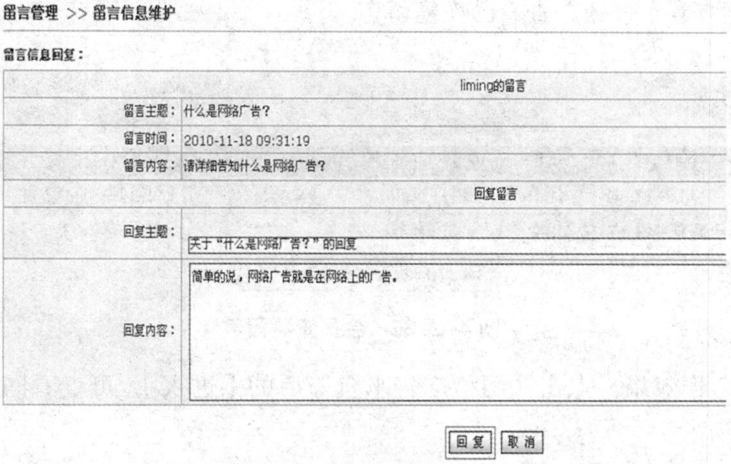

图 4–2–33 “留言信息维护”页面

①服务商删除留言。首先应选择所要删除的留言，再点击【删除】按钮即可，如图 4–2–34 所示。

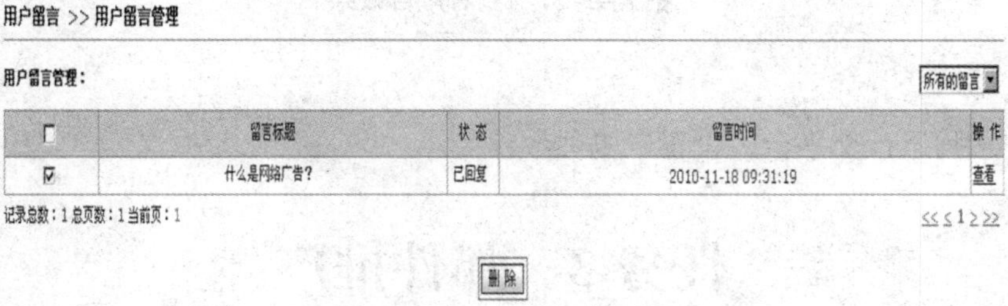

图 4–2–34 删除留言

②服务商发送系统信息（见图 4–2–35）。进入服务商平台，点击“用户留言”下拉列表中的“消息群发”，输入群发消息标题和内容，选择接收会员，点击【发送】按钮。

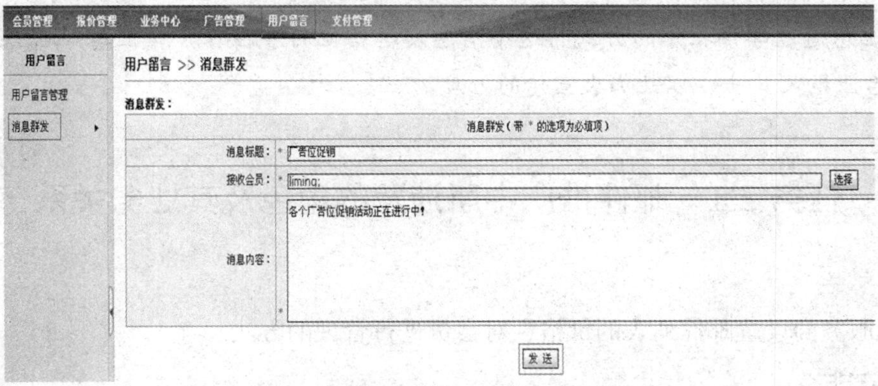

图 4–2–35 服务商发送系统信息

（4）会员查看留言（见图 4–2–36）。点击 Liming 后的【进入】按钮，进入会员平台。点击“网络留言”下的【GO】，进入“网络留言”页面。点击【系统消息】按钮，查看系统消息；点击【查看】按钮，查看已恢复留言。

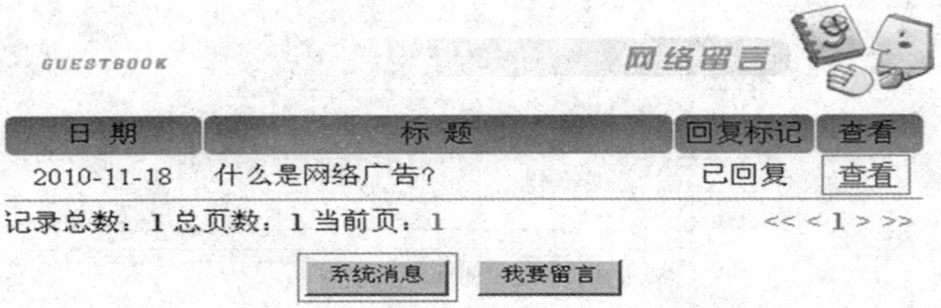

图 4–2–36 会员查看留言

（5）查看广告效果。点击“网络广告平台”后的【进入】，可查看网络广告的效果，如图 4–2–37 所示。

图 4–2–37 查看广告效果

拓展练习：

学生登录腾讯社交平台，设置广告位。

任务 3 邮件推广

【实践情境】

南京奥派科技企业是邮件推广平台的服务商。李明代理了一批教材，正在促销。他想通过邮件推广的方式将这个消息发送给他的潜在客户（王军）；他还想在该平台上购买广告，以此加大宣传的力度。

任务 3.1 邮件推广中所涉及的角色及其业务关系

实训目的：

掌握服务商设置邮件列表的价格、对会员进行管理的方法。

实训课时安排：

2 课时。

实训准备：

奥派电子商务软件—网络营销实践—邮件推广。

实训内容、步骤与指导：

服务商（南京奥派科技企业）绑定银行账户，并进行邮件列表价格设置。申请邮件发布人李明和邮件订阅人王军的账户，并将李明升级为高级用户。

（1）服务商绑定银行账户。进入服务商平台，点击“网络营销实践”，选择“邮件推广”，点击服务商平台后的【进入】，进入服务商平台。点击“支付管理”，进入“银行账户管理”页面（见图 4-3-1），点击【新增账户】按钮。

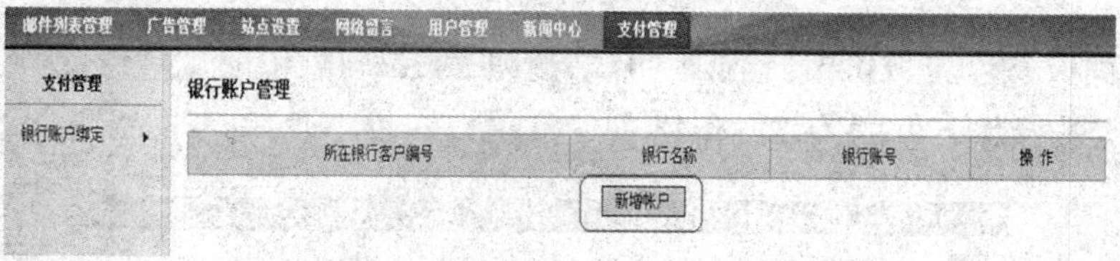

图 4-3-1　“银行账户管理”页面

输入正确的服务商银行账号，点击【提交】按钮，则服务商银行账号绑定成功，如图 4-3-2 所示。

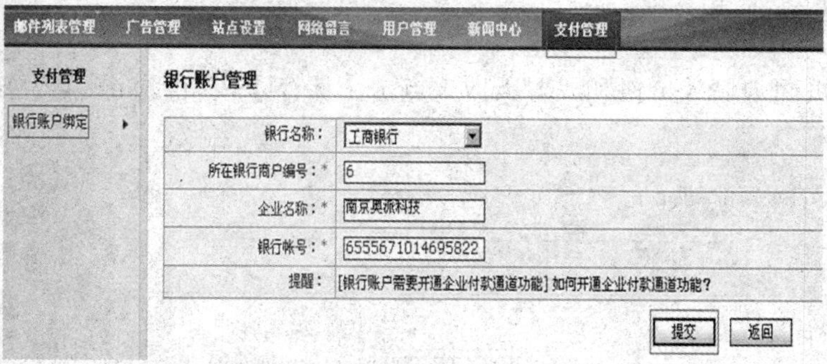

图 4-3-2　输入银行账号

（2）服务商设置邮件列表的价格。选择“邮件列表管理”下拉列表中的“价格管理”，点击【修改价格】按钮，如图 4-3-3 所示。

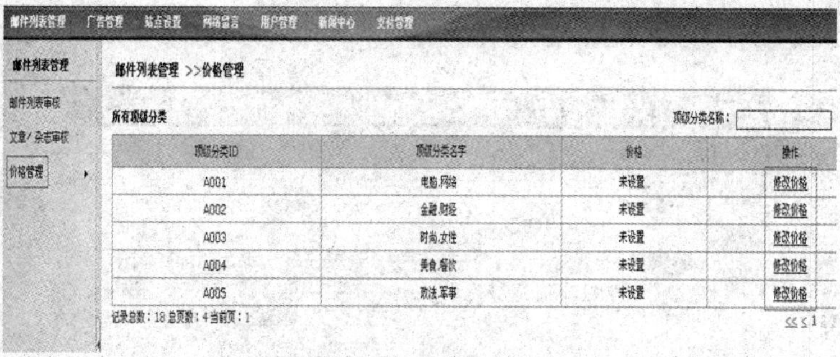

图 4-3-3　点击【修改价格】

在弹出的页面中输入发送邮件数和收费数（见图 4-3-4），点击【保存】按钮，即广告商在创建邮件列表并付费后，才能给订阅客户发送邮件。

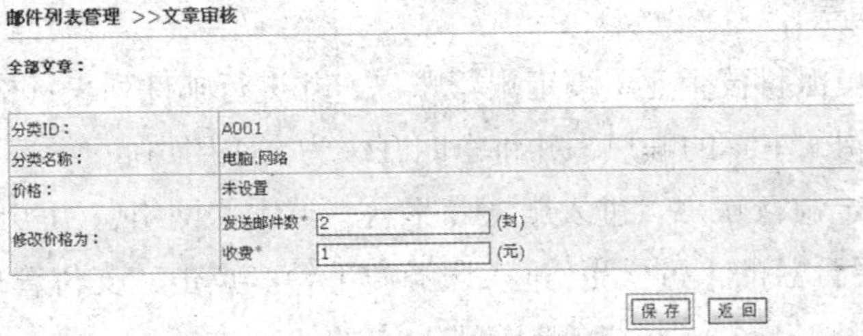

图 4–3–4　输入发送邮件数和收费数

（3）服务商设置广告位价格。点击“广告管理”下拉列表中的“广告位及价格管理”（见图 4–3–5），点击操作下方的【修改价格】。

图 4–3–5　点击“广告位及价格管理”

在弹出的页面中输入价格和放置天数，点击【保存】按钮，如图 4–3–6 所示。

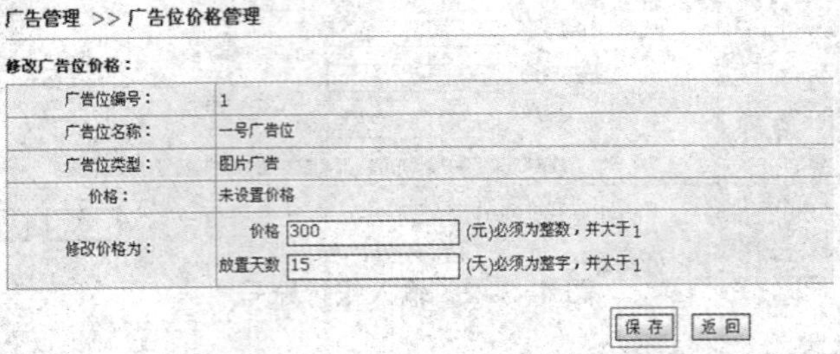

图 4–3–6　输入价格和放置天数

（4）服务商设置站点信息（见图 4–3–7）。点击“站点设置”，在“站点设置”页面中，输入联系地址、邮编等相关信息，点击【保存】按钮即可。

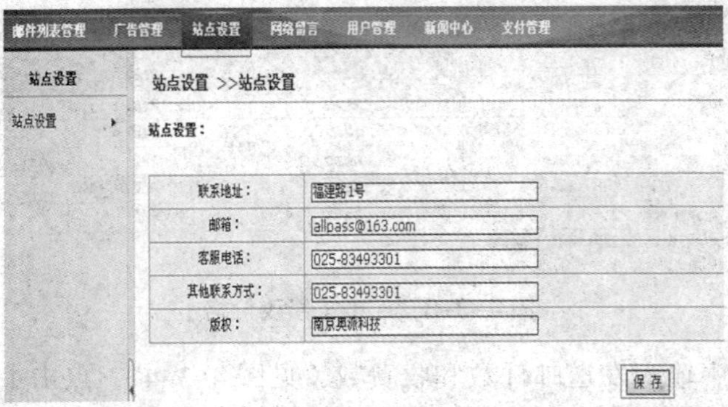

图 4–3–7　设置站点信息

（5）服务商新闻管理。点击“新闻中心”下拉列表中的“新闻维护”（见图 4–3–8），点击【添加】按钮。

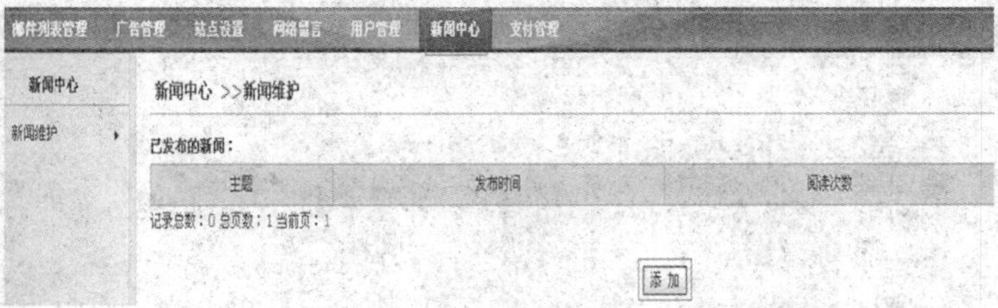

图 4–3–8 点击“新闻维护”

在弹出的新闻维护页面中，输入新闻主题、内容、新闻类型，点击【添加】按钮，则新闻发布成功。

如须重新编辑该新闻消息，点击操作下方的【编辑】按钮即可；如须删除该条新闻，点击操作下方的【删除】按钮即可，如图 4–3–9 所示。

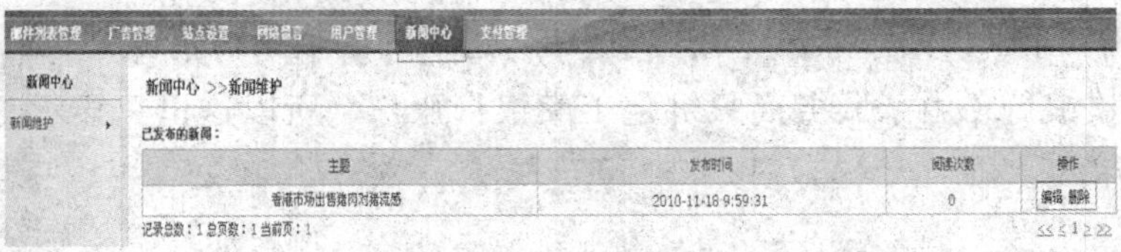

图 4–3–9 编辑、删除新闻消息

（6）服务商申请会员账户。申请邮件发布人李明的账号，并将其升级为高级会员。点击邮件推广平台后的【进入】按钮，进入“邮件推广平台”页面。

点击页面左上角的【注册】，进入“注册用户”页面。在“用户注册”页面中，填写相关信息，点击【提交】按钮即可，如图 4–3–10 所示。

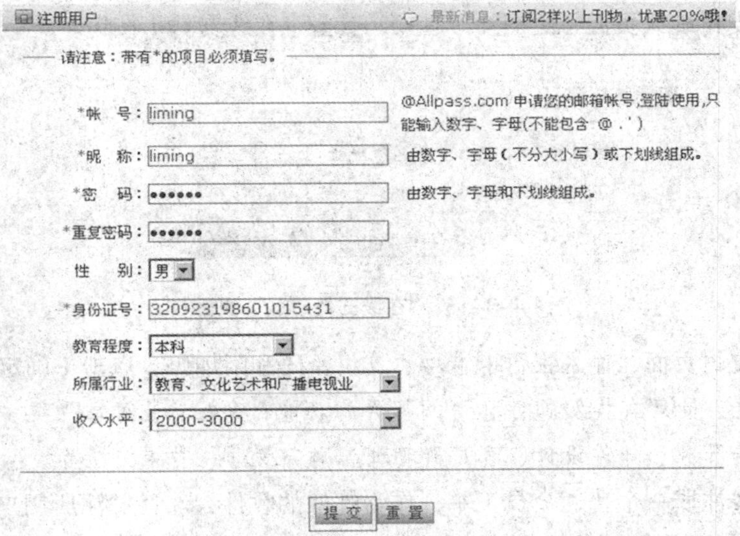

图 4–3–10 在“注册用户”页面填写相关信息

注册提交之后会自动导航到“账户”页面，点击【升级为高级用户】按钮，如图4-3-11所示。

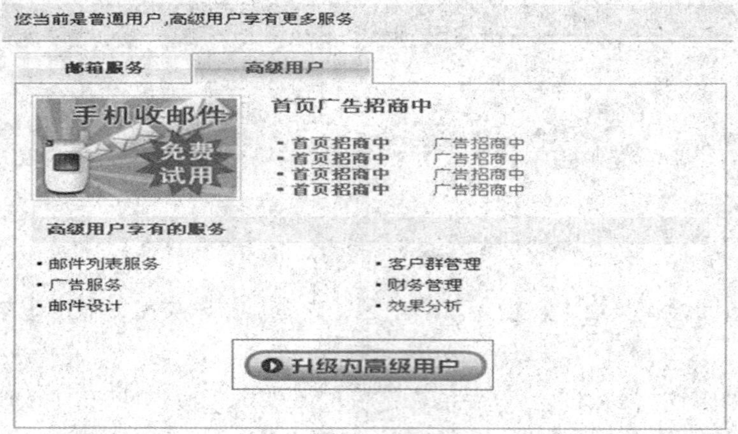

图 4-3-11 点击【升级为高级用户】

进入“账户充值”页面。点击【充值】按钮，进入“网上银行付款”页面，如图4-3-12所示。选择付款银行（由于服务商只绑定工商银行账户，所以这里只显示工商银行），点击【支付】按钮。

图 4-3-12 “网上银行付款”页面

进入在线支付确认页面（见图4-3-13），点击【在线支付】按钮。

图 4-3-13 “在线支付确认”页面

进入在线支付页面，输入银行卡卡号、支付密码和附加码，点击【确定】按钮即可。

注意：普通会员只有收发邮件和订阅邮件的功能；高级会员可享受更多服务，如邮件列表服务、广告服务、邮件设计、客户群管理、财务管理、效果分析等。

下面同样要注册一个普通会员王军，作为邮件的收件人。在“注册用户”页面（见图4-3-14），输入注册信息，点击【提交】按钮即可。

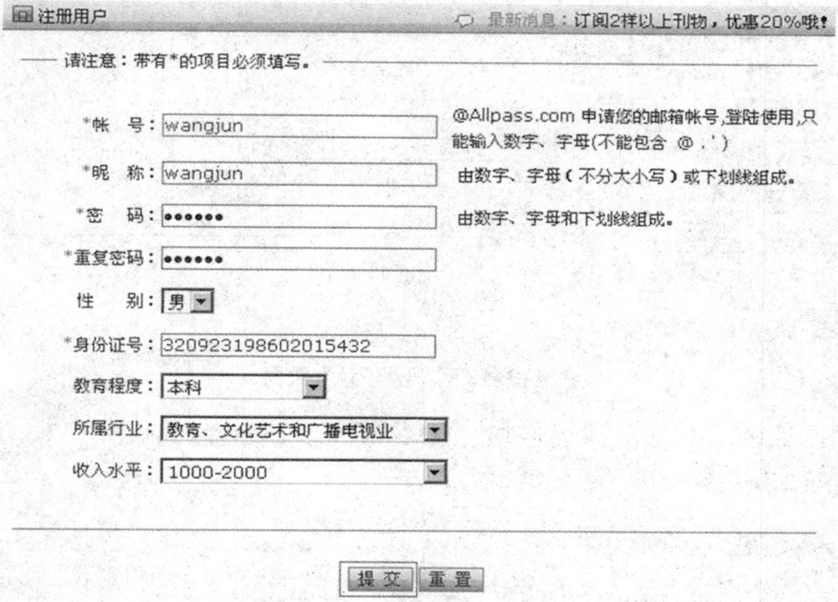

图 4-3-14　“注册用户”页面

（7）服务商会员管理。进入服务商平台，点击“用户管理”，如图 4-3-15 所示。如须查看会员的详细信息，点击【详细】按钮；如须修改会员信息，点击【编辑】按钮即可。

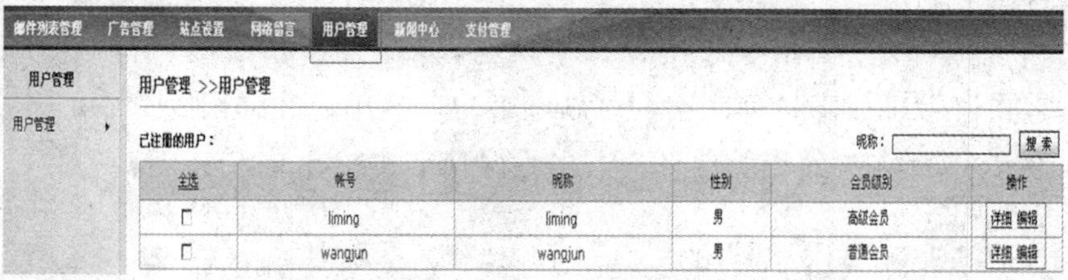

图 4-3-15　点击“用户管理”

（8）高级用户群管理。点击 liming 后的【进入】按钮，进入“邮件推广”平台，如图 4-3-16 所示。点击【进入账户】按钮，进入高级会员 liming 的账户。

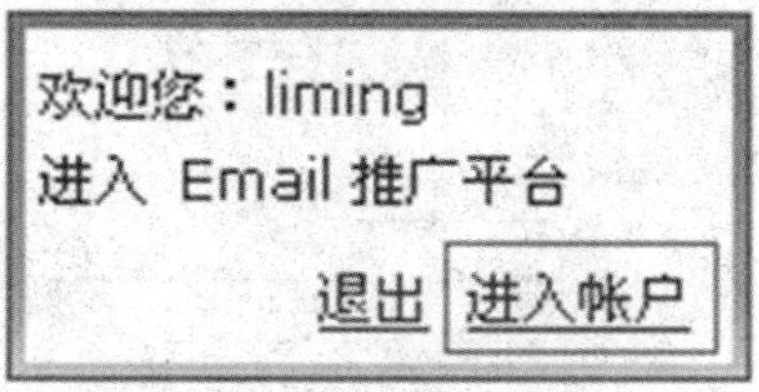

图 4-3-16　进入“邮件推广平台”

①高级用户邮件设计。点击“邮件设计”选项，进入“邮件设计”页面，如图 4-3-17 所示。输入名称、描述，选择适用客户类型，填写内容，点击【保存】。

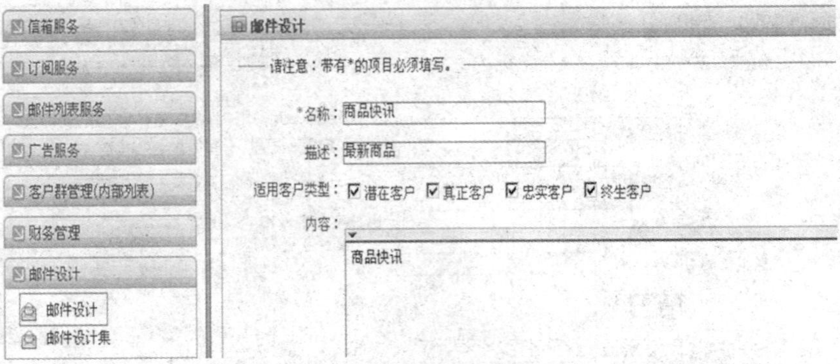

图 4–3–17 “邮件设计”页面

点击“邮件设计集”（见图 4–3–18），可看到所有已设计好的邮件。点击【编辑】按钮可对邮件重新进行编辑。

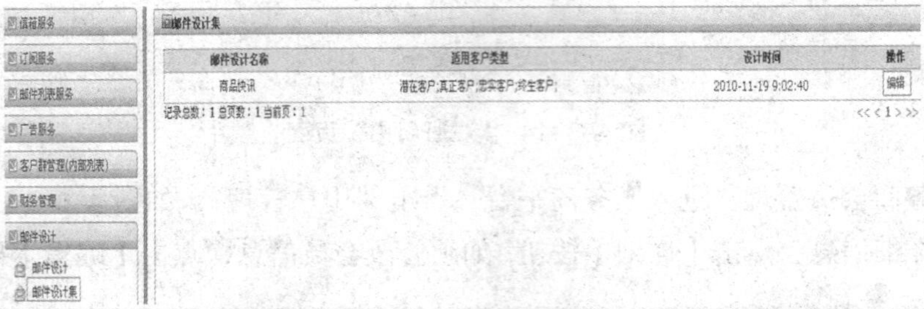

图 4–3–18 “邮件设计集”

点击“客户群管理”下拉列表中的“新增客户”选项，在弹出的“添加客户”页面中（见图 4–3–19），填写客户的相关信息，点击【保存】按钮。

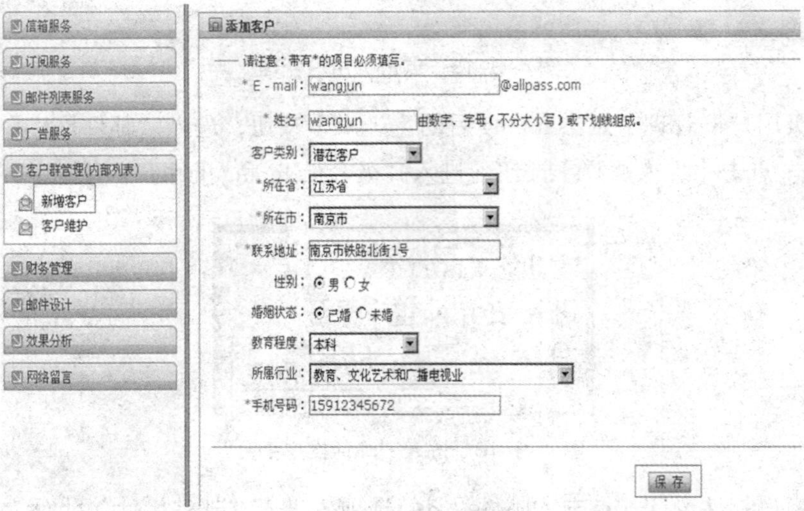

图 4–3–19 “添加客户”页面

如须删除不需要的客户，选择所要删除的客户，点击【删除客户】即可，如图 4–3–20 所示。

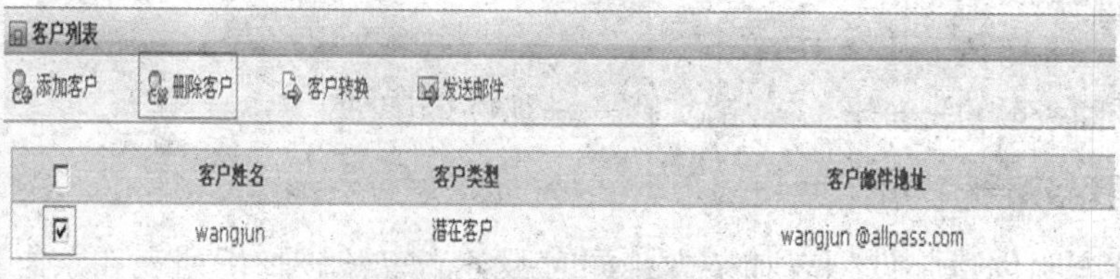

图 4-3-20　删除客户

若要转换该客户类型，选择所要转换的客户，点击“客户转换”（见图 4-3-21），在弹出的页面中选择所要转换的类型，点击【保存】按钮即可。

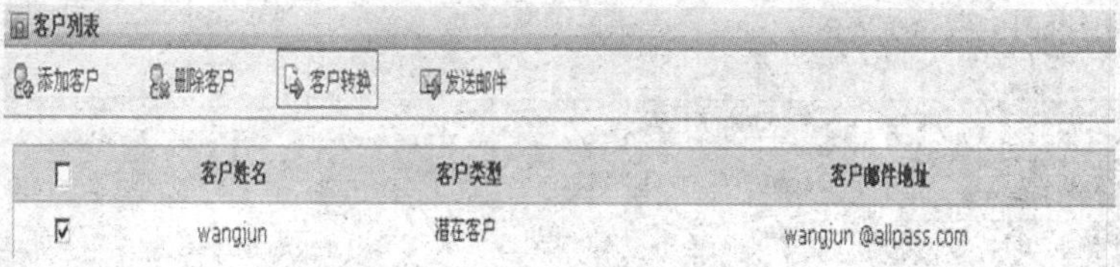

图 4-3-21　客户转换

②给用户发送邮件。选择所须发送邮件的客户，点击“发送邮件”，如图 4-3-22 所示。注意：需要操作过“邮件设计”这一步骤。

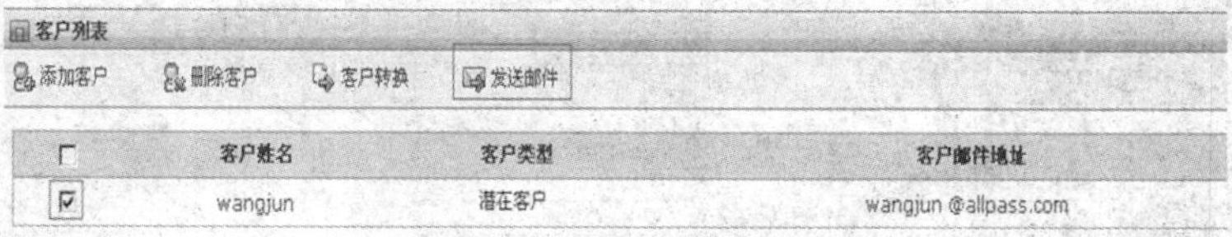

图 4-3-22　发送邮件

如图 4-3-23 所示，点击“主题”后的按钮，选择主题。

图 4-3-23　选择主题

拓展练习：

在希网网络中注册普通会员，查看普通会员权限，并升级为高级会员。（高级会员可以创建邮件列表。）

任务 3.2　高级会员在邮件推广平台中的业务

实训目的：

掌握用户创建邮件列表，发布杂志；买家订阅邮件的方法。

实训课时安排：

2 课时。

实训准备：

奥派电子商务软件——网络营销实践——邮件推广。

实训内容、步骤与指导：

高级会员李明创建邮件列表和杂志，同时服务商审核该邮件列表和杂志。用户李明发送邮件和杂志，买家王军订阅邮件。

（1）用户创建邮件列表。进入 liming 的账户，点击“邮件列表服务”下拉列表中的“创建邮件列表”，进入“创建我的邮件列表”页面，如图 4–3–24 所示。输入邮件的内容，点击【创建】按钮即可。

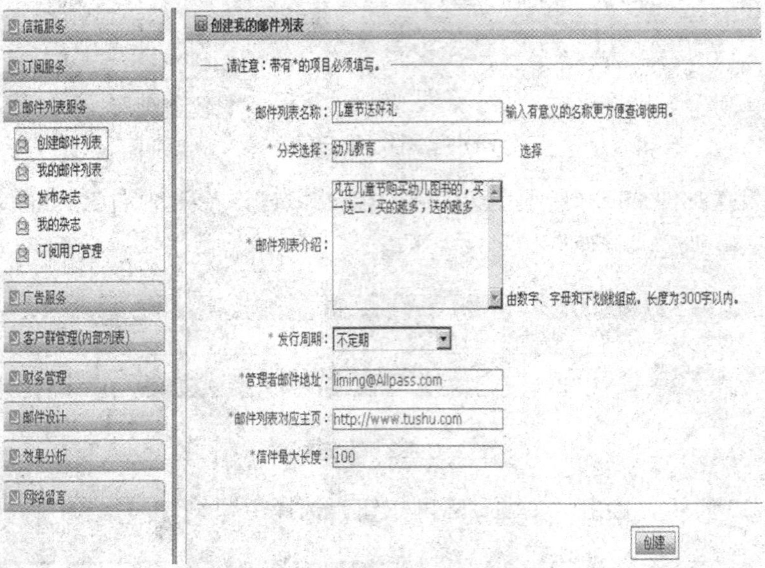

图 4–3–24 “创建邮件列表”页面

如须对创建的邮件进行编辑，点击【编辑】按钮；如须对创建的邮件进行充值，点击【充值】按钮，如图 4–3–25 所示。

注意：充值后才有邮件数量。

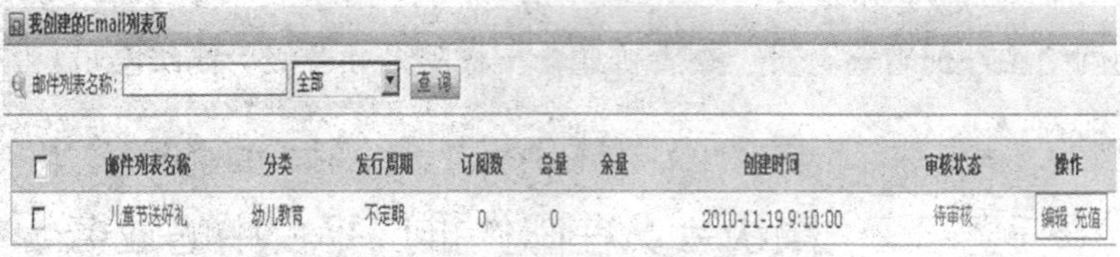

图 4–3–25 编辑、充值

（2）服务商审核创建的邮件列表。进入服务商平台，点击“邮件列表管理”下拉列表中的“邮件列表审核”，进入“邮件列表审核”页面（见图 4–3–26），点击操作下方的【审核】。

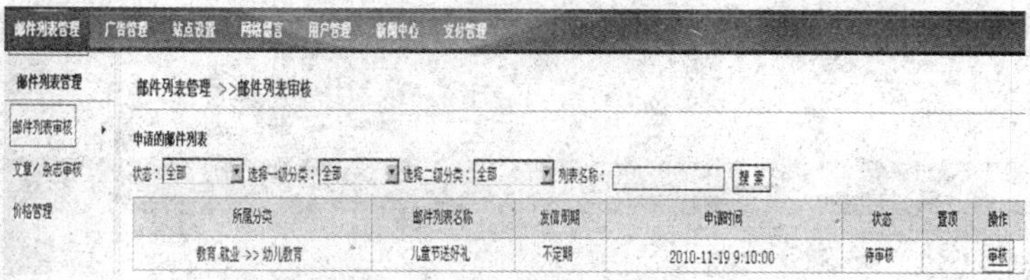

图 4-3-26　“邮件列表审核”页面

选择是否置顶（不置顶）和将改变状态为（审核通过），点击【保存】按钮，则邮件审核通过。选择“邮件列表审核”中的内容，如图 4-3-27 所示。

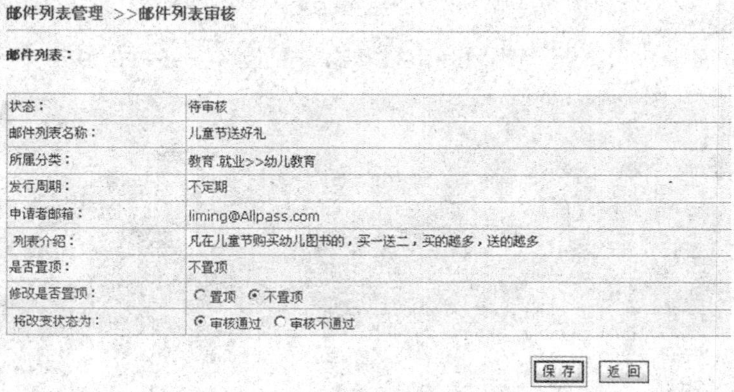

图 4-3-27　选择“邮件列表审核”中的内容

（3）用户发布杂志。进入用户李明的账户，点击“邮件列表服务”下拉列表中的“发布杂志”（见图 4-3-28），填写杂志主题和内容，点击【创建】按钮即可。

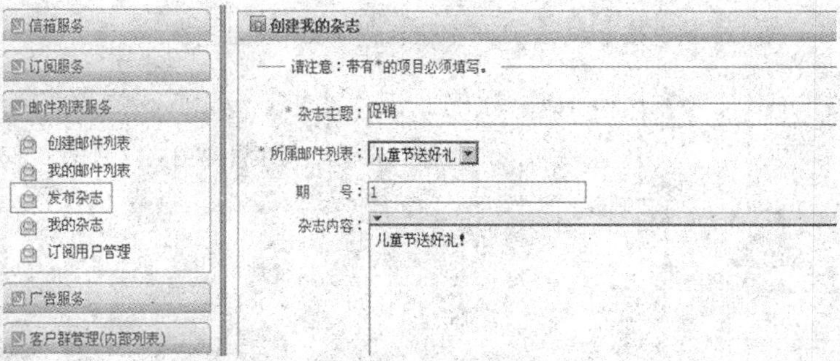

图 4-3-28　点击“发布杂志”

如须对刚发布的杂志进行编辑，点击【编辑】按钮即可，如图 4-3-29 所示。

图 4-3-29　编辑杂志

（4）服务商审核杂志。进入服务商平台，点击“邮件列表管理”下拉列表中的“文章 / 杂志审核”，进入“文章 / 杂志审核页面”（见图 4–3–30），点击【审核】按钮。

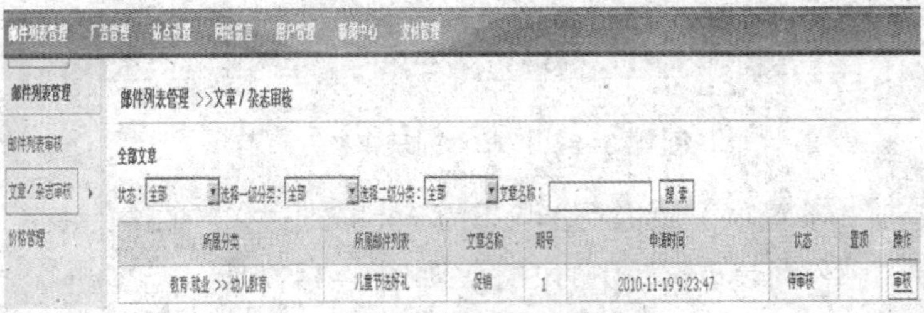

图 4–3–30 进入“文章 / 杂志审核”页面

在弹出的页面中，选择是否置顶和审核状态（见图 4–3–31），点击【保存】按钮，则杂志审核通过。

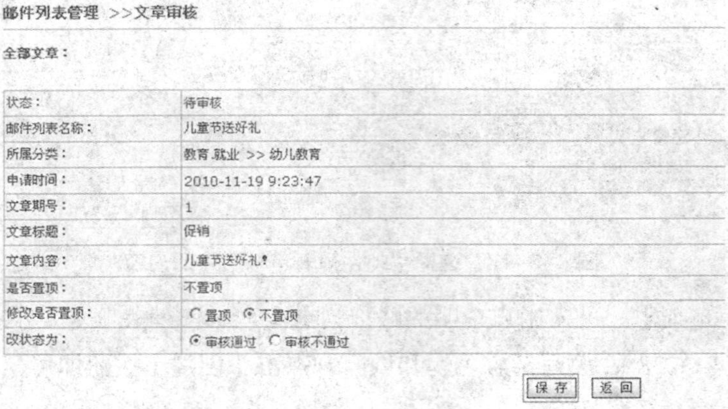

图 4–3–31 选择是否置顶和审核状态

（5）王军订阅邮件。点击 wangjun 后的【进入】，进入王军的账户，点击“订阅服务”下拉列表中的“我要订阅”，进入“我要订阅”页面，如图 4–3–32 所示。选择所要订阅的邮件，点击【我要订阅】按钮即可。

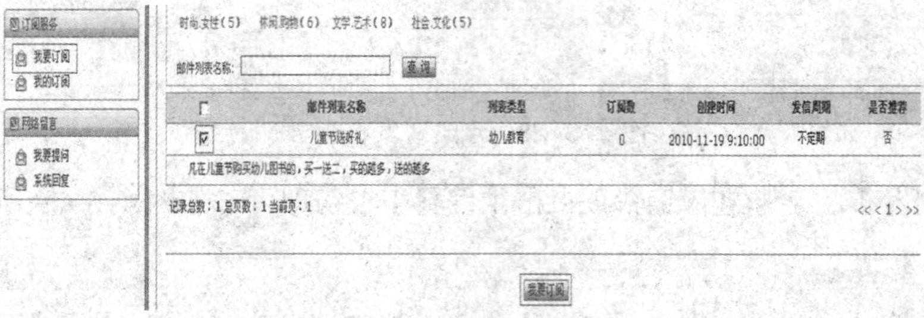

图 4–3–32 订阅邮件

（6）发送邮件。接下来，李明可以将邮件发送给王军，如图 4–3–33 所示。进入李明的账户，点击“邮件列表服务”下拉列表中的“我的杂志”，点击【发送杂志】按钮。

注意：需要给邮件充值，只有充值后才有邮件数量。

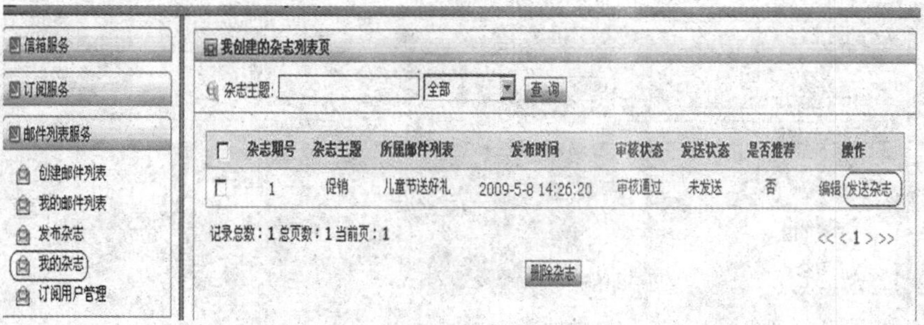

图 4–3–33　发送邮件

（7）用户删除订阅（见图 4–3–34）。进入李明账户，点击“邮件列表服务”下拉列表中的“订阅用户管理”，在弹出的页面中点击【删除订阅】即可。

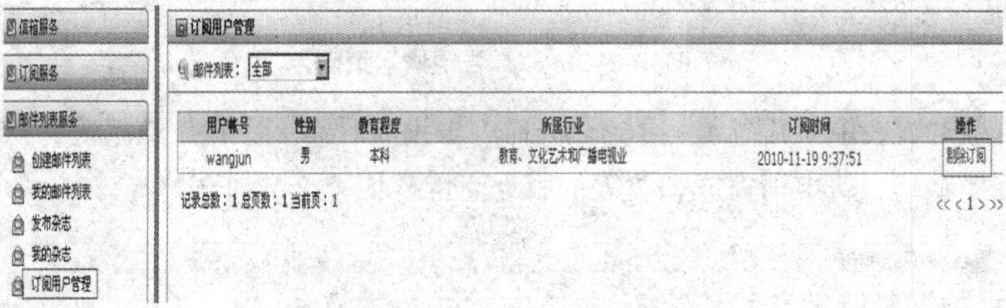

图 4–3–34　删除订阅

拓展练习：

学生登录希网网络，创建邮件列表。

任务 3.3　高级会员在邮件推广平台中的广告业务

实训目的：

掌握用户进行广告位申请及服务商进行审核的方法。

实训课时安排：

2 课时。

实训准备：

奥派电子商务软件—网络营销实践—邮件推广。

实训内容、步骤与指导：

李明申请广告位，服务商对其申请进行审核。

（1）广告业务申请。进入李明的账户，点击“广告服务”下拉列表中的“广告申请”进入“广告申请”页面，如图 4–3–35 所示。当鼠标放在广告位上时会显示广告位的价格和天数，只要双击该广告位即可进入申请页面。

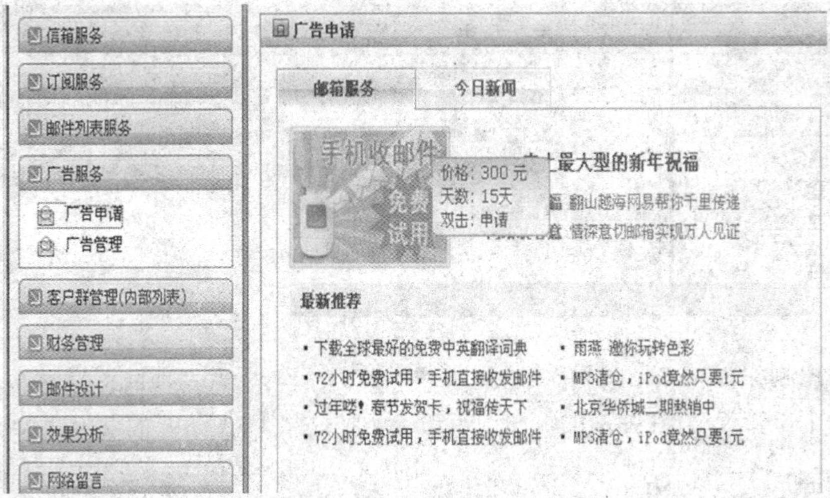

图 4–3–35 “广告申请”页面

（2）填写申请表单（见图 4–3–36）。选择广告投放时间、广告位链接等，点击【申请】按钮，系统提示“广告申请完成，请等待服务商审核！”。

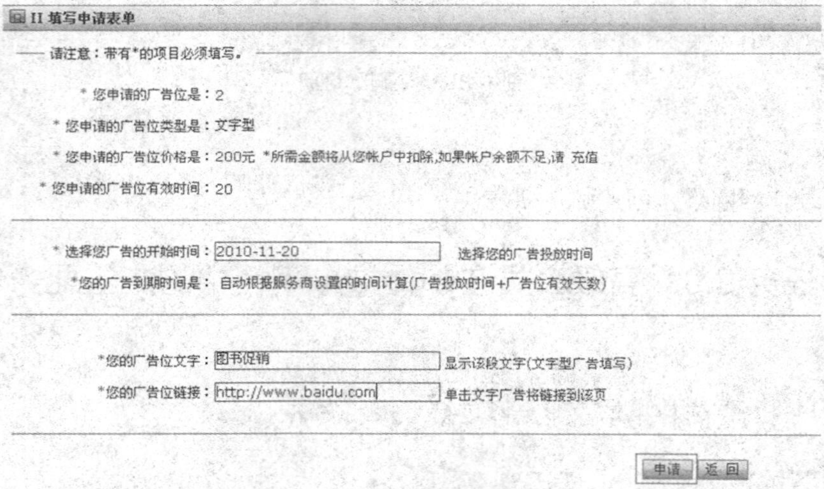

图 4–3–36 填写申请表单

如须修改广告位信息，点击【编辑】按钮；如须撤销该广告位，点击【广告撤销】按钮即可，如图 4–3–37 所示。

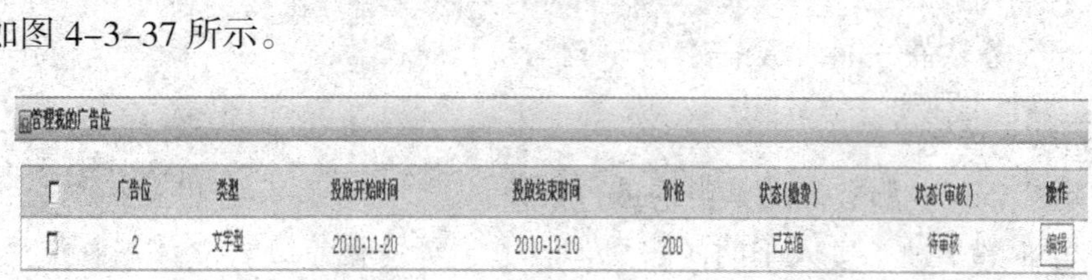
管理我的广告位

	广告位	类型	投放开始时间	投放结束时间	价格	状态(缴费)	状态(审核)	操作
	2	文字型	2010-11-20	2010-12-10	200	已充值	待审核	编辑

图 4–3–37 编辑、撤消广告位信息

（3）服务商审核广告位信息。进入服务商平台，点击“广告管理”下拉列表中的“广告审核”（见图 4–3–38），点击待审核广告位的操作下方的【审核】。

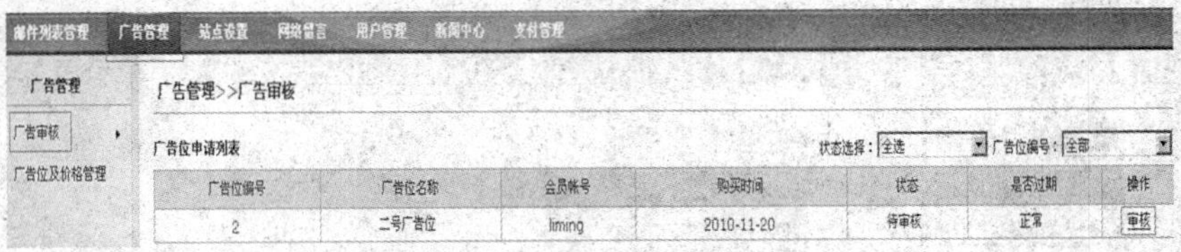

图 4-3-38　点击“广告审核”

进入“广告审核”页面（见图 4-3-39），选择“审核通过”，点击【保存】按钮即可。

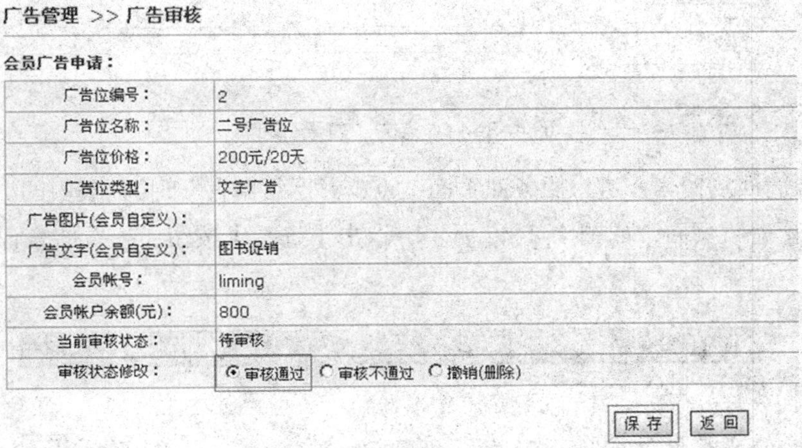

图 4-3-39　“广告审核”页面

（4）高级会员效果查看。进入李明的账户，点击“效果分析”（见图 4-3-40），查看广告效果。

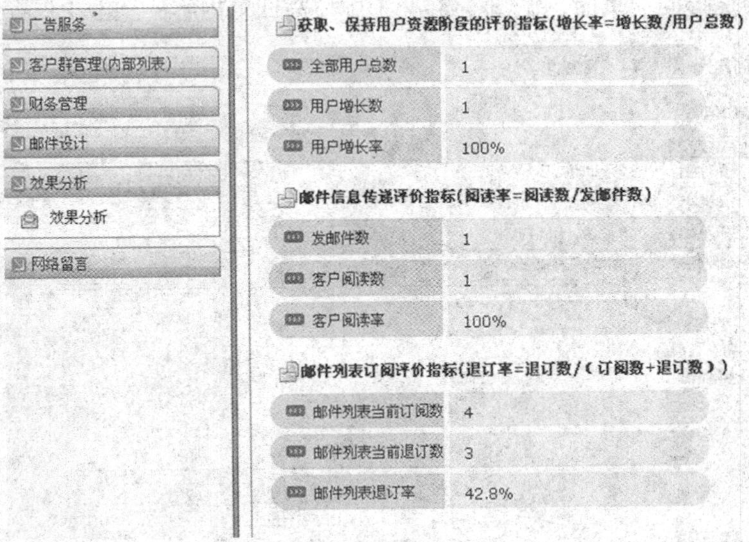

图 4-3-40　点击“效果分析”

（5）会员提问，服务商回复。进入李明的账户，点击“网络留言”下拉列表中的“我要提问”（见图 4-3-41），在弹出的页面中填写提问主题和提问内容，点击【保存】按钮。

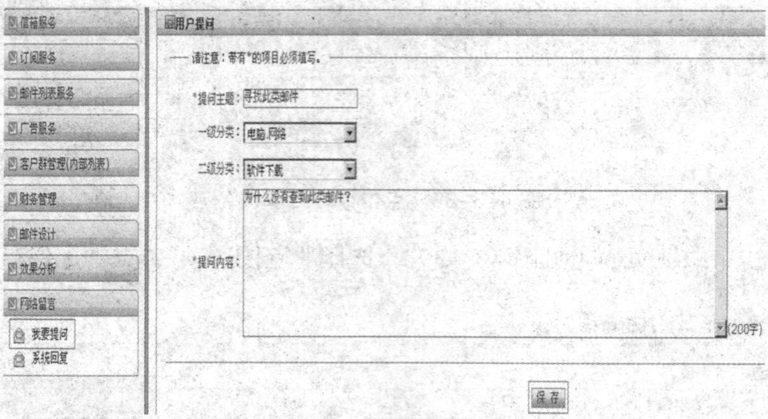

图 4-3-41　点击“效果分析”

（6）服务商回复留言。进入服务商页面，点击“网络留言”下拉列表中的“留言管理”，进入“留言管理”页面，如图 4-3-42 所示。点击【查看】按钮，查看留言详细内容并进行回复。

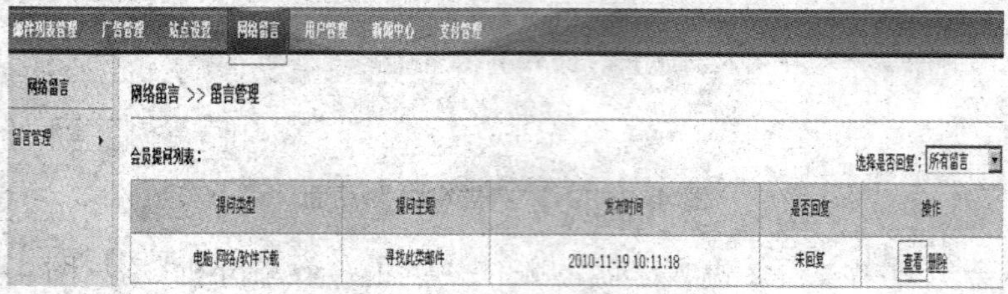

图 4-3-42　“留言管理”页面

在“回复会员提问”页面（见图 4-3-43）中填写回复内容，点击【保存】按钮即可。

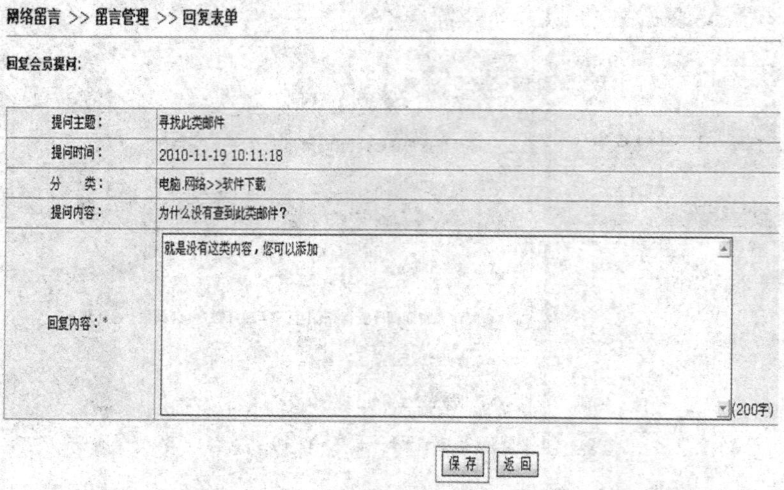

图 4-3-43　“回复会员提问”页面

拓展练习：

高级会员在希网网络中申请广告。

任务4 网络调研

【实践情景】

李明想对“人们最喜爱的运动”这一话题展开调查，他在奥派网络调研平台上发布了该调查问卷。王军看到该调查问卷后，参与了调查，进行选择并发布了个人的观点。

任务4.1 网络调研的会员功能和公告管理

实训目的：

掌握用户申请会员，升级为高级会员，并对会员的详细信息进行相关管理的过程。

实训课时安排：

2课时。

实训准备：

奥派电子商务软件—网络营销实践—网络调研。

实训内容、步骤与指导：

用户（李明）申请网络调研账号，并升级为高级会员；服务商对会员进行管理，发布公告。

1. 用户的功能

（1）用户申请网络账号。点击网络调研平台后的【进入】按钮，进入网络调研平台，点击右上角的“免费注册”，进入“用户注册”页面（见图4-4-1），填写会员的相关信息，点击【确认提交】按钮。

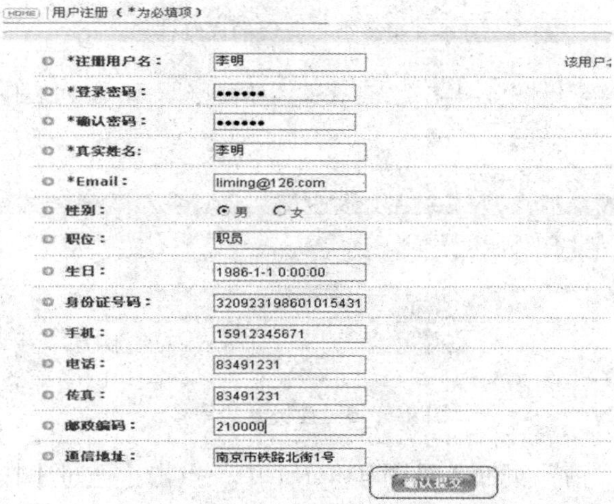

HOME | 用户注册（*为必填项）

*注册用户名：	李明
*登录密码：	••••••
*确认密码：	••••••
*真实姓名：	李明
*Email：	liming@126.com
性别：	◉男 ○女
职位：	职员
生日：	1986-1-1 0:00:00
身份证号码：	320923198601015431
手机：	15912345671
电话：	83491231
传真：	83491231
邮政编码：	210000
通信地址：	南京市铁路北街1号

确认提交

图4-4-1 “用户注册”页面

（2）升级普通会员为高级会员。用户注册成功之后，系统会自动导航到网络调研平台的首页。点击“会员之家”选项卡（见图 4–4–2），进入会员李明的账户。

图 4–4–2　点击“会员之家”

点击“我的账户”，在右侧页面中点击“申请高级会员”，如图 4–4–3 所示。

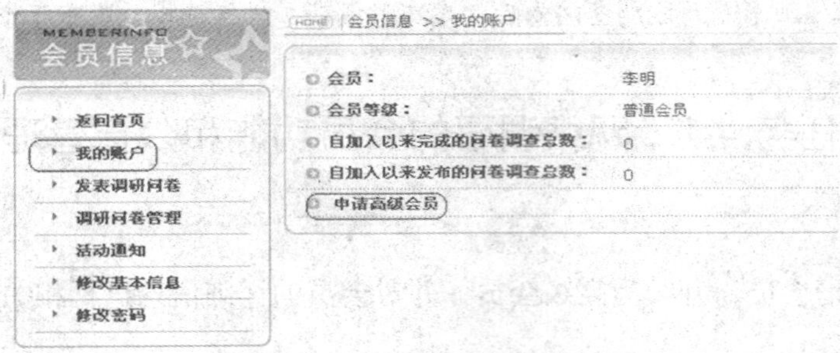

图 4–4–3　点击“申请高级会员”

在弹出的申请高级会员页面，点击【提交申请】按钮。

2. 服务商功能

点击服务商平台后面的【进入】按钮，进入服务商平台。

（1）查看会员的详细信息，如图 4–4–4 所示。点击“会员管理”下拉列表中的“会员查询”，点击【详细】按钮，即可查看会员的详细信息。

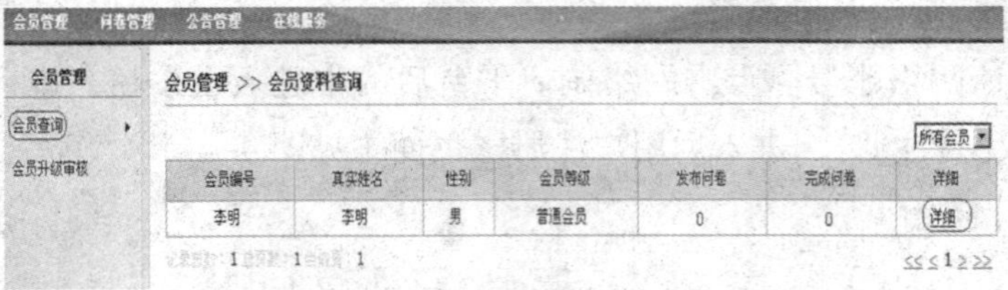

图 4–4–4　查看会员的详细信息

（2）会员升级审核（见图 4–4–5）。点击“会员管理”下拉列表中的“会员升级审核”，点击【审核】按钮。

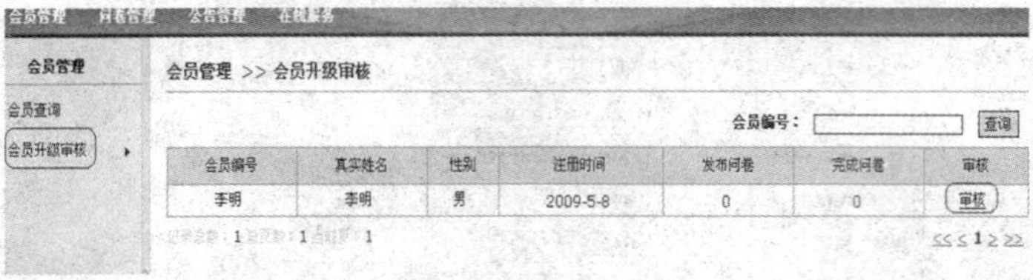

图 4–4–5　会员升级审核

在弹出的“会员详情”页面（见图 4–4–6）中，点击【通过】按钮，则普通会员即可成功升级为高级会员。

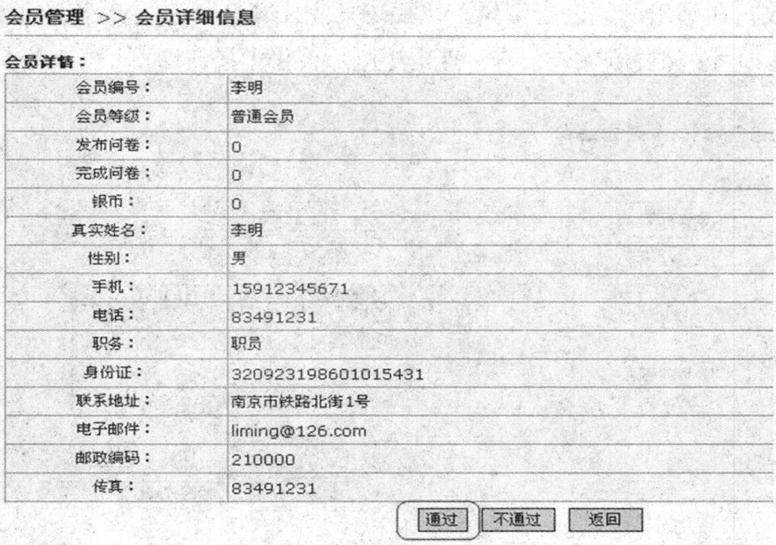

图 4–4–6 “会员详情”页面

（3）服务商发布公告。进入服务商平台，点击“公告管理”下拉列表中的“发布公告”（见图 4–4–7），填写公告标题和内容，选择公告类型，点击【发布公告】按钮即可。

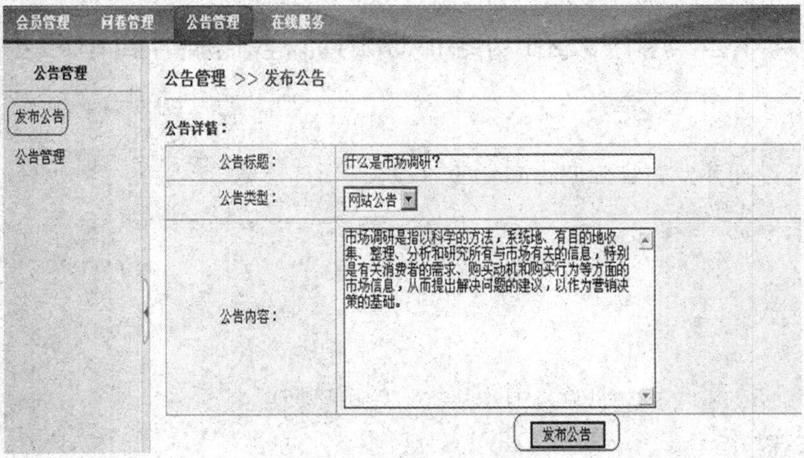

图 4–4–7 发布公告

（4）服务商查看公告详情。点击“公告管理”下拉菜单列表中的“公告管理”，在弹出的“公告管理”页面中（见图 4–4–8），点击【详细】按钮。

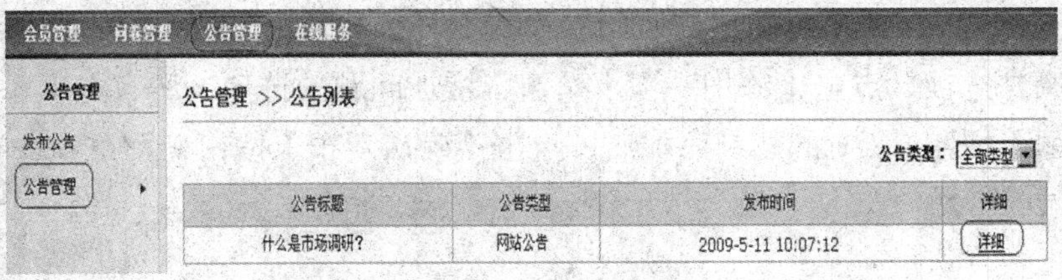

图 4–4–8 “公告管理”页面

如须修改，在弹出的“公告编辑”页面中（见图 4-4-9），进行修改，然后点击【保存修改】按钮即可；如要删除该公告，点击【删除公告】按钮即可。

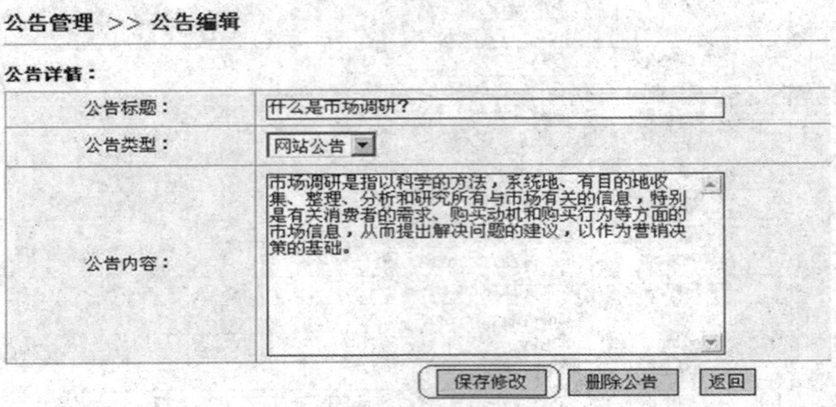

图 4-4-9　修改、删除公告

拓展练习：

学生在问卷星网站中申请会员，并升级为高级会员。

任务 4.2　用户发布网络调研的流程和服务商审核步骤

实训目的：

掌握会员设计并发布管理调查问卷的流程。

实训课时安排：

2 课时。

实训准备：

奥派电子商务软件——网络营销实践——网络调研。

实训内容、步骤与指导：

用户（李明）发布网络调研的内容；服务商管理用户发布的网络调研，并对其进行审核、处理。

（1）会员发布调查问卷。点击 Liming 后的【进入】，进入会员李明的账户。点击左侧的“发表调查问卷”，在弹出的“调研问卷设置”界面中（见图 4-4-10），输入问卷的标题、内容、调查选项。点击【添加一项】按钮，增加问题的选项。所有选项添加完后，点击【确认添加】按钮；所有问题都添加后，点击【确认发布】按钮，发布调查问卷。

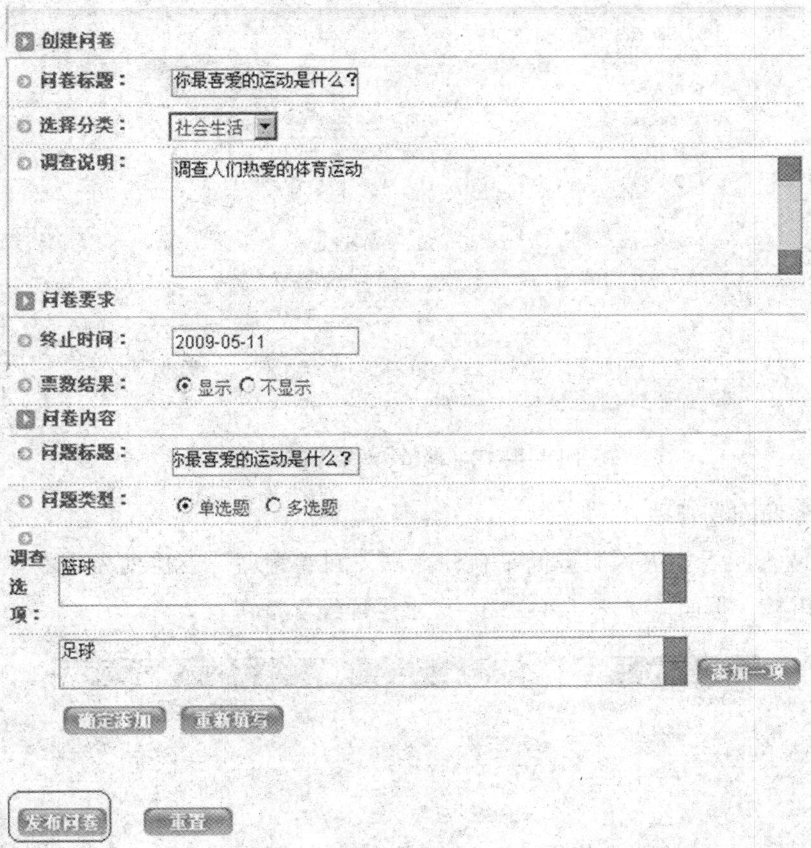

图 4-4-10　“调研问卷设置”页面

（2）会员调研问卷管理。点击“会员信息”页面左侧的“调研问卷管理”（见图 4-4-11），右边页面中会显示所有问卷。选择状态为“申请”的问卷，点击【详细】按钮。

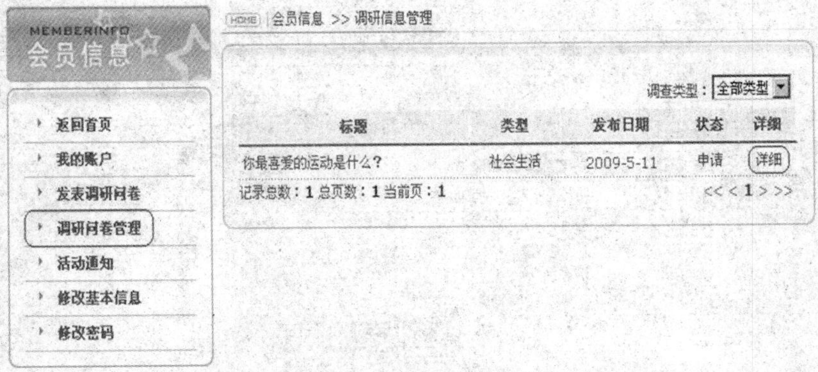

图 4-4-11　点击“调研问卷管理”

（3）在弹出的页面中进行编辑和保存，如图 4-4-12 所示。

注意：只有状态为“申请”的问卷才可以进行编辑和修改；状态为“发布”的问卷，只能点击【详细】按钮查看其内容，但不能修改。

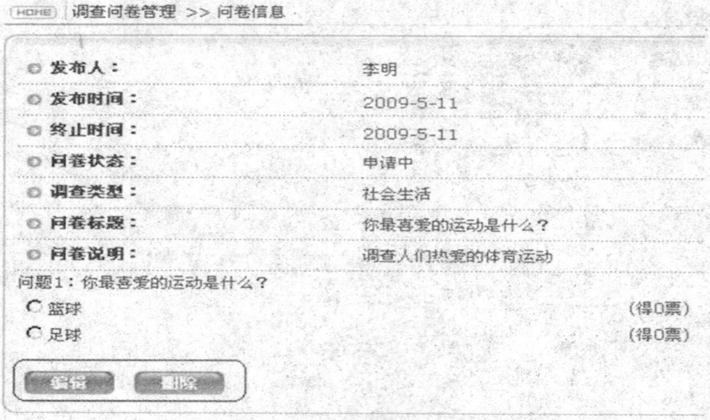

图 4–4–12　编辑和保存调查问卷

（4）服务商问卷管理。

①审核调查问卷。进入服务商平台，点击“问卷管理”下拉列表中的“问卷审核”，进入“问卷审核”页面（见图 4–4–13）。点击【详细】按钮。

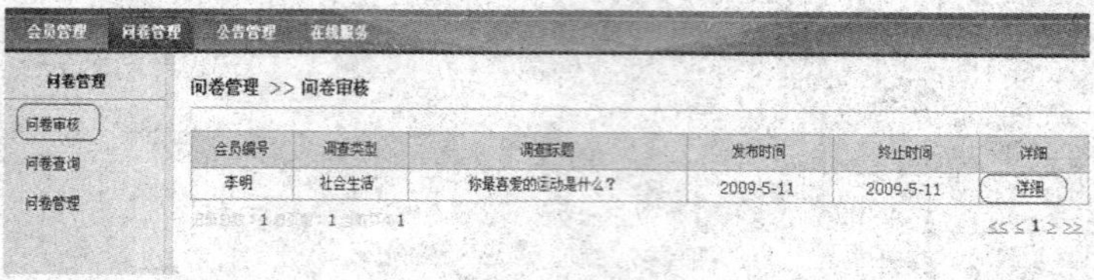

图 4–4–13　“问卷审核”页面

在弹出的“问卷详细信息”页面中（见图 4–4–14），点击【通过】按钮，则问卷审核通过。

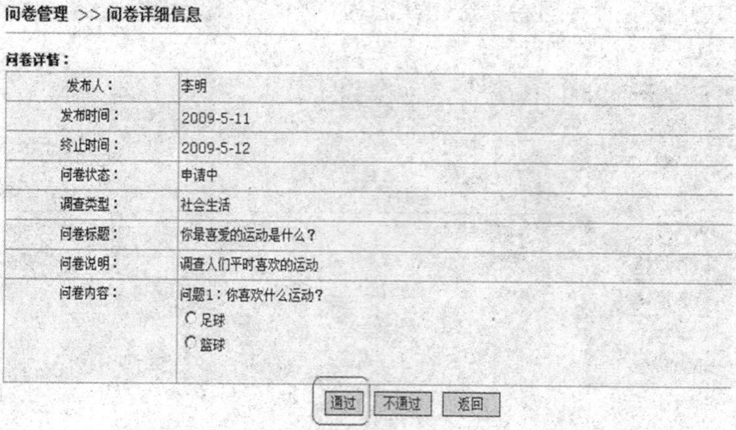

图 4–4–14　“问卷详细信息”页面

（这里，同样可以发布一个服务商审核不通过的调查问卷。）

②问卷查询（见图 4–4–15）。点击“问卷管理”下拉列表中的“问卷查询”，点击【详细】按钮，即可查看问卷的详细信息。

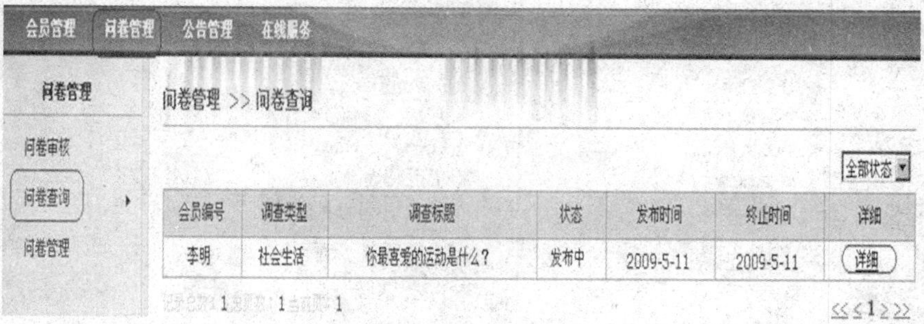

图 4-4-15 问卷查询

③问卷管理（见图 4-4-16）。点击“问卷管理”下拉列表中的“问卷管理”，显示所有问卷记录信息。点击“管理”按钮，进入“问卷管理”页面，可删除未通过审核的问卷。

注意：发布中的问卷无法删除。

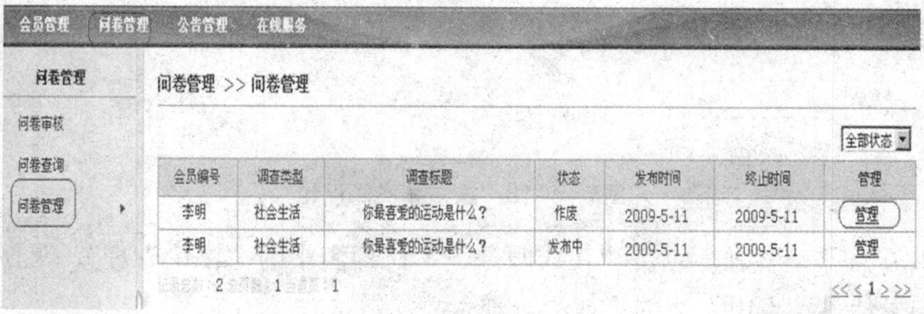

图 4-4-16 “问卷管理”页面

（5）会员王军回答问卷。这里可以再申请一个新的会员（王军），和申请会员李明一样，填写相关信息，在【确认提交】之后，系统自动导航到“网络调研”的首页。点击“调查大厅”，进入“调查大厅”页面（见图 4-4-17），点击问卷后面的【答卷】。

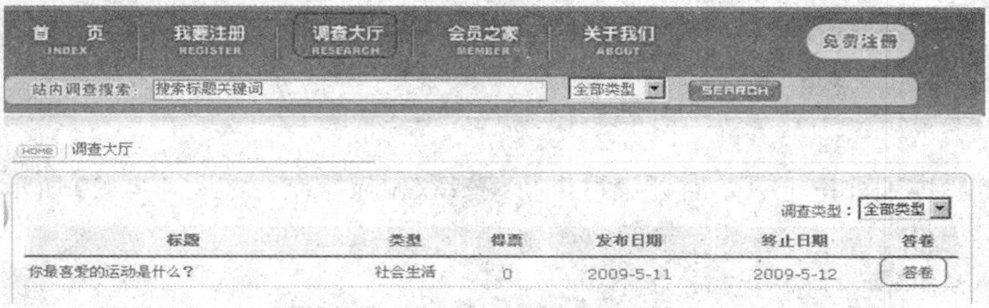

图 4-4-17 “调查大厅”页面

在弹出的页面中进行投票和发表评论，如图 4-4-18 所示。

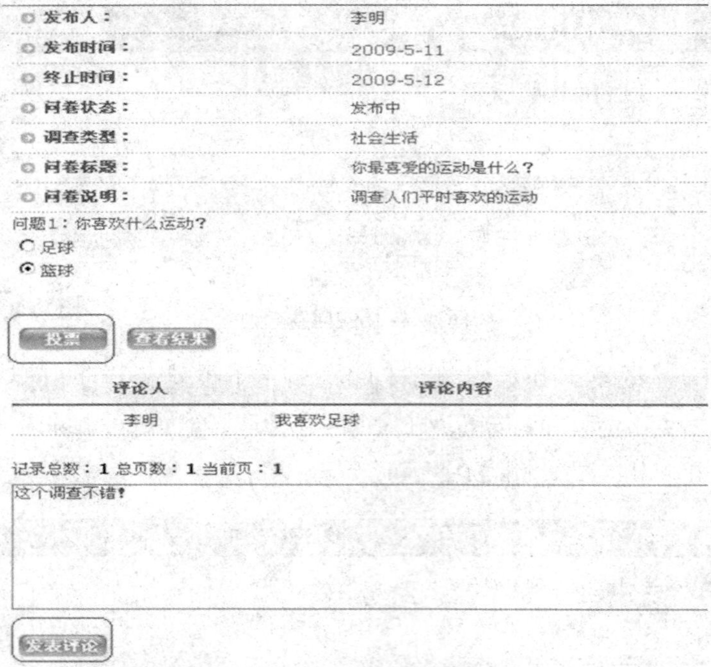

图 4–4–18　投票和发表评论

（6）服务商评论管理。点击“在线服务”下拉列表中的“评论管理”（见图 4–4–19），显示调研记录信息。点击右边的【评论管理】文字链接。

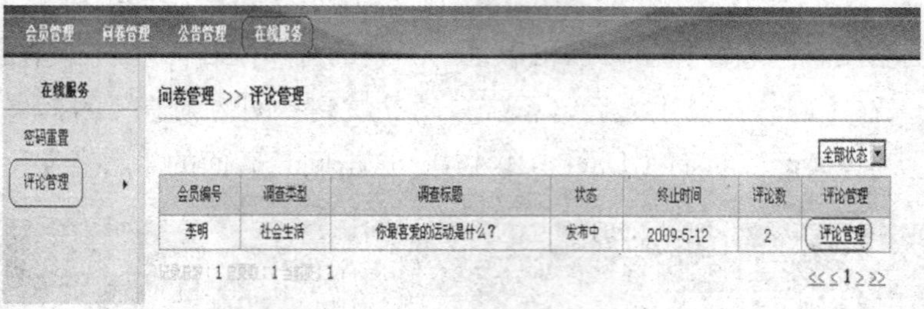

图 4–4–19　点击“评论管理”

（7）查看详细评论记录。对评论可进行编辑和删除操作，如图 4–4–20 所示。

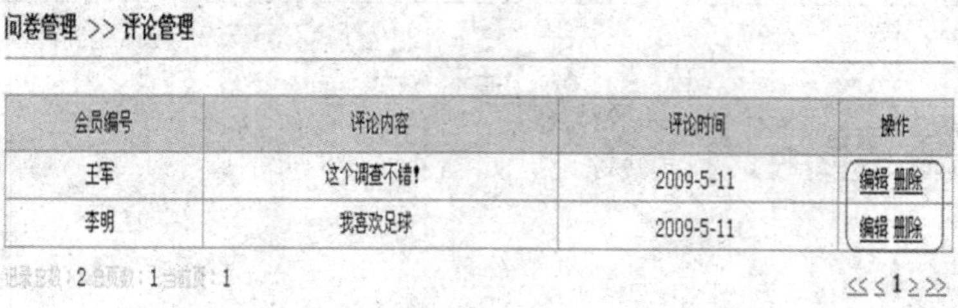

图 4–4–20　编辑、删除评论记录

拓展练习：

学生在问卷星网站中发布调查问卷，并查看网友回答问卷的情况。